Erlebnisse in Pattaya
Kurzgeschichten

Johann Schumacher

Inhaltsverzeichnis

VORWORT

Wenn man die USA das Land der unbegrenzten Möglichkeiten nennt, so hat sich Thailand den Ruf verdient, das Land der unbegrenzten Unmöglichkeiten genannt zu werden und dies ganz besonders in den Zentren des Tourismus, wie etwa Pattaya. Besonders in den zwischenmenschlichen Beziehungen gibt es nichts, was es nicht gibt und vieles, was unmöglich scheint, auch wenn die normalen Geschichten darauf hinauslaufen, dass wieder einmal ein dummer Farang von irgendeinem Mädchen hereingelegt wurde. Dieser Ablauf ist zwar in den meisten Fällen zutreffend, wenn auch durchaus nicht immer so geplant; er ergibt sich halt so, oft durch das Verhalten des Ausländers. Oftmals geht es recht bunt, aber auch ganz lustig zu. Ausnahmen, die sich eben auch halt so ergeben haben.

Holger, Thong und Supha

Die Geschichte von Holger und Thong begann eigentlich ganz normal. Holger stammt aus der Gegend von Frankfurt, ist etwa fünfzig Jahre alt und leidet darunter, dass ihm von weiblicher Seite nicht die Aufmerksamkeit wie auch nicht die ausreichenden Gelegenheiten reizvoller Unterhaltung gegeben werden, die er sich so wünscht. Normal ist auch, dass er von den verruchten Frauen Pattaya's erfuhr, die nur auf Ausländer warten, um mit denen ins Bett zu gehen. Frauen, die aber nicht nur für Minuten tätig werden, wie es in Frankfurt üblich ist, sondern es geradezu darauf anlegen, mit den Ausländern Tage oder Wochen, und wenn irgend möglich sogar Monate oder Jahre zu verbringen.

Das war genau das, was er in Deutschland vergebens gesucht und für unmöglich gehalten hatte. Thong kam aus dem Isan und hatte keine Lust mehr, in den Arbeitsstellen für nicht ausgebildete Hilfskräfte, die man in Bangkok finden kann, einen ganzen Monat in einer Wäscherei oder irgendeiner Fabrik zu arbeiten, um dann am Monatsende ein Gehalt zwischen zwei- und dreitausend Baht zu bekommen, gerade genug, um Arbeitskraft und Hunger permanent zu erhalten. So kam sie nach Pattaya, wobei es sich gut fügte, dass sie auch noch eine alte Mutter hatte, die man gut als Ausrede benutzen konnte.

Es war schon richtig, dass ihre alte Mutter Geld brauchte, aber es traf sich unglücklich, dass Thong in Pattaya nie genug verdiente, um ihrer Mutter auch wirklich etwas zu schicken. Das hielt sie für unmöglich. Ein Zufall war es auch, dass Holger und Thong an einer Bar zusammentrafen. Dass Holger meinte, er habe die einzig saubere, anständige, ehrliche, sparsame, liebevolle und hingebungsvolle Frau Pattaya's gefunden, kann als normal bezeichnet werden. Er führte das auf ihren hübschen, hingebungsreichen Körper und das trainierte Lächeln zurück, Attribute, die schon andere älter werdende Männer überzeugt haben.

Vorwiegend auf diesen stets einsatzbereiten Körper kann es auch zurückgeführt werden, dass Holger versprach, bald wieder nach Thailand zu kommen und bis dahin jeden Monat achttausend Baht zu schicken. Dafür, dass die arme Thong schön brav zuhause sitzt und Englisch lernt, statt in der bösen Bar mit ihren Freundinnen herumzusitzen und gelegentlich nächstens Geld zu verdienen. Dass man mit diesem Geld ein Häuschen mieten und gemütlich mit Fernseher, Stereoapparat und Möbeln einrichten muss, ist für ihn verständlich. Schließlich wollte Holger ja in absehbarer Zeit nach Thailand kommen und er kannte kein schöneres Gefühl, als auf seiner Thong herumzuliegen, ein Gefühl, dessen Wiederholung er sich sichern wollte. Normal ist es deshalb auch, dass Holger vor seiner Abreise Thongs Hals, Arme und Finger mit den diversen Zeichen seiner Liebe verzierte und ihr den Zugriff auf ein kleines Konto ermöglichte, für alle Fälle, um ihrer ganz sicher zu sein.

Nachdem Holger unter kräftigem Fluss ihrer Tränen abgereist war, lernte Thong auch wirklich Englisch - von jedem Ausländer etwas. Holger schaffte es, schon nach einem halben Jahr nach Thailand zurückzukommen, doch im Haus fand er gähnende Leere vor, gleichfalls auch auf dem Konto. Am Abend traf er dann seine Thong in der Bar, die ihn zwar ohne jeden Schmuck, aber mit strahlendem Lächeln empfing und auf seine Vorhaltungen jene Karten aus dem Ärmel zog, die recht viele Mädchen Pattaya's für Notfälle bereithalten; unter großen Tränen sagte sie: „Entschuldigung, aber meine Mutter ist im Krankenhaus und mein Bruder hatte einen schweren Motorradunfall..." Das ist normal, auch wenn es unmöglich ist. Holger tröstete seine unglückliche Thong und gab ihr auch noch Geld für die kranke Mutter und für den Bruder und dann richtete er die Wohnung neu ein. Als er drei Abende später nach einigen Erledigungen nach Hause kam, fand er eine fröhliche Runde beim Kartenspiel vor, aber er durfte sich dazusetzen und sein Bier trinken. Als die Zeit immer später und die Einsätze immer höher wurden, legte er sich in sein Zimmer und schlief nach vielen Gedanken ein. Am Morgen war die Wohnung leer. „I have lost", erklärte Thong unter Tränen. Holger war nun ratlos und beschloss, erst einmal einige

Tage vergehen zu lassen, bevor er eine Entscheidung treffen wollte.

Vielleicht war es ein glücklicher Zufall, dass er in dieser Zeit ein Mädchen namens Supha traf, das mit ihm unbedingt nach Chiang Mai fahren wollte. So fuhr er mit Supha nach Chiang Mai und erzählte ihr seine Geschichte. Supha meinte, wenn das Mädchen Karten spielt und Sachen weggibt, die ihr gar nicht gehören, dann würde es wohl immer wieder Karten spielen und sein Geld und seine Sachen verlieren. Thong lernte in dieser Zeit einen Farang kennen, der sich umgehend in die süße Thong verliebte und für immer nach Thailand kommen wollte, worauf Thong mit ihm in das einzig verbliebene Bett des Hauses ging.

Sie zeigte ihm den Mietvertrag mit ihrem Namen und erklärte, dass ihr böser Mann sie einfach verlassen hätte und er könne doch hier einziehen. Der neue Farang richtete daraufhin das Haus voll ein und machte es sich gemütlich. Holger kam mit Supha aus Chiang Mai nach Pattaya zurück und fuhr mit dem Taxi zuerst zu seiner Wohnung. Dort wollte er entscheiden, wie es weitergehen soll und eventuell mit Supha weiter in ein Hotel fahren. Doch wie staunte er, als das Haus voll eingerichtet war und kostbare massive Möbel sowie Zeichen eines hier lebenden Farang vorwies. Supha bewies, dass sie sich auskannte, und zog ihn gleich aus der Tür. Sie sagte, sie wüsste, wo man ein kleines Haus mieten könne und würde mit einem Nachbarn sprechen, der einen kleinen Lastwagen besaß.

Sie war sicher, dass Thong mit einem neuen Ausländer zusammen war und bis in die tiefe Nacht mit ihrem Farang an der Bar saß. Außerdem würde sie alleine gehen, Holger brauche ihr nur den Auftrag geben, seine Möbel abzuholen. Im Notfall könne sie ja nicht wissen, was seine Möbel sind. Holger überlegte sich die Angelegenheit. Eigentlich hatte er sich ein halbes Jahr darauf vorbereitet, mit Thong zu leben. Andererseits sah er ein, dass das nicht mehr sinnvoll erschien und er hatte sich in den vergangenen zehn Tagen mit der acht Jahre jüngeren Supha in Chiang Mai sehr gut unterhalten und glaubte, die Chancen, mit ihr zu leben, seien viel besser.

So wurde am nächsten Tag das Häuschen gemietet, von dem Supha gesprochen hatte. Man holte Hilfskräfte, und während Supha ab sechs Uhr abends ausräumte, räumte Holger bereits ein. Es waren nur vier Fahrten und nur etwas über vier Stunden Arbeit. Während die einen ausräumten, räumten die anderen schon wieder ein. Zum Schluss blieb in dem leergewordenen Haus nur ein Häufchen privater Sachen und Dokumente in der Mitte des Zimmers auf dem Fußboden liegen. Daneben legte Supha einen auf Thai geschriebenen Zettel, auf dem stand: „Entschuldigung, aber meine Mutter musste ins Krankenhaus und mein Bruder hatte einen schweren Motorradunfall…"Gegen Mitternacht kicherte Supha, als sie neben Holger im neuen Bett lag: „Die Gesichter möchte ich sehen."

Eberhard entdeckt Neues

Eberhard hat die fünfzig Jahre als auch 100 Kilo schon seit einiger Zeit überschritten. Und da er in Deutschland Bauarbeiter ist, befindet er sich in Thailand im Urlaub. Die Firma, die ihn beschäftigt hatte, ist pleitegegangen und in seinem Alter hat er keine Chancen, eine neue Arbeit zu finden. Er will auch gar nicht. In Thailand gefällt es ihm ohne Arbeit viel besser. Es gibt auch nichts, was ihn in Deutschland halten würde. Früher gab es einmal die Familie, aber man hat sich auseinandergelebt. Am Anfang war es noch schön gewesen, er war in seine Käthe verliebt. Da waren sie beide noch jung und schlank gewesen und sie hatten kein Geld gehabt. Aber sie hatten beide gearbeitet und es war aufwärtsgegangen. Dann hatten sie geheiratet und das Leben hatte sich stark verändert, als mit einem Abstand von anderthalb Jahren die Kinder kamen. Die Zeit des gemeinsamen Ausgehens war vorbei und dann bemerkte er, dass er eigentlich kein sehr häuslicher Mensch war. Er ging abends lieber aus, als zuhause zu sitzen, wovon seine Frau gar nicht begeistert war. Das sagte sie ihm auch in aller Regelmäßigkeit mit voller Lautstärke, wenn er abends spät nach Hause kam. Was Eberhard gar nicht nett fand. Deswegen blieb er abends immer länger weg, in der Hoffnung, dass seine Frau dann schon schlief. Aber dann kam das Donnerwetter am nächsten Morgen aus voll ausgeruhter Kehle und traf ihn umso härter, weshalb er schnell zur Arbeit ging.

Als das älteste Kind fünf Jahre alt war, bekam Eberhard das Angebot, auf Montage zu gehen und er sagte sofort zu. Er schickte zwar regelmäßig seinen Obolus an seine Frau und die Kinder, aber er zeigte wenig Lust, sich bei ihnen sehen zu lassen. Er arbeitete auswärts und bekam gute Zuschläge dafür. Und wenn er Urlaub hatte, schrieb er seiner Frau, dass er dringende Arbeit hätte und wieder nicht nach Hause kommen könnte, leider, leider. Und dann fuhr er allein in Urlaub. Oder auch nicht, aber nie mit seiner Frau. Er war sehr selten zuhause, nur zu besonderen Anlässen. Beispielsweise, als der Älteste fünfzehn Jahre alt und aus der Volksschule entlassen wurde.

Aber da kam er wesentlich zu früh nach Hause und fand seine Frau, die sich noch in angeregter Gesellschaft im Bett befand. Nein, es war nicht tragisch, es störte ihn noch nicht einmal. Die Aussprache des Paares war kurz. Sie sagte, er würde sie im Stich lassen und nie nach Hause kommen und er sagte, er brauche nicht nach Hause zu kommen, wenn in seinem Bett schon eine Vertretung liege. Die Scheidung wurde in gegenseitigem Einverständnis durchgeführt und er hatte auch noch bis zur abgeschlossenen Ausbildung seiner Kinder Geld geschickt. Da die aber nicht sonderlich lerneifrig waren, konnte er die Zahlungen einstellen, als sie achtzehn wurden. Dann brauchte er auch seiner Frau kein Geld mehr zu schicken und sein Bankkonto nahm gesunde Proportionen an. Der älteste Sohn ist jetzt in Kanada, der Zweite beim Bundesgrenzschutz und seine Frau bei Emil.

Auf der Arbeit fühlte er sich wohl, sein Wohnzimmer verlegte er in die Stammkneipe und Donnerstag war Kegel Tag. Im Winter gab's den Karnevalsverein und im Sommer ging es nach Mallorca. Von Thailand hatte er schon öfter gehört, aber irgendwie hatte er im Winter immer Arbeit gehabt, außerdem machte die Firma im Sommer Urlaub und dann sollte in Thailand Regenzeit sein, deshalb fuhr er doch lieber nach Mallorca. Regen hatte er in Deutschland genug. Auf den Rat guter Freunde buchte er nun einen Urlaub in Pattaya und schon am zweiten Tag bedauerte er, dass er nicht schon früher nach Thailand gekommen war. In seinem Alter war es doch in Deutschland schon etwas schwierig, an hübsche Frauen zu kommen, und in Mallorca war das auch nicht viel besser. Aber hier war das etwas ganz anderes; hier rissen sich die Frauen um ihn; er konnte sie behalten, solange er wollte und er konnte sie wegschicken, wann es ihm passte und sich eine neue holen. Das war etwas ganz anderes als in Europa, wo kein hübsches Mädchen etwas mit ihm zu tun haben wollte und wo er höchstens für dreißig Minuten zu irgendeiner Frau gehen konnte.

Am ersten Abend schon war Eberhard aus allen Wolken gefallen, als
er an den vielen offenen Bars vorbei kam und sich die Mädchen auf
ihn stürzten, um ihn an ihre Bar zu zerren, wo sie sich auf seinen
Schoß setzten, ihn umarmten und küssten. Das war etwas ganz
Neues und Eberhard war völlig überwältigt. Selbstverständlich ließ er
sich nicht lumpen und spendierte den Mädchen Ladydrinks und die
freuten sich und prosteten ihm ständig zu und er freute sich und
prostete ihnen ständig zu, bis er schließlich bezahlte und zwei der
Mädchen ihn in ein Taxi schoben, zum Hotel bugsierten und mit
freundlicher Unterstützung des kampferprobten Hotelpersonals auf
sein Bett packten. Aber davon wusste er am nächsten Morgen nichts
mehr, als er gegen elf Uhr erwachte. Er merkte nur ein seltsam
penetrantes Summen im Kopf und dass er angezogen auf dem Bett
lag. Außerdem überlegte er, wie er wohl ins Hotel gekommen sein
mochte. Nach dem Mittagessen, das er als Frühstück verzehrte,
wurde der Kopf schon etwas klarer, so, dass er sich zu einem
gesunden Mittagsschlaf entschließen konnte, aus dem er dann erst bei
Einbruch der Dämmerung gegen 18 Uhr erwachte. Er hätte auch
noch weiterschlafen können. Aber da war der drohend knurrende
Magen und vor allen Dingen dieser entsetzliche Durst, die ihn
quälten und umgehende Behebung dieser Probleme, und die
Versorgung seines Körpers forderten.

Es war nicht schwer, ein Restaurant zu finden, in dem er erst einmal
eine Flasche Bier nahm, um sein Essen zu bestellen. Nach dem
zweiten Hauptgericht und der dritten Flasche Bier fühlte er sich so
weit wiederhergestellt, dass er unternehmungslustig um sich sah und
bemerkte, dass er hier am falschen Ort war. Er bezahlte und suchte
die Bar, an der er sich am letzten Abend so wohl gefühlt hatte. Er
wurde stürmisch begrüßt, entschloss sich aber, heute vorsichtiger zu
sein, denn er zog es vor, eine Frau ins Hotel mitzunehmen, statt sich
betrunken nach Hause bringen zu lassen. Er schränkte seinen
Alkoholkonsum ein und suchte sich ein kleines Mädchen aus, das

ihm besonders hübsch und jugendlich erschien, um mit diesem zusammen gegen Mitternacht ins Hotel zu gehen. Es muss ein seltsames, aber in Pattaya wohl doch nicht allzu seltenes Bild gewesen sein, als der dicke Bernhard, der knapp 1,90 Meter maß, mit dem kleinen Mädchen über die Straße ging, das vielleicht gerade 1,55 Meter groß war und eher nach einer Enkelin als nach einer Geliebten aussah. Es war nicht das ersehnte Paradies. Das Mädchen war zwar sehr hübsch, aber es verstand nicht ein einziges Wort und war völlig verkrampft. Eberhard nahm sich vor, am nächsten Tag eine andere Frau zu suchen. Am Morgen gab er die üblichen fünfhundert Baht und das Mädchen war offensichtlich froh und erleichtert, jetzt schon gehen zu dürfen. Eberhard hatte wieder etwas dazugelernt.

Am Abend ging er in eine andere Bar und nahm eine Frau mit, die etwas älter war, der man auch ansehen konnte, dass sie mehr Erfahrung hatte. In der Bar umgarnte sie ihn, reizte mit ihrem Körper bei Umarmungen und Liebkosungen, so, dass er sicher war, diese Frau würde nicht verkrampft sein und mit ihm eine sehr liebevolle Nacht verbringen. Doch auch dies war nicht das erhoffte Paradies. Als sie ins Bett gingen, hörte das Geschmuse auf und sie lag schließlich auf dem Bett wie eine zu wenig aufgeblasene Luftmatratze und beobachtete ihn gelangweilt aus völlig ausdruckslosen, kalten Augen. Es war ihm nicht nur unangenehm, es nahm ihm auch die Möglichkeit aller ersehnten Tätigkeiten. Er würde sie am nächsten Morgen bezahlen und wegschicken, merkte er sich, bevor er einschlief. Am nächsten Abend war ihm bewusst geworden, dass er zwar gegen die entsprechende Bezahlung viele verschiedene Frauen ins Bett mitnehmen kann, dass das aber nicht ausreichte, um seine langgehegten Wünsche zu erfüllen oder gar die ständige Nähe einer dieser Frauen zu suchen.

Auch die nächsten Tage brachten ihm nicht das große Glück; eine der Frauen ließ sich zwar auslösen und ging mit ihm ins Hotel, wollte sich aber noch nicht einmal ausziehen. Als er darauf bestand, stand sie auf und ging, obwohl sie kein Geld bekommen hatte. Aus Ärger wollte Eberhard den nächsten Tag allein im Hotel bleiben, aber das dauerte nicht lange, als er daran dachte, wie viele schöne Frauen da draußen an den Bars sitzen. Missmutig ging er an den Bars vorbei und wusste nicht recht, was er jetzt machen sollte. Er überlegte sich, in eine Go-Go-Bar zu gehen, aber er meinte, da hätte er es nur mit den Professionellen zu tun, die er auch wieder nicht wollte. Als er dann mit seinen Gedanken an die Durchführung seiner geplanten Sünden an einigen Bars vorbeiging, blieb er mit einem plötzlichen Ruck stehen. Da war die exotische Frau, die er suchte. Stattlich und groß, aber gertenschlank, mit einem breiten, geschwungenen Mund, großen Mandelaugen und kastanienbraunen Haaren, offensichtlich eine der für ihre Schönheit bekannten Eurasierinnen. Er ging an die Bar, bestaunte die Figur in der dezenten, aber eleganten Kleidung und bestellte ein Bier. Ein tiefer Blick in die großen Augen riss ihn hin und ihre rauchige Stimme und seine eigene Fantasie erledigten den Rest.

Als die Dame mit ihm sprach, schämte er sich über sein schlechtes Englisch, aber er überwand sich und unterhielt sich mit ihr. Als er die Dame schließlich fragte, ob sie in sein Hotel mitkommen würde, war die Enttäuschung groß. Sie sagte, sie ginge nicht mit fremden Männern ins Bett und außerdem sei sie Kassiererin und sie könnte die Bar nicht einfach verlassen. Aber Eberhard ließ nicht locker. Es war für ihn klar, dass diese Frau mit ihrer Körpergröße und dieser Eleganz ihm auf den Leib geschnitten war. Schließlich verdoppelte er den Preis und war auch einverstanden, als sie ihm sagte, er müsse dann bis zum Ende der Spätschicht um 2 Uhr morgens warten. Sogar als sie sagte, sie wolle keinen Sex mit ihm, war er noch einverstanden, denn es war ja nicht auszuschließen, dass sich daran auf längere Sicht noch etwas ändern ließe. Sie war mit Abstand die schönste Frau, die er hier bisher gesehen hatte und er war sich völlig klar darüber, dass er hier einige Zugeständnisse machen musste.

Eberhard zügelte seinen Durst, um nicht vor der Zeit schon betrunken zu sein und unterhielt sich mit der Dame, die ihm sagte, dass sie Leila heißt. Dann wartete er, dass es zwei Uhr nachts wurde, bis Leila ausgehfertig war und ging mit ihr ins Hotel. Sie wusste seine Annäherungsversuche geschickt abzuwenden und er kam noch nicht einmal an ihren Busen, obwohl sie davon einen erheblichen Teil verlockend zeigte. Aber sie wies ihn darauf hin, dass sie bereits zuvor gesagt hatte, dass sie nicht mit ihm ins Bett wollte. Als er erklärte, er wollte ja nur den Busen sehen, meinte sie, das würde sie selbst zu sehr verführen und machte nach längerer Zeit seines Drängens das Zugeständnis, dass er ihn vielleicht morgen sehen kann. Als er es immerhin bis zu einer liebevollen Umarmung geschafft hatte, erklärte Leila, dass es schon fünf Uhr morgens sei und dass sie jetzt nach Hause gehen müsste, weil sie müde wäre und außerdem früh aufstehen würde, um ihre Sachen zu waschen. Eberhard vereinbarte mit ihr, dass er sie am nächsten Tag wieder von der Bar abholen wird und er gab ihr vorsichtshalber das doppelte Geld auch schon für den nächsten Tag im Voraus. Eberhard war ganz hingerissen. Er fieberte dem nächsten Tag entgegen, wo er vielleicht ihren Busen sehen könnte und vielleicht geschähe dann ja auch noch mehr... So konnte er vor Erwartung nicht einschlafen.

Am nächsten Tag war er viel zu früh an der Bar und blieb den ganzen Abend in froher Erwartung bei seiner Leila sitzen, bis die Bar geschlossen wurde und sie wieder mit ihm ins Hotel ging. Er hatte alle seine Überzeugungskünste zurechtgelegt und seine Annäherung sorgsam geplant. Tatsächlich gelang es ihm auch, sie vom Oberteil ihres Kostüms und nach einer weiteren Stunde vom Büstenhalter zu befreien. Leilas ausgiebiges Lustgestöhn ließ ihn vermuten, dass er bald zu seinem Ziel gelangen würde, doch dann bemerkte Leila, dass es bereits fünf Uhr morgens sei und sie dringend nach Hause müsse. Aber es gelang Eberhard wieder, für den nächsten Abend im Voraus zu bezahlen; dann käme er sicherlich weiter.

Wieder wartete er lange Zeit an der Bar, bis Leila mit ihm ins Hotel ging, wo er ihre langen Hände streichelte. Doch als er an ihre Unterwäsche kam, wehrte sie wieder ab und erklärte ihm, dass sie noch nie mit einem Mann geschlafen habe. Eberhard sah ein, dass er ihr unter dieser Voraussetzung mehr Zeit lassen musste. Er war sich aber ganz sicher, dass das nur noch eine Frage von zwei oder drei Tagen sein konnte. Am nächsten Tag zeigte Leila deutlich, dass sie seine Bedürfnisse verstand, und bot ihm an, ihn oral zu befriedigen, doch das er lehnte ab. Es konnte ja nicht mehr lange dauern, bis er sie ganz besitzen würde, und er wollte sich nicht die Fantasien dieser wilden Liebesnacht nehmen lassen. Am folgenden Tag hatte Leila frei und sie gingen zusammen durch Pattaya. Um überzeugender zu wirken und seine Liebe zu demonstrieren, kaufte Eberhard seiner Leila zu deren größter Begeisterung eine schwere goldene Halskette und zwei Kleider, die ihr hervorragend standen.

Es war für ihn ein richtiges Erlebnis, allein mit Leila über die Straße zu gehen; überall drehten die Leute sich um und schauten ihnen nach. Leila war eben eine auffallende Schönheit. Eberhard war völlig klar, dass er diese anschmiegsame und zärtliche Frau für sich erobern musste, um mit ihr an seiner Seite ein völlig neues, ein geradezu paradiesisches Leben genießen zu können. Er hatte sich schon viele Überlegungen über sein weiteres Leben mit dieser Grazie angestellt, es würde ihn vollkommen verändern, die Welt würde ihn in einem völlig neuen Licht sehen. Wie die großen Filmstars würde er im Rampenlicht stehen und zusammen mit seiner Diva bewundert werden, denn Frauen mit einem Aussehen, der Grazie und der eleganten Kleidung, die Leila zeigte, waren nicht im Alltag zu finden. Die sah man höchstens in Filmen und in den Nachrichten, wenn über Empfänge und Galaabende berichtet wird, an denen nur die höchsten Gesellschaftsschichten teilnehmen. Eine Frau wie Leila war ganz einmalig, er konnte ja schon hier beobachten, wie sie selbst hier die Blicke auf sich zog, wo sich die schönen Frauen Asiens ein Stelldichein gaben.

Er müsste natürlich seine Erscheinung verändern. Sein markantes, braungebranntes Gesicht, das von silbergrauen Haaren eingerahmt wurde, musste durch einen weißen Anzug hervorgehoben werden, wie er es schon wiederholt in Film und Fernsehen gesehen hatte. Er würde sich ein neues Auto zulegen müssen, das seinem neuen Ansehen entsprach, und er überlegte, ob er besser eine große Limousine oder vielleicht einen exotischen Sportwagen kauft und er rechnete aus, wie viel Geld er ausgeben kann, um eine Villa zu mieten. Hierbei machte er sich Sorgen über das Lebensalter, das er erreichen könnte und kam zum Schluss, dass es klüger wäre, nur eine ganz kleine Villa zu mieten, eine Villa für zwei Personen.

Das alles hinderte ihn aber nicht, sich vorzustellen, wie er zusammen mit Laila, im Kreise Prominenter, umgeben von Scheinwerfern und Kameras über rote Teppiche schreitet und sich mit einem Sektglas in der Hand mit Stars, Politikern und Wirtschaftsbossen unterhält. Auch, wie die Gäste seiner Stammkneipe ihn bewundern, wenn er dort sein Bier trinkt und sie ihn im Fernsehen mit seinem weißen Anzug an der Seite Laila's sehen, die mit einer berauschenden Robe das Zentrum der öffentlichen Bewunderung darstellt. Er beendete diese Träume mit der ernsthaften Absicht, die Verbindung mit Laila noch an diesem Abend zu besiegeln. Am Abend gingen sie essen und Eberhard gelang es, sie zu einem Glas Champagner zu überreden und kräftig nachzuschenken. Als sie zu später Stunde ins Hotel kamen, schickte er Leila unter die Dusche. Als er das Wasser hörte, pirschte er sich an und öffnete leise die Tür. Mit einem spitzen Schrei versteckte Leila ihren Penis zwischen den Beinen. Schnell sagte sie, die Geschlechtsumwandlung stehe ganz kurz bevor und dann verlangte sie von Eberhard einen Kuss.

Vom Teehaus in die Großstadt

Steve ist Amerikaner. Gelernter Koch und Konditor. Um Berufserfahrung zu sammeln, hat er längere Zeit in einem Hotel in Bangkok gearbeitet. Es hat ihm dort gut gefallen und so ist er länger geblieben. Aber es war nicht nur Bangkok, was ihm gefiel. Denn im Hotel war auch Nida beschäftigt und die war sehr hübsch und hat ihm auch gefallen und dann haben sie nach einigen Monaten näherer Bekanntschaft geheiratet. Sie kam aus Nakhon Sawan, wo die Familie große Ländereien besitzt. Die haben ihm auch gefallen und so hat das junge Paar einige Zeit dort verbracht. Da Nida auch eine gute Köchin war, die die thailändische Küche kannte und Steve Meisterkoch war und Englisch beherrschte, entschloss man sich, zusammen Kochbücher über die Thailändische und internationale Küche zu schreiben.

Beim Einkauf der wichtigsten Sachen in der nächsten Kleinstadt trennte man sich nach einigen Einkäufen, da Nida neben weiteren Besorgungen auch noch verschiedene Amtsbesuche zu absolvieren hatte und anschließend eine Freundin treffen wollte. Auch Steve hatte noch etwas zu tun, da er aber infolge Sprachmangels nur wenige Besorgungen durchführen konnte, wartete er auf Nida im Auto, was ihm bald zu heiß und zu langweilig wurde. So hinterließ er Nida eine Nachricht und ging in ein Teehaus, das er vom Auto aus sehen konnte, um auf Nida zu warten. Es war eines jener Teehäuser, die zwar auch anregenden Tee haben, aber mehr auf ein umfangreiches Angebot anregender Mädchen spezialisiert sind. Das wusste Steve aber noch nicht und dort traf er Dao. Dao kam aus einem Dorf, das etwas weiter nördlich lag. Die Eltern hatten einen landwirtschaftlichen Betrieb, aber der bestand aus vielen kleinen Feldern, deren Bearbeitung sich nicht mehr lohnte, weil es keinen Sinn hatte, auf diesen kleinen Feldern Maschinen einzusetzen und vor allen Dingen, weil in den vergangenen Jahren nicht genügend Regen gefallen war.

Es war offensichtlich, dass es nicht einmal Sinn hatte, den Reis in die ausgetrocknete Erde zu pflanzen. Aber so war es nun schon seit mehreren Jahren. Die Ersparnisse waren geschrumpft und es gab keine Aussicht auf Einkünfte. Die Mutter flocht zwar Körbe, aber für einen Korb gab es nur zwanzig Baht und die Mutter arbeitete fast den ganzen Tag daran. Sie musste sechs Kinder großziehen, aber das Geld reichte trotz aller Mühe nicht einmal für die Ernährung. Die Situation war aussichtslos, bis ein chinesischer Händler kam und versprach, dass er für die hübsche Dao eine gute Stelle als Serviererin hätte. Und er war auch bereit, 15.000 Baht für ihre Arbeitsleistung im Voraus zu bezahlen, Dao könnte diese Summe dann auf ihrer Arbeitsstelle abarbeiten.

Er versprach auch, dass Dao im Monat ein Gehalt von 1.400 Baht bekommen würde, also gute Chancen hätte, das Darlehen der Eltern bald abzuarbeiten. Da sie dann schuldenfrei wäre, könnte sie ihre Arbeitsstelle wechseln, wenn sie irgendwo mehr Geld verdienen könne, was aber unwahrscheinlich sei. Auf jeden Fall könnte sie ihren Eltern dann aber jeden Monat Geld schicken. Gleichzeitig fügte der Händler noch hinzu, dass die Eltern aber auch vorher einen weiteren Kredit auf die Arbeitsleistung ihrer Tochter bekommen könnten, wenn sie in Geldnot geraten sollten. Dann müsste die Tochter eben etwas länger in ihrer Arbeitsstelle bleiben, um auch den neuen Kredit abzuarbeiten, was ihr aber sicher nicht schwerfallen würde. Für die Eltern hörte sich das sehr positiv an und erschien als eine Rettung aus der Misere. Sie bekämen nun 15.000 Baht auf die Hand und hätten auch keine weiteren Kosten mehr durch den Unterhalt der Tochter, die ja sicher in dem Haushalt, in dem sie arbeitet, auch etwas zu essen bekäme.

Allerdings dachten die Eltern nicht daran, dass Dao für das Essen, das sie bekam, bezahlen musste, und dass sie auch Miete für ihre Unterkunft bezahlen musste, so, dass sie am Monatsende vielleicht noch zwei- bis dreihundert Baht ausgezahlt bekam, wovon sie dann noch Kleidung, Hygieneartikel und andere persönliche Sachen kaufen musste. Während die Eltern also meinten, dass Dao den Kredit in einem Jahr abgearbeitet hat, war in Wirklichkeit an ein Abarbeiten des Kredits auf diese Art nicht zu denken. Außerdem wussten die Eltern aber auch nicht, dass Dao in ein kleinstädtisches Teehaus kam und worin die Aufgaben einer Serviererin dort bestehen.

Es kann auch gut sein, dass die Eltern mit Absicht nicht zu viel gefragt haben, weil es auch in ihrem Dorf bekannt war, dass es kaum Arbeitsstellen für junge Mädchen gab, solange sie nicht ihren Körper verkauften. Aber niemand wollte dieses Thema berühren und das offene Geheimnis mit den Mädchen aus diesem Dorf in Verbindung bringen. So war es auch in dem Teehaus, in dem Dao arbeitete. Zu den Aufgaben der Serviererinnen gehörte es auch, sich selbst zu servieren. Dafür bekamen sie dann für jeden Kunden, den sie bedient hatten, ein paar Baht von den einhundert Baht, die der Kunde dafür bezahlte, gutgeschrieben. Für diese Gelegenheiten hatte das Teehaus einige Gästezimmer, die aber immer nur während kurzer Zeit benutzt wurden und den Mädchen sonst nicht zur Verfügung standen. Zum Schlafen dienten ihnen eine Küche mit vergittertem Fenster und ein weiterer, fensterloser Raum, der sich im Obergeschoß befand. Hier konnten sie ihre Matten auf den Fußboden legen, sie konnten sich hier miteinander unterhalten oder schlafen.

Sie durften aber das Haus grundsätzlich nicht verlassen, da sie ja erst die Schulden für die Kredite der Eltern abarbeiten mussten und die Gefahr bestand, dass sie weglaufen könnten, wenn ihnen das möglich war. Man erklärte ihnen, dass sie nichts brauchten, was es nicht im Hause gibt, denn sie erhielten ja auch volle Verpflegung. Die bestand allerdings nur aus einer dünnen Reissuppe zum Frühstück und einem Teller Reis mit Gemüse. Das wurde nicht mit dem Preis begründet, sondern damit, dass sie sonst zu dick würden und tatsächlich waren auch die meisten der Mädchen außerordentlich schlank. Der Betrieb begann schon zur Mittagszeit und dann saßen die Mädchen unten im Teehaus mit kurzen Röckchen und offenen Blusen und warteten auf einen Gast, dem sie Tee oder sich selbst servieren mussten. So kam es, dass Steve beim Besuch eines Teehauses auf Dao traf, die etwas abseits saß, und aus dem Hintergrund von einer männlichen Stimme gerufen wurde, um Steve zu bedienen.

Da Steve schon etwas Thai gelernt hatte, gab es bei der Bestellung keine Probleme. Allerdings stellte Steve fest, dass Dao im Gesicht und an den Beinen viele blaue Flecken und über der Brust rote Striemen hatte, worüber er sich wunderte, aber nicht näher nachdachte. Bei der Bestellung der zweiten Tasse Tee kam der Inhaber, zeigte auf die Mädchen und sagte zu Steve etwas in „Lao", der Sprache des Isan, was Steve nicht verstand. Aber er schaffte es, auf Thai zu sagen, dass er auf jemand wartet. Der Mann lächelte freundlich und ging wieder. Es dauerte auch nicht mehr lange, bis Nida ihren Kopf zur Tür hereinsteckte und mit großen Augen auf Steve schaute. Nachdem der sie einige Mal aufgefordert hatte, sich zu ihm zu setzen und einen Tee zu trinken, kam sie schließlich.

Nun erschien der Eigentümer, mit dem sie längere Zeit sprach, bis der schließlich herzlich lachte und Dao befahl, noch zwei Gläser Tee für Nida und Steve zu bringen. Nun wollte Steve wissen, warum Nida so lange mit dem Inhaber gesprochen hat und ob sie ihn kennen würde. Nida sagte so nebenher, dass sie dem Mann nur erklärt hat, dass Steve ein dummer Ausländer sei. Und dann erzählte sie Steve, was das mit dem Teehaus auf sich hat, und weshalb sie nicht hätte hineinkommen wollen, dass es nämlich gar nicht üblich sei, dass hier auch Frauen hinkämen, um Tee zu trinken.

Sie fragte ihn, ob ihm nicht aufgefallen sei, dass hier außerordentlich viele junge und auffällig attraktiv angezogene Mädchen bei abgedunkelter Beleuchtung und Rotlicht darauf warteten, einem einzelnen Gast einen Tee zu servieren. Sie erklärte dann, dass es kaum Lizenzen für Bordelle, wohl aber für Teehäuser gab, weshalb man in ein Restaurant geht, wenn man einen Tee trinken will, und in ein Teehaus, wenn man eine Frau sucht, mit der man in die Zimmer im oberen Stockwerk gehen kann. Hier trinkt man einen Tee, um sich die gewünschte Frau auszusuchen und eventuell mit ihr vorher zu sprechen. Steve musste nun selbst über seine Naivität lachen. Dann bemerkte er, dass er Thailand wohl nie verstehen wird. Während sie zuhause ergebnislos versucht hätten, ein Mädchen zu finden, das ihnen in der Wohnung und in der Küche hilft, wo die ganzen Rezepte ausgearbeitet werden mussten, säßen sie hier in Scharen herum und hätten nichts zu tun.

Er konnte keinen Grund dafür finden und er konnte auch das verschmitzte Lächeln seiner geliebten Nida nicht verstehen, die ihm darüber aber keine Auskunft erteilen wollte. Als sie bezahlen und gehen wollten, kam Dao und brachte die Rechnung. Dabei zeigte Steve auf die Beulen und die blauen Flecken in ihrem Gesicht und an den Beinen und auf die roten Striemen über der Brust und bemerkte, dass die Liebe der Thai ja brutal sein müsse. Nida schaute auf und musste lachen, was sie aber abrupt abbrach, als ein Geistesblitz sie getroffen hatte. Schnell schaute sie Steve an und sagte: „Du suchst doch ein Küchenmädchen. Die kannst du haben." Steve war verwundert und fragte vorsichtshalber noch: „Die mit den Beulen und Striemen?" Nida beteuerte: „Ja, das ist die ideale Küchenhilfe für uns, und wenn Du meinst, dass Du sie brauchen kannst, dann kannst Du sie haben."

Steve verstand natürlich nicht und meinte, die würde aber doch hier arbeiten und sie könnten ihr doch nicht in Gegenwart des Inhabers eine andere Stelle anbieten. Nida lachte und meinte, das könne sie alles regeln, Steve brauche nur zu sagen, ob er sie nun will oder nicht. Und der meinte, wenn Nida glaubt, dass sie gut sei und sie einstellen wolle, dann wäre das in Ordnung, weil sie wirklich jemand brauchen. Dann wollte er noch wissen, warum unbedingt die mit dem verbeulten Gesicht und warum Nida meinte, dass sie gut wäre, aber sie sagte, dass sie ihm das besser nicht jetzt und nicht hier sagt, dass sie es später erklären würde. Jetzt müsste sie erst einmal mit dem Inhaber sprechen. Das Gespräch dauerte keine zehn Minuten und Nida sagte zu Steve: „Du suchst doch ein Mädchen, das länger bleibt, nicht wahr?" Steve beteuerte das, denn es hätte keinen Sinn, jemanden zu holen, ihm alles beizubringen und dann nach ein paar Wochen mit einer anderen Person neu anzufangen. Nida meinte: „Gut, wenn du jetzt 20.000 Baht Lohn für zwei Jahre vorauszahlst, dann wird sie wenigstens zwei Jahre bei uns bleiben und wir können sie gleich mitnehmen."

Dao wurde an den Tisch gerufen und Nida sprach mit ihr. Dao bekam ganz große Augen und machte einen tiefen Wai nach dem anderen und hatte auf einmal ein strahlendes Gesicht mit einigen Tränen in den Augen. Nachdem Steve einen Scheck ausgeschrieben hatte, ging Nida zur Bank, um das Geld abzuholen, während die strahlende Dao am Tisch sitzen blieb. Steve wusste nichts mit ihr anzufangen, vielmehr wurde es ihm auch äußerst peinlich und er konnte noch nicht einmal mit ihr sprechen, denn immer, wenn er sie ansah, machte sie einen tiefen Wai. Steve hoffte, dass sich das bald legen würde, bei der Arbeit wäre das nicht nur peinlich, sondern sicher auch sehr hinderlich. Vielleicht sollte Nida mit ihr sprechen. Die kam schnell zurück, der Inhaber bekam sein Geld und man ging zusammen mit Dao zum Auto.

Als Steve nach Dao's Gepäck fragte, lachte Nida und zeigte auf ein kleines Plastiktütchen, das Dao in der Hand hielt und erklärte: „Ein Hemd, eine Zahnbürste und Unterwäsche, mehr hat sie nicht. Mädchen, die in einem Teehaus arbeiten, haben nicht mehr." Unterwegs wollte Steve nun endlich wissen, warum Dao gut sein sollte, und was das für ein Handel gewesen war. Nida erklärte es ihm: „Teehäuser und Frisiersalons in Kleinstädten sind oft versteckte Bordelle, wie Du inzwischen gesehen hast. Sie kaufen die Mädchen von einem Händler, der über Land fährt und den Eltern Geld gibt als Arbeitsvorschuss auf die Leistungen der Mädchen.

Dann werden die Mädchen mitgenommen und wissen nicht, wo sie hinkommen und was sie zu tun haben. Bis sie hören, sie sind in einem Bordell und sollen mit Männern ins Bett gehen. Wenn sie nicht wollen, werden sie gefügig gemacht. Man versucht, sie zu überreden und droht ihnen. Wenn das nicht hilft, werden sie oft alleine eingesperrt und bekommen kein Essen, bis sie bereit sind, sich auszuziehen. Wenn sie immer noch nicht wollen, werden sie so lange verprügelt, bis sie von sich aus bereit sind. Daher hat Dao die Beulen und die Striemen." Steve drehte sich um und sah sich noch einmal das verbeulte und verquollene Gesicht von Dao an und jetzt bekam er Mitleid. Inzwischen erklärte Nida weiter. Der Inhaber vom Teehaus sagt, er hat für Dao 20.000 Baht bezahlt, aber Dao macht Schwierigkeiten, sie will mit keinem Mann ins Bett gehen.

Ich konnte also leicht mit ihm reden und ihm auch sagen, wie gefährlich das mit den Mädchen heute geworden ist, Dao ist nämlich erst sechzehn Jahre alt und da kann er leicht Schwierigkeiten bekommen. Weil ich aus der Gegend hier bin und meine Familie bekannt ist, war er einverstanden, hat mit ihre Papiere gegeben und die 20.000 Baht genommen. Er wird sich einfach ein anderes Mädchen holen. Und jetzt kann ich dir auch sagen, warum Dao so besonders gut ist. Sie hat über einen Monat lang täglich Prügel bekommen, weil sie nicht mit einem Mann ins Bett will. Da kann ich ganz unbesorgt sein, wenn mein Liebling mit einem jungen Mädchen allein im Haus ist." Als Steve ein langes Gesicht zog, musste Nida herzlich lachen, aber sie tröstete ihn damit, dass sie ganz sicher sei, dass Dao sich auch alle Mühe geben wird, gut in der Küche zu arbeiten.

So war es. Dao musste saubermachen und in der Küche helfen. Sie musste Englisch lernen und kochen, ganz viele Gerichte kochen und die Rezepte mit allen Zutaten genau aufschreiben und dann musste sie die Küche wieder saubermachen. Sie war in der Küche ständig in Bewegung, besonders dann, wenn Steve näher als einen Meter an sie herankam, dann lief sie nämlich ganz schnell weg. Bis Nida mit ihr sprach und erklärte, dass es hier um Arbeit ginge und Steve ihr nichts zeigen kann, wenn sie wegläuft und er ihr hinterherlaufen muss. Dann blieb sie verkrampft stehen, wenn Steve kam, doch bald verlor sie auch diese Angst. Dao arbeitete unablässig. Sie hatte ein kleines Zimmer, wo sie schlief und Englisch lernte. Nach zwei Wochen kam sie heulend ins Wohnzimmer und sagte, sie wäre auf ihrem Zimmer so allein, ob sie sich nicht wenigstens zum Englischlernen ins Wohnzimmer setzen darf, wenn sie auch ganz bestimmt nicht stört und nichts sagt. Dabei verlor sie dann im Verlaufe der Zeit auch ihre restliche Angst vor Steve und es dauerte nicht mehr lange, bis sie sich auch wieder hübsch machte und kurze Röcke und Blusen trug, wie es junge Mädchen tun und Steve es viel lieber mochte.

Die Kochbücher waren nach etwas über einem Jahr fertig und Nida und Steve gingen wieder nach Bangkok. Dao wurde entlassen und staunte, dass sie einfach gehen konnte und auch keine Schulden mehr abbezahlen musste. Und sie freute sich, dass Nida ihr in einem kleinen internationalen Restaurant in Bangkok eine Stelle als Köchin für die thailändische Küche besorgte, weil sie auch von ausländischen Gästen Bestellungen annehmen und ihnen servieren konnte. Sie hatte schon vorher gesagt, dass sie nicht nach Hause wollte, weil sie dann vielleicht noch einmal verkauft würde. Als sie ihre neue Stelle erhielt, heulte sie erst einmal eine halbe Stunde lang. Da Dao noch nicht volljährig war, hielt sie es für besser, ihre Eltern nicht über ihren Wohnungswechsel zu informieren. Sie konnte für einige Zeit in einem kleinen Zimmer bei Steve und Nida bleiben. Dafür machte sie sich als Putzfrau und Wäscherin nützlich, bis sie ein Jahr später eine bessere Stelle mit einem besseren Lohn fand und dort einen jungen Mann traf, mit dem sie ein halbes Jahr später zusammenzog.

Über Paul und die Gutmütigkeit

Gutmütigkeit hat, wenn sie nicht als solche verstanden und anerkannt wird, eine große Ähnlichkeit mit Dummheit. Das zumindest durfte Paul erfahren, der anerkannt gutmütig ist, in Deutschland auf dem Bau arbeitet und jüngst schon das dritte Mal nach Thailand auf Urlaub fuhr. Paul hat eine große Schwäche für das „schwache Geschlecht". Er war in Deutschland schon zweimal verheiratet gewesen und hat immer versucht, für seine Frauen alles zu tun und ihnen alles zu geben, was er konnte. Seine ehemaligen Frauen haben heute jede ein hübsches kleines Häuschen, während Paul in einer kleinen, billigen Mietwohnung lebt. Seine Frauen hatten einen großen, starken Mann gesucht, der ihnen sagt, was sie zu tun haben. Da Paul das nicht tat, haben sie bald begonnen, ihm zu sagen, was er zu tun hat. Es war so, wie man angeblich in den USA die „ideale" Ehe sieht: Er bestimmt über alle wichtigen Dinge des Lebens und die Frau nimmt die häuslichen Kleinigkeiten des Alltags in die Hand; er bestimmt, wer Präsident wird, welche Partei die Regierung bildet, wo der nächste Krieg stattfindet und ob die Gewerkschaft bei den Tarifverhandlungen mit den Arbeitgebern ein

Übereinkommen erzielt. Und sie bestimmt, wo er arbeitet, wann er nach Hause kommt und wofür sie sein Geld ausgibt. Wenn so ein System erst einmal eingeführt ist, wird es bald als sehr praktisch angesehen und im Rahmen eines oft einseitigen Machtkampfes erweitert. Dann bestimmt sie auch, was er anzieht, mit wem er spricht und was er isst. In diesem Punkt jedoch ist Paul empfindlich, denn er hat nicht nur ein Gemüt wie eine Weihnachtsgans, sondern auch eine solche Figur. In dem ständigen Streit, der darüber entbrannte, was er alles nicht essen darf und nicht trinken darf, und in der ständig miesen Stimmung suchte Paul bald seinen Trost bei anderen Vertreterinnen des „schwachen Geschlechts". So dauerte es denn nicht lange, bis seine Frauen die Scheidung einreichten und Paul mit seiner Gutmütigkeit wieder alleine lebte. Da er nicht schon wieder ein neues Haus für die nächste Frau bauen wollte, suchte er bald seinen Trost in Thailand, wo er sich im Urlaub voll ausleben konnte. Die ersten Male hatte es ihm ausgezeichnet gefallen, er hatte einige problemlose und sehr hübsche Mädchen kennengelernt. Bei diesen Reisen war er finanziell noch etwas knapp gewesen, doch diesmal hatte er sich gut eingedeckt und wollte seine Freiheit genießen.

Am Nachmittag kam er mit dem Taxi vom Flughafen in seinem Hotel an, wo er nicht nur mit dem Fahrpreis, sondern mit einer Forderung von zweihundert Baht Trinkgeld zur Kasse gebeten wurde. Dem Lift Boy gab er für das Schleppen seiner Koffer, weil er gerade kein kleineres Geld in der Tasche hatte und auch nicht genau wusste, wie viel das ist, 100 Baht Trinkgeld. Er duschte sich, ruhte sich etwas aus und ging nach einer guten Mahlzeit mit einem guten Trinkgeld am frühen Abend auf die Suche nach Toy. Mit der hatte er nämlich zu voller Zufriedenheit seinen letzten Urlaub verbracht und er hatte ihr außerdem bei seiner Abreise auch versprochen, dass er wiederkommt, sie in ihrer Bar sucht und dann wieder mit ihr geht. Toy hatte in einer Bar in der Soi 8 gleich in der Nähe der Second Road gearbeitet. Nun fand Paul zwar ziemlich leicht die Soi 8, aber keine der ihm bekannten Bars. Dort wurde nämlich inzwischen ein Hotel gebaut. Und so war auch Toy nicht zu finden, obwohl er auch den unteren Teil der Soi 8 nach ihr absuchte. Paul empfand das nicht weiter als tragisch, denn es gab ja genügend Mädchen, die hier herumliefen und reges Interesse an ihm zeigten.

Man musste sich nur umsehen. Er war vom Flug und der Klimaumstellung leicht ermüdet und von den ersten drei Bars leicht angeheitert, als er sich in der vierten Bar nach Toy umsah. Dort erblickte er auch auf Anhieb ein Mädchen, das ihm zusagte. Als er einem Mädchen sagen wollte, dass es seine Auserwählte rufen sollte, fand er erst einmal kein Ohr, sondern die Mitteilung, dass alle Mädchen schrecklichen Durst hatten und er sollte doch erst einmal die Glocke läuten. Paul fragte, was die Mädchen denn trinken und erhielt die Auskunft, sie möchten alle nur einen kleinen Orangensaft.

Paul schaute verstohlen auf die Preisliste und meinte, die 25 Baht mal etwa zehn Mädchen würden ihm nicht wehtun. Dass die halben Gläser Orangensaft später als Ladydrinks zum Preis von je 90 Baht auf der Rechnung standen und dass er etwa 12 Mädchen übersehen hatte, die vor der Bar an Tischen saßen, bemerkte er erst später, als er die Rechnung erhielt.

Aber dann wollte er nichts mehr sagen und gab sogar noch über 200 Baht Trinkgeld. Als die Auserwählte schließlich bei ihm ankam, wurde man sich schnell einig. Allerdings lag sie ihm die ganze Zeit in den Ohren, er sollte doch ihre neue Freundin auch mitnehmen, die käme gerade vom Lande und hätte nichts zu essen. Um seine Ruhe zu haben, nahm er also auch die Freundin mit und meinte, irgendwie würde man schon klarkommen. Die Freundin könnte ja sicher eine Stunde spazieren gehen, nachdem sie schon das Geld verdient hatte. Das stellte sich zwei Stunden später als Irrtum heraus. Die Freundin meinte, sie sei müde, aber sie könnten ja beide an ihm ihren Dienst tun, dann brauchte sie nicht wegzugehen, weil sie so müde war und außerdem ginge es dann vielleicht auch schneller, dann konnten sie alle bald schlafen. Das war Paul denn doch zu ungewohnt und zu peinlich und er kam zu dem Schluss, dass er ohnehin zu müde sei und seine Ruhe haben wollte, legte sich ins Bett und schlief. Morgen war ja auch noch ein Tag.

Am nächsten Morgen nahm er beide Mädchen zu einem Frühstück außerhalb des Hotels mit und gab ihnen ihr Geld. Schließlich vereinbarte er nach langem Palaver, dass er an diesem Abend zwar wieder zur Bar kommen würde, dann aber nur seine Auserwählte mitnähme und nicht etwa auch noch ihre Freundin. Weil die doch so arm war, gab er ihr allerdings noch einmal 500 Baht, um seiner Ruhe sicher zu sein.

Als er ins Hotel zurückkam, hatte er erst einmal Probleme mit dem Lift Boy, der 100 Baht Trinkgeld haben wollte, weil er die ja gestern auch bekommen hatte und somit ein Anrecht darauf hatte, nun jedes

Mal 100 Baht zu bekommen. Am Abend holte er sein Mädchen schon vor acht Uhr von der Bar ab, um diesen Abend zu genießen, nachdem er schon den vergangenen Abend keinerlei Freuden genießen konnte. Nach einem kurzen Palaver, warum er heute keine 200 Baht Trinkgeld gab, wo er die doch gestern gegeben hatte, verließen sie die Bar. Allerdings wollte seine Diät Süße erst noch essen gehen. Paul hatte zwar schon gegessen, aber eine Kleinigkeit würde er schon noch vertragen. Er wunderte sich bald, wie viel ein kleines, schlankes Mädchen in sich hineinstopfen kann, aber er meinte, wenn sie sonst schon nichts hat, soll sie wenigstens einmal vernünftig essen, was sie denn auch bis kurz vor zehn Uhr tat.

Als sie endlich im Hotel ankamen, erlebte Paul eine große Überraschung. Toy saß vor seiner Zimmertür und machte ein Riesenspektakel, weil er doch versprochen hatte, dass er in diesem Urlaub nur mit ihr geht, nun aber ein anderes Mädchen dabei hat. Das Spektakel und der Streit, den sie dann schließlich alle drei miteinander hatten, dauerten gut drei Stunden. Er endete damit, dass Paul seinem neuen Mädchen 1.000 Baht als Entschädigung gab (denn er hätte sie ja auch an den nächsten Tagen mitgenommen), weil er seine Ruhe haben wollte. Toy meinte, dass er für sie jetzt noch die Auslösung bezahlen müsse, nein, nicht morgen, sondern jetzt, und zwar für die ganze Woche, jawohl. Paul bezahlte also die 1.400,- Baht, weil er seine Ruhe haben wollte. Dann nahm Toy das Geld, stand auf und sagte, dass sie sofort wiederkomme.

Paul nahm an, dass sie die Auslöse in die Bar bringen will, was ja nicht lange dauern konnte. Und dann hatte er seine Ruhe. Das erkannte er besonders deutlich, als er quer über dem Bett liegend gegen vier Uhr morgens wach wurde und bemerkte, dass Toy nicht zurückgekommen war. Da er jetzt ohnehin wach und zudem alleine war, stand er auf, trank an einer anderen Bar noch einige Biere, nahm eine hübsche Frau mit, da Toy ja nicht mehr erschienen war und schlief am nächsten Tag lange und ruhig. Und zwar bis die Lady, die er am ersten Tag auserwählt hatte, bei ihm erschien, um nachzusehen, ob er noch immer mit Toy zusammen war, oder ob er vielleicht jetzt schon für die Gesellschaft mit ihr frei war. Sie erhob ein fürchterliches Geschrei, weil er nicht mit Toy zusammen war und statt zuerst nach ihr zu fragen, eine neue Lady genommen hatte. Paul beruhigte sie mit einer Entschädigung, weil er seine Ruhe haben wollte.

Nach dem Abendessen ging er an eine Bar, die er noch nicht kannte. Bevor er aber ein Mädchen mitnahm, ging er gegen neun Uhr erst einmal nachschauen, ob Toy vielleicht wiedergekommen war. Als er die Lift Tür in seinem Stock öffnete, erlebte er die nächste Überraschung. Toy saß vor seiner Zimmertür in angeregter Unterhaltung mit jener Dame, der er im ersten Urlaub versprochen hatte, dass er bald wiederkommt, nur noch mit ihr geht und dass er sie dann später nach Deutschland mitnehmen wird. Voller böser Ahnungen ging Paul rückwärts in den Aufzug zurück und an eine etwas versteckt liegende Bar, wo er keine Glocke läutete, keinen Ladydrink bestellte, kein Mädchen mitnahm und kein Trinkgeld gab. Er mietete sich für drei Tage in ein fremdes Hotel ein und gab dem Lift Boy kein Trinkgeld. Er ging an die Hausbar und bestellte keinen Ladydrink. Er wollte nämlich seine Ruhe haben.

Paul war nicht zur Ruhe gekommen, weil er gutmütig war und weil er seine Ruhe haben wollte. Es lohnt sich, zu überlegen, was Gutmütigkeit eigentlich war und wann sie sinnvoll ist. Es gibt auch in Thailand Gutmütigkeit. Aber auch von jener Art, die Dummheit sehr ähnlich ist. Von Gutmütigkeit kann man sprechen, wenn jemand auf seine Rechte, auf einen Besitz, seine Bequemlichkeit, seine Ruhe etc. freiwillig verzichtet. Das kann man tun, um jemandem eine Freude zu machen, eine Gemeinsamkeit zu finden, um seine Ruhe zu haben, oder um einen anderen Vorteil zu erreichen. Es gibt übrigens keine Gutmütigkeit „einfach nur so". Wie alle Handlungen, so hat auch Gutmütigkeit immer einen Grund, ein Motiv, auch wenn es vielleicht dem Betreffenden in seinem „gutmütigen Moment" gar nicht klar sein mag. So kommt es denn, dass Gutmütigkeit letztlich doch immer mit einer Erwartung verbunden ist, oder zumindest mit einer Hoffnung. Wenn es auch vielleicht nur die sein mag, dass sich jemand über etwas freut, oder dass der so gutmütig Handelnde für anständig oder eben für gutmütig gehalten wird. In Thailand begegnet man oft der Gutmütigkeit eines gemeinsamen

Nebeneinanders. Das kann ein freundliches Nicken, ein Gruß sein, angebotene Naschereien, Platz machen auf den Sitzbänken des Pickup-Taxis etc. Diese Handlungen sind unverbindlich und sorgen für ein freundliches Nebeneinander. Sie sind gesellschaftsüblich, eine anerzogene Sitte. Doch auch hier wird eine Reaktion erwartet. Unter den Besuchern Pattaya's glauben viele Menschen, gutmütig zu sein, wenn sie sich beliebt machen wollen, Gemeinsamkeiten suchen, sich Freunde kaufen oder eine begehrte Lady gefügig machen wollen. Dieses Verhalten ist eher geschäftstüchtig und mit Vorsicht zu genießen. Man kann jemand einen Gefallen tun, eine Freude machen, ohne etwas dafür zu erwarten, aber das ist selten. Selbst, wenn wir nur jemand grüßen, erwarten wir, dass er diesen Gruß erwidert. Aber spätestens dann, wenn irgendeine Gutmütigkeit nach mehreren

Wiederholungsfällen nicht erwidert, sondern eher noch ausgenutzt wird, darf man weitere Wiederholungen als eine irrationale Hoffnung oder auch getrost als Dummheit bezeichnen. Wenn jemand einer Angebeteten Geld und andere Geschenke gibt, weil er mit ihr ins Bett will und sich dann auch noch regelmäßig freut, wenn sie ihn beim Erhalt der Ware ebenso regelmäßig umarmt und ihm sagt: „Ich liebe dich ja so sehr", dann ist diese Gutmütigkeit oft berechnend und damit keine Gutmütigkeit. Es ist ein Geschäftsgebaren, immer aber ist es schlichte Dummheit, jene Dummheit, die man später mit der Bemerkung kommentiert, man habe seine „schwache Stunde" gehabt. Eine schwache Stunde, die zumeist eher Folge eines starken Triebes und nicht etwa starker Überlegung ist.

Die Dummheit dieser schwachen Stunde, die die Dummen oft in der Hoffnung auf Glückseligkeit oder den „Siebten Himmel" begehen, kann so groß sein, dass sogar Häuser auf den Namen der Freundin gekauft und Unterschriftsberechtigungen für volle Bankkonten erteilt werden, auch wenn man die Lady erst eine Woche kennt. Die meisten Gäste erleben aber ihre Gutmütigkeit in einem weit kleineren Rahmen, wie etwa bei einer leicht überzogenen Rechnung, bei der ein Artikel zu viel oder ein Preis zu hoch aufgeschrieben oder die Gesamtsumme „rein versehentlich" zu hoch ist. Ganz zu schweigen von der Gutmütigkeit, die der Taxifahrer bereits in seine Forderung mit einkalkuliert. Besonders an Bars erlebt man solche Gutmütigkeit als Folge eines honigsüßen Stimmchens: „You give me Ladydrink?", „You give me beer?", oder: „I very hungry, I no eat. You give me 50 Baht I go eat." Der Ladydrink ist nur ganz Neuen nicht bekannt.

Die Bier trinkende Dame ist mit Sicherheit schon recht lange im Gewerbe und das Essen kostet höchstens zwanzig Baht, wenn es überhaupt gekauft wird, denn hauptsächlich freut man sich über den dummen Farang, der einem für Nichts so viel Geld gibt. In diesem Falle wird die Gutmütigkeit ausgenutzt und wird spätestens im Wiederholungsfalle zur Dummheit. Auch so mancher Farang erlebt eine seltsame Gutmütigkeit. Etwa bei dem Polizisten, der lächelnd einen Ausländer anschaut und sagt: „Eh, Farang kimao?" Er meint es sogar noch gut, weil er glaubt, erstens als Thai und zweitens als Polizist auf einer endlos höheren Stufe zu stehen, als ein Farang und sich somit herablässt, lächelnd und also freundlich mit einem Farang zu sprechen. Dass er dabei sagt: „Eh, du Ausländer, besoffen, was?", hält er für Gutmütigkeit. Das muss er auch, solange ihn niemand aufklärt, weil er meint, es wäre gutmütig, sich so anreden zu lassen. Nie allerdings würde es ihm in den Sinn kommen, einen Thai freundlich anzusprechen: „Eh, Thai, kimao?", denn erstens lautet die höfliche Anrede unbekannter Personen auf Thai: „Khun", und die Polizisten sind seit einigen Jahren verpflichtet, mit Menschen höflich zu sprechen. Zweitens spricht man im Thailändischen abgesehen von Ausländern nie von Personen ohne den Zusatz „Khun", was so viel wie Mensch oder Person heißt. So sagt man denn etwa: „Mi khun thai ma läo..." (Da ist ein thailändischer Mensch gekommen...) Nur

33

beim westlichen Ausländer lässt man diesen kleinen Zusatz weg und sagt: „Mi Farang ma läo…".

Beim Ausländer wird allgemein nicht hinzugefügt, dass er ein Mensch ist, was zwar unhöflich, aber den insbesondere bei unteren Bevölkerungsschichten üblichen Sprachgebrauch darstellt. Vergleichbar ist dies etwa mit dem Wort „Ami", wie es nach dem Krieg auch in Deutschland für Amerikaner gebraucht wurde. Nur, dass niemand auf den Gedanken gekommen wäre, einen Amerikaner „Eh, Du, Ami!" zu rufen. Nun gibt es viele Gäste in Thailand, die die etwas zu hohe Rechnung, den „Spezialpreis" für Ausländer (in Mini Siam, auf Go Kart-Bahnen, bei Friseuren, in Taxis und in einigen wenigen Bars), die „versehentlich" zu hohe Rechnung, das „versehentlich" zu geringe Wechselgeld, die „Ladydrinks", das Geld für verhungernde Ladies oder für deren Gang zur Toilette etc. etc. und die Anrede „Eh, Du, Farang" ohne Widerspruch akzeptieren und hinnehmen. Viele halten das für ihre persönliche Gutmütigkeit. Manche wollen „ihre Ruhe haben", andere Gäste haben resigniert. Aber jeder muss selbst wissen, was er für seine Gutmütigkeit erhält, jeder muss selbst wissen, was er dafür geben will, dass man ihn für gutmütig hält - oder über den „dummen Farang" lacht. Auch Gutmütigkeit hat Grenzen.

Missglückte Rache

Reine Wunder hatten sie am Stammtisch über Thailand gehört. Ein Billigland für Europäer sollte es sein. Die Hotelzimmer sollte es fast umsonst geben, die Preise für Essen und Getränke nicht der Rede wert, Frauen, soviel man haben wollte, und das alles in einem exotischen Land mit Südseeklima und Palmen am Meer. Unter dieser Voraussetzung hatten die beiden Buchhalter, die auf die Vierziger zugingen und für eine große Firma arbeiteten, einen Urlaub in Thailand gebucht, obwohl sie ansonsten als äußerst sparsam bekannt waren. Sie hatten sich bei ihren ersten zwei Reisen wohlgefühlt, aber sie hatten viel zu viel bezahlen müssen, immer wieder waren sie ausgenommen und übers Ohr gehauen worden, meinten Bernd und Egon.

Das Hotel war zu teuer gewesen. Europäisches Essen war im Verhältnis zu den Thai-Restaurants viel zu teuer, wohl nur, weil sie Ausländer waren und man sie ausnehmen wollte. Die Taxifahrer hatten ihnen zu viel abgenommen. Für die eingekauften Sachen hatten sie nicht genug Nachlass bekommen. Das Reisebüro war zu teuer gewesen und hatte ihnen sogar für die Rückflugbestätigung Geld abgenommen. Den Mädchen hatten sie einfach gegeben, was sie verlangt hatten, ohne ihre Preise herunterzuhandeln und sie hatten ihnen sogar manchmal etwas gegeben, was sie gar nicht hätten geben müssen. Und dann haben die Mädchen sie zum Schluss noch betrogen, denn sie hatten ihnen beide jeden Monat 50 Euro geschickt, damit sie nicht in der Bar arbeiten, sondern nur auf sie warteten. Als sie wiederkamen, hatten sie die Mädchen aber in der Bar gesehen.

Bei der zweiten Reise, ein Jahr später, war ihnen trotz aller Vorsicht dasselbe passiert. Das Hotel hatte ihnen für zwei Einzelzimmer mit Doppelbett - statt des gebuchten Doppelzimmers - einen Zuschlag abverlangt, obwohl noch genug Zimmer frei waren. Das Taxi vom

Flughafen bis zu ihrem Hotel im Badeort war unverschämt teuer gewesen und überall hatte man von ihnen Geld verlangt. Die Mädchen hatten von ihnen jeden Tag 50 Baht fürs Essen verlangt, und später hatten sie gehört, dass die Mädchen höchstens für zwanzig Baht essen würden und dass sie überhaupt nicht verpflichtet waren, den Mädchen Geld fürs Essen zu geben. Die Polizei hatte ihnen Geld abgenommen, weil sie mit ihren geliehenen Motorrädern ohne Sturzhelm über die Second Road gedonnert waren und keine Papiere dabei hatten, wo man Urlaubern doch mit mehr Freiheiten entgegenkommen sollte, denn schließlich bringen die ja die Finanzen nach Thailand, und es war ja wohl leicht zu sehen, dass sie Urlauber waren.

Die Sachen, die sie eingekauft hatten, fanden sie später in anderen Läden zu niedrigeren Preisen und vor der Abfahrt hatte das Hotel ihnen auch noch den Zimmerservice für das Servieren von Speisen und Getränken berechnet und die Rechnung für die Telefongespräche nach Hause viel zu hoch aufgeschrieben. Damit nicht genug, hatte man ihnen bei der Abreise auch noch eine Rechnung für die paar Souvenirs überreicht, die sie eingesteckt hatten, obwohl Hotels doch damit rechnen müssen, dass die Gäste Handtücher, Aschenbecher, Speisekarten und Wandbilder als Souvenirs mitnehmen wollen. Also alles Sachen, die einem das richtige Vergnügen an einem als billig angepriesenen Urlaub schon nehmen können. Sicher, die Reise nach Thailand war schon toll, aber man musste sich eben mit den Finanzen vorsehen. Und nicht nur das; für ihre dritte Reise hatten sich die beiden Rache geschworen.

Sie wollten das Geld, das sie bei den ersten Malen zu viel gezahlt hatten, jetzt wieder hereinholen und dafür hatten sie auch einen sauber ausgearbeiteten Plan. Mit Bedacht hatten sie für ihren Urlaub diesmal kein Hotel gebucht; sie würden sich selbst eins suchen und gleich einen Tag zu viel buchen, das würde sich schon lohnen. Sie hatten einen Billigflug gebucht, der vor Bangkok eine Zwischenlandung hatte. Dadurch hatten sie eine kleine Verzögerung, aber die Ersparnis lohnte sich auf jeden Fall. Dann hatten sie in ihrem Reisegepäck einige Flaschen Bier für unterwegs. Das hatten sie nicht so sehr wegen der Ersparnis mitgenommen, sondern weil sie gehört hatten, dass es bei verschiedenen exotischen Fliegern keine alkoholischen Getränke an Bord gab.

Auf diesem Flug gab es zwar nicht gerade reichliches Essen, aber es gab alkoholische Getränke und so konnten sie nun das fehlende Essen leicht durch die erforderliche Anzahl Bierflaschen ersetzen. Der Jet kam am frühen Vormittag in Bangkok an, aber es war doch schon ziemlich heiß. Sie gingen aber nicht zu den Taxis, die sie schon als viel zu teuer kannten, sondern suchten sich ihren Weg zu den Parkplätzen. Dort stand ein Mann neben einem Auto, der offensichtlich auf Passagiere wartete. Sie wussten schon, wie das hier in Thailand läuft. Man muss nur aufpassen und nicht auf alle hereinfallen, die Geld haben wollen. Sie sagten ihm, wo sie hin wollten: „Pattaya, Soi eight, eighthundred Baht!" sagte Bernd bestimmt und hatte sofort vollen Erfolg.

Der Mann sprach etwas Englisch und feilschte auch nicht um den Preis. Man musste eben nur mit Bestimmtheit auftreten. Während Egon ihr Gepäck in den Kofferraum verstaute, fragte der Mann, ob sie schon oft in Thailand waren und ob sie schon einmal in Bangkok Urlaub gemacht hatten. Als sie schon mit den Reisetaschen auf der Rückbank des Wagens saßen, stieg der Mann ein. Bernd gab ihm abgezählt die achthundert Baht und der Wagen fuhr los. Nun war es gut, dass sie noch das Bier in den Reisetaschen hatten, das sich im klimatisierten Flugzeug und auf dem Flughafen ausreichend kühl gehalten hatte, dass man es gut trinken konnte.

Der Mann fuhr mit ihnen auf die Phaholyothin Road, wo es im dichten Mittagsverkehr nur langsam vorwärtsging. Der Wagen stand oft genug, dass sie bequem auch noch eine zweite Flasche Bier trinken konnten. Sie mussten wohl länger geschlafen haben, denn plötzlich weckte sie der Fahrer, zeigte auf ein Einbahnstraßenschild, sagte, er könne da nicht reinfahren und er dürfe hier eigentlich nicht halten, sie sollten schnell ihre Koffer nehmen und dort um die Ecke gehen. Bernd und Egon waren noch halb im Schlaf, als sie mit ihren Koffern in den Händen auf der Straße standen und der Wagen auch schon verschwunden war. Sie gingen um die Ecke, wie der Fahrer gesagt hatte, aber sie fanden sich nicht zurecht.

Auch nach ein paar Minuten wussten sie noch nicht, wo sie waren und sie fragten Passanten: „Soi Eight, Hotel Sun beam, Flipper." Die beiden Namen hatten sie sich gemerkt und die musste man doch hier kennen. Einige Leute schüttelten mit dem Kopf, bald zeigte einer in die eine Richtung, ein anderer später in eine andere. Schließlich fanden sie zwei Polizisten. Einer von denen bedeutete ihnen, zu warten und sprach in ein Funkgerät. Bald kam ein Streifenwagen, der sie einlud. Während sie glaubten, der Wagen würde sie jetzt zur Soi 8 bringen, landeten sie auf einer Polizeistation, wo sie protestierten und erklärten, wo sie hin wollten. Sie erfuhren, dass sie sich in Bangkok befinden. Sie waren empört und wollten ihr Geld zurück.

Sie wollten Anzeige erstatten und das dauerte sehr lange, aber schließlich meinte der protokollierende Polizist, dass ein Unbekannter mit einem grünen Auto achthundert Baht genommen und sie ein Stück mit dem Auto gefahren habe, ohne zu sagen, dass er sie nach Pattaya bringt, reichet nicht für die Anzeige. Auf Wunsch rief man ihnen ein Taxi nach Ekamai, der Busstation nach Bangkok. Das kostete 360 Baht. Dort war der Bus gerade weg und sie waren müde. So nahmen sie ein Taxi für nur 1.200 Baht nach Pattaya. Dort kamen sie kurz vor Mitternacht an und suchten nun ihr billiges Hotel. Im letzten Jahr hatten sie in der Pauschale 280 Baht pro Tag bezahlt. Nun zogen sie mit ihren Koffern von einem Hotel zum anderen, aber überall wurden um die 500 Baht verlangt. Schließlich waren sie müde und nahmen Zimmer für 460 Baht. Aber sie würden sich schon noch rächen, nahmen sie sich vor.

Sie schliefen lange, beeilten sich aber dann, wegen des Frühstücks noch vor 11 Uhr an der Rezeption zu sein, wo sie erfuhren, dass ein Frühstück nicht im Preis inbegriffen ist. Sie fanden bald ein Lokal, wo sie ein Frühstück für 80 Baht bekamen. Mit zwei Flaschen Bier 180. Dann legten sie sich an den Strand und sparten sich den Sonnenschirm. Dafür tranken sie zwei Flaschen Bier. Abends fanden sie ein Lokal, wo sie einen Teller gebratenen Reis mit Huhn für 50 Baht bekamen und gingen anschließend in eine Bar. Hier nahmen sie aber kein Mädchen mit, denn nun begann ihr Racheplan. Es war schon nach zwei Uhr morgens, als sie in die „Marine-Bar" zogen. Hier kamen allnächtlich Mädchen, die noch einen Freier oder einen Partner suchten, vielleicht in ihrer Bar nicht mitgenommen worden waren und nun hier ihr Glück versuchten.

Das bedeutete, dass man sich die Auslöse sparen konnte, denn diese Mädchen arbeiteten ja nicht in der Marine Bar, sondern kamen nur als Gäste. Man blieb anonym, niemand würde sich später an die Mädchen oder ihre Kunden erinnern, niemand würde wissen, wie sie heißen, wo sie herkamen oder wo sie wohnten. Sie fanden schnell zwei Mädchen, die mitkommen wollten. Sie hatten ja auch keine hohen Ansprüche, suchten weder besondere Schönheiten noch gebildete Gesellschaftsdamen, sondern nur einen schönen Körper zum Gebrauch und der ist in Pattaya nicht schwer zu finden. Damit genossen sie die Nacht ausgiebig und schickten die Mädchen morgens weg; sie sollten abends wiederkommen und würden ihr Geld später bekommen.

Sie wären Geschäftsleute, die tagsüber mit Einkäufen ausgelastet seien. Die Mädchen waren skeptisch, fragten später am Empfang, für welche Zeitdauer die beiden Männer gebucht hatten und waren zufrieden. Um 20 Uhr kamen sie wieder ins Hotel und meldeten sich. Inzwischen mieteten unsere Helden zwei schwere Motorräder. Ein Angebot für 1.550 Baht lehnten sie ab, denn sie fanden einen billigeren Anbieter für 1.200 Baht. Sie fuhren durch die Gegend, aßen wieder gebratenen Reis und vergnügten sich abends mit den Mädchen. Das machte Spaß und sollte sehr preiswert werden. So vergingen die Tage, in denen sie sich nachts mit den Mädchen vergnügten, die ihr Geld zum Ende des Urlaubs erhalten sollten, wenn die Herren ihre Geschäfte abgeschlossen hatten. Tagsüber vergnügten sie sich aber mit den Motorrädern oder sie lagen am Strand und tranken Bier, bis sie abends in billige Restaurants gingen.

Aber nun war die Zeit für ihren Racheplan gekommen. Als die Mädchen wieder um 20 Uhr ins Hotel kamen, fragten Bernd und Egon, ob sie nicht eine Woche nach Kanchanaburi fahren wollten. Sie waren begeistert. Also gingen sie alle zusammen in ein Reisebüro, damit die Mädchen notfalls übersetzen und auch über die Reisen mitbestimmen konnten. Bernd und Egon zeigten sich als wohlhabende und spendabel. Da es keine Gruppenreisen nach Kanchanaburi für sieben Tage gab und Gruppenreisen mindestens sechs Teilnehmer haben müssen, mieteten sie einen Minibus mit Fahrer und bezahlten auch gleich in Gegenwart der Mädchen. Dann gaben sie ihre Flugscheine ab und sagten, die müssten um eine Woche verlängert werden und man möge sie bitte anrufen, wenn das gemacht werden könnte.

Dann gingen sie mit den Mädchen in eine Bar und freuten sich über ihren Erfolg, mit dem sie sich viel Geld ersparen wollten. Gegen 22 Uhr sagten sie den Mädchen, sie mögen ein paar Minuten in der Bar warten, weil sie einen Freund treffen müssten, der für sie verschiedene Sachen nach Deutschland mitnehmen sollte. In Wirklichkeit gingen sie ins Reisebüro zurück und erzählten, dass sie gerade im Hotel ein Telegramm bekommen hätten, demzufolge sie dringend nach Hause zurückkehren müssen und nicht nach Kanchanaburi fahren können. Man möchte die Flugtickets ohne Verlängerung bestätigen und dann rechtzeitig ein Taxi bestellen, das sie am Freitag um 21 Uhr vom Hotel abholt und direkt von dort aus nach Bangkok zum Flughafen bringt.

Als sie ihr Geld für die Kanchanaburi-Fahrt zurückhaben wollten, sagte man ihnen, das wäre jetzt schon im Tresor eingeschlossen. Man einigte sich, dass das Taxi sie dann am Freitagabend vor dem Flug vom Hotel abholen und erst zum Reisebüro bringen sollte, wo sie Geld und Flugscheine bekämen. Zufrieden gingen sie zur Bar zurück. Nachts schwärmten sie die Mädchen noch von der Kanchanaburi-Tour vor und versprachen, dass sie dann auch gleich ihr ganzes Geld bekämen, das sie eben nur jetzt wegen der vielen Einkäufe flüssig sein müssten. Ansonsten verlief die Nacht wie gewohnt, sie dauerte nur etwas länger. Auch der nächste Tag, der Dienstag, verlief wie üblich, nur abends geschah etwas Unerwartetes.

Diesmal waren sie wieder einmal mit den Mädchen in eine Bar gegangen, denn jeden Abend und jede Nacht mit den Mädchen im Hotelzimmer zu verbringen, war zu anstrengend geworden. Der Abend in der Bar war ja auch ganz nett und die Mädchen hatten nichts getrunken, also war es auch nicht zu teuer geworden. Aber als sie zum Hotel zurückkamen, konnten sie Egons Motorrad nicht finden, es war einfach verschwunden. Jetzt mussten die Mädchen helfen. Man vereinbarte, am nächsten Morgen zum Motorradverleiher und zur Polizei zu gehen. Die Hoffnung, dass der Motorradverleiher das Motorrad abgeholt haben könnte, bestätigte sich nicht, vielmehr regte der sich sehr über die Anschuldigung auf und ging sofort mit den beiden wegen der Diebstahlsanzeige zur Polizei. Eines der Mädchen war im Hotel geblieben, weil es sich nicht wohlgefühlt hatte, die anderen fuhren zur Polizei. Es war sicherlich ein reiner Zufall, dass Lek im Hotelzimmer geblieben war, weil sie sich nicht wohlfühlte. Und es war auch ein reiner Zufall, dass das Reisebüro anrief und Lek den Hörer abnahm, denn sie dachte, das könnten die anderen von der

Polizeistation sein. Und dann war es ein Zufall, dass es das Reisebüro war und mitteilte, die Flugscheine wären zum vorgezogenen Termin am Sonnabend bestätigt worden. Lek staunte, denn die beiden Farang hatten davon gar nichts erzählt. So fragte Lek noch einmal vorsichtig nach, ob im Reisebüro auch alles planmäßig abgelaufen sei und wie die Sache mit der Kanchanaburi-Tour geregelt wäre. Lek hörte, das

Taxi zum Flughafen würde pünktlich am Sonnabend um 21 Uhr kommen und sie könnten das Geld von der stornierten Kanchanaburi - Tour abzüglich einer kleinen Buchungsgebühr wieder zurückerhalten. Damit war alles offensichtlich. Die beiden Farang wollten sie also hereinlegen und heimlich verschwinden, ohne die Kanchanaburi -Fahrt und ohne ihnen das versprochene Geld zu geben, das sie sich dann in über zwei Wochen verdient hatten. Während sie sich vornahm, mit ihrer Freundin darüber zu sprechen, plante auch sie schon ihre Rache.

Auf der Polizeistation lief es nicht ganz so, wie die Beiden erwartet hatten. Als das Protokoll geschrieben worden war und Egon seinen Reisepass vorgelegt hatte, dachte er, nun wäre alles erledigt und er könnte gehen. Doch dem war nicht so, denn der Motorradverleiher wollte sein Geld für das gestohlene Motorrad haben. Als Egon meinte, das wäre ja versichert gewesen, erklärte der Verleiher, nur die Motorräder für 1.550 Baht wären voll versichert, die Motorräder für 1.200 Baht hätten nur die gesetzlich vorgeschriebene Unfallversicherung und wären nicht gegen Diebstahl versichert. Er müsse jetzt sofort sein Geld haben, damit er ein neues Motorrad als Ersatz für das gestohlene kaufen kann, denn er lebt schließlich vom Verleihen.

Zusammen mit der Polizei setzte man einen Preis von 150.000 Baht fest, die Egon zurückbekäme, wenn das Motorrad unbeschadet wiedergefunden würde. Im Falle von Beschädigungen würden dann nur die Reparaturen für die Beschädigungen abgezogen. Allerdings sagte die Polizei auch gleich, dass die Chancen, gestohlene Motorräder wiederzubekommen, nicht allzu hoch seien, weil viele gestohlen werden, um sie schwarz über die Grenze nach Burma oder Kambodscha zu bringen und dort zu verkaufen. Sie sollten dem Motorradverleiher auch gleich die gesamte Summe geben, meinte man auf der Polizei, als sie erklärten, dass sie das Geld aus Deutschland schicken würden, weil sie sonst noch in Thailand auf das Geld warten müssten, wodurch sie unnötige Kosten hätten und nicht pünktlich auf ihren Arbeitsstellen erscheinen könnten.

Nun mussten sie ins Hotel, um für Geldnachschub zu sorgen. Egon holte im Hotel seine Kreditkarte hervor und auch Bernd nahm seine und bot Egon an, sie zu benutzen. Der meinte aber, dass eine Anzahlung wohl doch reichte und dafür wäre seine Kreditkarte wohl nicht nötig und so zogen sie nun mit den Mädchen zur Bank. Sie bekamen genug Geld, um eine Anzahlung für das Motorrad zu leisten und wieder flüssig zu sein. Dann mussten sie noch wegen einer telegrafischen Geldüberweisung nach Deutschland telefonieren, weil sie sonst nicht aus Thailand ausreisen konnten und die Flugscheine der Billigflüge möglicherweise verfielen, wenn sie das Geld nicht rechtzeitig bekamen. So verging der Tag mit viel Aufregung und mit vielen Laufereien. Inzwischen hatten die Mädchen ausreichend Gelegenheit, miteinander zu sprechen und machten ihre Pläne, die sich von den Racheplänen unserer Titelhelden nicht sehr unterschieden.

Bernd ahnte etwas vom Hintergrund des Verschwindens des Motorrades, er meinte, wenn das schwere Motorrad so ganz unauffällig direkt vor dem Hoteleingang gestohlen worden war, dann wäre das wohl mit einem zweiten Schlüssel geschehen und beeilte sich, sein Motorrad umgehend an den Verleiher zurückzugeben, auch wenn er für die übrigen Tage kein Geld zurückbekam. Die Motorräder werden von vielen Leuten geliehen und es ist durchaus möglich, sich einen Nachschlüssel machen zu lassen. So können neben dem Verleiher eine ganze Reihe von Leuten einen Schlüssel haben und dann aufpassen, wo sie das Motorrad sehen, um es ganz unauffällig mit dem Nachschlüssel zu starten und unbehelligt mitzunehmen.

Vorsichtige Menschen kaufen sich deshalb eine Kette und ein eigenes Schloss, damit das geliehene Motorrad auch sicher ist. Am Donnerstag sollten die Mädchen nun auch tagsüber bei ihnen im Hotel sein, weil es möglicherweise etwas zu regeln oder zu übersetzen gab, wenn es Neuigkeiten wegen des Motorrades oder wegen der telegrafischen Geldüberweisung gab. Zum Mittagessen gingen Bernd und Egon aber alleine, damit sie sich die ihrer Meinung nach unnötigen Ausgaben für das Essen der Mädchen ersparten. Sie erklärten denen, dass sie wegen ihrer vielen Geschäfte dringend weg müssten und dann nach zwei oder drei Stunden wieder ins Hotel zurückkämen. Die Mädchen ahnten natürlich, worum es ging und wollten den Beiden noch einmal auf den Zahn fühlen. Sie sagten, dass sie dringend Geld brauchten und dass die Beiden doch bitte die vergangenen Tage bezahlen möchten. Die aber erklärten, dass das wegen der vielen laufenden Geschäfte im Moment nicht möglich wäre und dass sie das ja bereits vorher gesagt hätten, schenkten den Mädchen aber 200 Baht, damit sie sich etwas zu essen kaufen konnten. Sie hatten Glück im Unglück, denn das telegrafisch überwiesene Geld kam pünktlich an.

Es gab zwar einige Komplikationen, weil das Geld nach Bangkok überwiesen worden war, statt nach Pattaya, aber das konnten die Mädchen regeln und auf der Bank wurde versprochen, dass das Geld noch am Freitag in Pattaya abgehoben werden kann. Die Beiden waren nun sehr zufrieden, dass sie zwei Mädchen aus der „Marine-Bar" mitgenommen hatten. Denn die meisten, die dort verkehren, haben auch schon eine Menge Erfahrungen, und in diesem Falle wurden die Bankprobleme ja auch umgehend durch die Erfahrungen der Mädchen geregelt. Bernd und Egon kamen aber nicht auf den Gedanken, dass die Mädchen dann vielleicht auch schon viele Erfahrungen mit Ausländern und vielleicht auch mit zahlungsunwilligen Kunden gemacht haben könnten. Sie fuhren gleich früh am Morgen zur Bank, während Lek, die sich wieder nicht wohlfühlte, im Hotel warten sollte. Egon brachte das Geld gleich anschließend zur Polizeistation und bekam seinen Pass auch noch rechtzeitig vor dem Abflugtermin wieder. Die nächste Zeit verlief nun ruhig bis triste. Ihrer Motorräder beraubt, verbrachten Bernd und Egon ihre Zeit am Strand, beim Essen und in Bars, während sie den Mädchen erklärten, sie sollten im Hotel auf sie warten. Die

Mädchen waren auch tatsächlich die meiste Zeit im Hotel, allerdings nicht ganz so inaktiv, wie es den „Geschäftsreisenden" erschien.

Diese machten sich noch darüber lustig, dass die Mädchen sowieso den ganzen Tag nur schlafen würden und dass es dann bei ihrer Abreise sicher ein sehr plötzliches Erwachen gäbe, wenn sie merkten, dass ihre Geldgeber und ihr Geld weg wären. Zur Polizei konnten sie ja nicht gehen, denn sie konnten nicht gut sagen, dass sie Prostituierte sind und nicht bezahlt wurden. Sie machten darüber Witze und lachten sich in der Vorstellung dieser Situation schief, sie dachten weder an Anstand oder Fairness. Ihnen war es auch völlig gleichgültig, was den Mädchen, die ihnen geholfen hatten, zwei Wochen Verdienstausfall bedeutete und sie kamen nicht auf den Gedanken, dass auch noch etwas dazwischen kommen könnte. Als der Freitag, der Abreisetag für die gemeinsame Fahrt nach Kanchanaburi kam, erklärten Bernd und Egon den Mädchen, sie müssten am Abend noch wegen der Geschäfte und wegen des gestohlenen Motorrades weg und deshalb sollten die Mädchen mit ihrem Reisegepäck erst so gegen 23 Uhr kommen. Sie würden dann alle zusammen um sechs Uhr morgens mit dem Minibus nach Kanchanaburi fahren.

Die Mädchen taten so, als wüssten sie von nichts und waren einverstanden. Sie verabschiedeten sich wie jeden Tag und erhielten von Bernd und Egon auch noch gute Ratschläge, was sie für die Fahrt nach Kanchanaburi mitbringen sollten, wie etwa einen Bikini, eine warme Jacke und feste Schuhe. Ihre aufkommende Wut konnten die Mädchen hervorragend meistern, wie auch Bernd und Egon ihr Spiel fast perfekt spielten und alles so aussah, als würde man sich am Abend um 23 Uhr zu den gewohnten Bettspielen treffen und am Morgen gemeinsam eine wunderschöne Luxusreise beginnen, währen die Männer sicher waren, bereits um 21 Uhr abzureisen. Anschließend gingen die Mädchen in das Reisebüro, wo sie problemlos die

Flugtickets und die Rückerstattung für die Kanchanaburi Reise erhielten, abzüglich des Preises für das Taxi zum Flughafen. Bernd und Egon lachten sich fast schief, als die Mädchen weg waren. Ein Teil ihrer Rachepläne war also doch Wirklichkeit geworden und sie konnten sich die rund 30.000 Baht für die Mädchen sparen. Sie gingen in Vorbereitung auf die lange Flugreise noch einmal richtig essen, wozu sie denn doch ein Restaurant mit europäischen Speisen bevorzugten. Anschließend spazierten sie noch einmal über die Strandstraße und gingen am späten Nachmittag in eine Bar.

Nach ein paar Bieren war es denn auch schon Zeit, ins Hotel zu gehen, um die Koffer zu packen. Sie wussten, dass um 18 Uhr Schichtwechsel im Hotel war, und so gingen sie etwas später hinunter, um an der Rezeption Bescheid zu sagen, man möchte sie rufen, wenn ein Taxi kommt, denn sie würden mit den Mädchen nach Kanchanaburi fahren und dann nach der Reise wiederkommen, um die Hotelrechnung vor der Abreise nach Deutschland zu begleichen. Sie packten die Koffer gründlich. Diesmal hatten sie nicht viele Einkäufe getätigt, aber trotzdem wurden die Koffer prall voll. Egon lachte, dass sie sich die Hausapotheke mit Malariapillen, Tabletten für Kopfschmerzen, gegen Durchfall und andere Gebrechen hätten sparen können und meinte, sie hätten nicht eine einzige Tablette gebraucht und er hätte den Eindruck, die Pillen wären im Urlaub höchstens mehr geworden, statt weniger und wusste nicht, dass es wirklich mehr waren. Albert vermisste seine Kreditkarte, glaubte aber, die hätte er wohl irgendwo in das Gewühl in den Koffer gepackt und er wollte jetzt nicht noch einmal auspacken.

Das Bargeld, das er bei sich hatte, würde ganz bestimmt reichen, weil sie ja keine Ausgaben außer der Flughafengebühr mehr zu bestreiten hatten. Außerdem ärgerte er sich darüber, dass seine original Rolex jetzt ausgerechnet am letzten Tag stehengeblieben war, obwohl er sie während der ganzen Tage gar nicht mitgenommen hatte, um sie nicht zu verlieren. Fünf Minuten vor 21 Uhr standen sie an der Rezeption und warteten voller Ungeduld auf ihr Taxi, das endlich zehn Minuten später erschien. Sie ärgerten sich über die Verspätung, diskutierten mit dem Fahrer, verstauten endlich die Koffer und stiegen ein. Der Fahrer wusste Bescheid: „You go travel agency and airport?" Ja, das war richtig. „You happy in Pattaya?" fragte der Fahrer, als er den Motor anließ. „Never again Pattaya!" antwortete Egon etwas lauter, als er es eigentlich gewollt hatte und Bernd nickte mit dem Kopf und meinte: „Wird mir hier zu ungemütlich."

Es sah so aus, als ob er Recht haben sollte, denn jetzt traten zwei Polizisten an den Wagen, fragten nach ihren Namen und baten sie, ihre Papiere zu zeigen. Sie schauten sich die Reisepässe genau an und baten Bernd und Egon, auf die Polizeistation nach Banglamung mitzukommen. Die Beiden meinten, das wäre wegen des Motorrades und erklärten, das wäre doch alles erledigt und sie hätten jetzt keine Zeit, weil sie dringend zum Flughafen müssten, weil sie sonst ihren Flug versäumten und nicht umbuchen könnten. Die Polizisten meinten, es würde nicht lange dauern und sprachen kurz mit dem Fahrer. Der fuhr dann zwischen zwei Polizeiwagen zur Polizeistation und nicht zum Reisebüro. Auf der Polizeistation wurden die beiden gebeten, ihre Koffer zu öffnen, wogegen sie sich energisch sträubten, bis schließlich die Polizei die Koffer öffnete und zum Entsetzen ihrer Besitzer ausräumte und aufschlitzte.

In einem Zeitungsbericht stand später: „Aufgrund einer Information aus Insiderkreisen gelang der Polizei die Festnahme von zwei mutmaßlichen Drogenhändlern, die bei der Abfahrt vom Hotel zum Flughafen gefasst werden konnten. In ihren Koffern fanden sich am Boden versteckt zwei Kilo Haschisch in Platten sowie eine Anzahl von Amphetamin-Tabletten in einer Hausapotheke. Im entleerten Gehäuse einer Armbanduhr war Heroin versteckt. Ferner hatten sie aus den Hotelzimmern, die sie mit gefälschten Papieren gebucht und ohne zu bezahlen verlassen hatten, Handtücher, Bettwäsche, Bettdecken, Wandbilder und verschiedenes Dekorationsmaterial entwendet. Bereits zuvor war ihnen angeblich ein Motorrad gestohlen worden. Sie wurden inhaftiert und erwarten einen Prozess wegen Transport und Handel von illegalen Drogen der Klasse A, wegen Zechprellerei und Diebstahl."

Selbstverständlich hatten sie sofort bei der Polizei ihre Unschuld beteuert und erklärt, dass das alles nur die Mädchen gemacht haben könnten. Auf die Mitteilung der Polizei, dass man solche Ausreden schon kenne und die Frage, welchen Grund die Mädchen denn dafür gehabt haben konnten, zeigten sie sich ahnungslos, schwiegen sich aus, sagten aber, dass die Mädchen für sie die Koffer gepackt hätten. Das war ausgesprochen dumm, denn die Polizei erklärte den beiden, dass die Mädchen am letzten Tag ihre Hotelzimmer gar nicht betreten hatten, sondern dass man sie bereits beobachtet hatte und gesehen hat, dass sie allein in ihrem Hotelzimmer die Koffer gepackt haben. Nachdem die Polizei sie bei einer Lüge erwischt hatte, war man auch nicht mehr bereit, nun zumindest die Drogen auf das Konto der Mädchen zu schreiben, zumal die beiden nicht angeben konnten, wie die Mädchen hießen, woher sie stammten, wo sie wohnten, oder wo sie arbeiteten. „Das sind die berühmten Unbekannten, die die Schuld haben und als Geschenk teure Drogen kaufen und dann heimlich im Gepäck verstecken. Von denen wird hier öfter gesprochen, die haben hier schon viel verbrochen", sagte ein Polizeioffizier bei der Vernehmung.

Dass Bernds Konto per Kreditkarte völlig leergeräumt worden war, erfuhren sie erst viel, viel später, als sie die lieben Verwandten in der teuren Heimat damit beauftragten, in Thailand einen Rechtsanwalt zu finden, der sie verteidigen sollte. Dass ein Anwalt Geld bekommen hatte, aber seitdem nicht mehr aufzufinden war und offensichtlich auch seine Adresse gewechselt hat, erfuhren sie weitere zwei Monate später. Sie bekamen die Aufforderung, einen namhaften Strafverteidiger in Thailand zu empfehlen und konnten nur den Hinweis geben, dass man nach den bisher geleisteten Zahlungen nicht mehr das nötige Geld habe, um einen teuren Staranwalt zu bestellen. Immerhin haben die beiden aber eine ihrer Grundideen durchsetzen können, einen Billigsturlaub mit kostenloser Unterbringung. Allerdings werden sie sich wohl auch hier wieder über die mangelhaften Dienstleistungen beklagen. Wegen der geringen Menge harter Drogen werden sie wohl schon nach wenigen Jahren von einem thailändischen in ein deutsches Gefängnis verlegt werden. Doch es gibt mehrere Gründe zur Annahme, dass sie in absehbarer Zeit nicht mehr zu einem Rachefeldzug nach Thailand kommen werden.

Supit's Alltag in Pattaya

Supit erinnert sich gern an die Zeit ihrer Jugend zurück. Es war ein schönes Familienleben gewesen, damals, als sie noch zur Schule ging. Sie hatten zwar zuhause nie viel Geld gehabt, aber doch genug zu essen und vor allen Dingen waren sie zusammen gewesen. An den Abenden hatte man zusammengesessen und sich unterhalten. Manchmal waren Nachbarn vorbeigekommen oder die Familie hatte selbst Nachbarn besucht. Dafür brauchte man nicht reich zu sein, es reichten ein paar Gläser kaltes Wasser. Freilich war es besser, wenn die Mutter aus Reis, Kokosmilch und anderen Zutaten Süßigkeiten bereitet hatte, oder ein andermal die Nachbarn mit irgendwelchen Leckereien vorbeikamen. Das war dann gleich ein Fest, das man fröhlich gemeinsam feierte.

Es war schön gewesen, wie man damals zusammengelebt hatte und es war eigentlich auch niemals langweilig, auch, als die Ernte von den drei kleinen Feldern nicht mehr reichte, um die Familie zu ernähren. Sie haben dann bei anderen Bauern Arbeit gesucht, und irgendwie waren sie doch immer noch zurechtgekommen. Aber eines Tages war dann der Vater verschwunden, kurz, nachdem sie die Schule beendet hatte. Die Mutter hatte gesagt, er wäre in die Stadt gegangen, um Arbeit zu suchen, aber sie war sich da nie ganz sicher gewesen, denn es gab auch nicht verstummende Gerüchte im Dorf, nach denen er mit einer jüngeren Frau weggegangen sei. Jedenfalls hatte sie vom Vater nie wieder etwas gehört. Von dieser Zeit an hatten sie auch weniger Kontakt zu den Nachbarn, man setzte sich nicht mehr so oft zusammen, die gegenseitigen Einladungen versickerten in der dörflichen Tradition und es gab kaum noch eine Gelegenheit zum Feiern.

Es war eine trostlose Stimmung eingekehrt. Selbst Songkran, das thailändische Neujahrsfest, hatte man statt im Tempel und auf dem Dorfplatz vorwiegend zuhause gefeiert. Das lag zum Teil daran, dass man sich nun wirklich keine unnützen Ausgaben mehr leisten konnte.

Früher hatte der Vater doch hin und wieder bei einem der Bauern des Dorfes eine Arbeit beim Hausbau, beim Dachdecken oder anderen Gelegenheiten bekommen und diese Einkünfte fehlten jetzt. Es lag aber auch daran, dass noch mehrere Leute das Dorf verlassen hatten, das nun hauptsächlich von alten Leuten, von Frauen und Kindern bewohnt wurde. Auch einige der befreundeten Nachbarn waren in die Stadt gezogen.

Aber das war erst der Anfang. Dann begannen ihre Geschwister, das Dorf zu verlassen. Sie selbst war die Jüngste und hatte einen Bruder und drei Schwestern. Zuerst ging der Bruder in die Stadt, um Arbeit zu suchen. Es dauerte über ein Jahr, bis die erste Nachricht von ihm kam. Er war nach Bangkok gegangen und hatte lange nach einer Arbeitsstelle gesucht, bis er eine Stelle in einer Autowerkstatt gefunden hatte, bei der er aber auch nur wenig verdiente, weil er von der Arbeit nur wenig Ahnung hatte. Dann hatte die älteste Schwester einen früheren Nachbarjungen geheiratet, der das Dorf mit seinen Eltern vor drei Jahren verlassen hatte. Bei der Heirat war sie gerade sechzehn Jahre alt geworden. Aber viele Ansprüche konnte sie nicht stellen. Denn sie hatte weder irgendwelchen Besitz vorzuweisen, noch hatte sie außer den sechs obligatorischen Schuljahren irgendwelche Ausbildung erhalten. So war es schon ein Glück, wenn sie in eine bekannte Familie einheiraten konnte. Sicher hatte die Familie, in die sie heiratete, in der kurzen Zeit, die sie nun in der Stadt lebte, noch nicht viel Besitz erwerben können, aber die Schwester fühlte sich doch sicherer mit dem jungen Mann, den sie kannte, und der ihr zumindest sympathisch war, als mit einem fremden Mann, von dem sie gar nichts wusste.

So lebten sie denn die nächsten Jahre zusammen und versuchten, ihr Leben mit dem Flechten von Körben und Aushilfsarbeiten zu verdienen. Aber das Einkommen war sehr kärglich und die Situation ziemlich hoffnungslos. Dann lernte die zweitjüngste Schwester auf einem Dorffest einen Jungen aus einem Nachbardorf kennen, dessen Familie mehrere Felder hatte und auch Gemüse anbaute und es dauerte nicht mehr lange, bis auch diese Schwester mit sechzehn Jahren heiratete. Sie machte sogar eine Hochzeitsreise zu Verwandten ihres Mannes nach Kanchanaburi.

Die zweitälteste Schwester durfte mitfahren, kam aber von der Reise nicht zurück. Sie war in Bangkok geblieben, um dort Arbeit zu suchen. Bald kam ein Brief mit fünfhundert Baht für die Mutter, aber die Schwester schrieb, sie hätte noch keine feste Anschrift und auch noch keine feste Arbeitsstelle gefunden. Nun war Supit mit der Mutter allein und das war sehr öde, denn die Mutter war stets traurig und hatte sich sehr zurückgezogen. Es war durch diese Zurückgezogenheit auch schwierig geworden, Aushilfsstellen zu finden, wo man nebenher etwas Geld verdienen konnte. Es war aber ganz offensichtlich, dass sie dringend Geld brauchten, denn die Mutter hatte schon zwei von ihren drei kleinen Feldern verkauft, aber von dem Erlös war nach drei Jahren kaum noch etwas übrig, obwohl sie sehr sparsam gelebt hatten. Nun war abzusehen, wann sie vor dem Nichts stehen würden und nichts mehr zu essen hatten.

So war Supit doch froh, als sie zu Loy Kratong den Jungen einer Familie kennenlernte, die früher auch einmal hier im Dorf gelebt hatte und nun aus Bangkok gekommen war, um Verwandte und frühere Nachbarn zu besuchen. Supit heiratete, als sie 17 Jahre alt war und ging nach Bangkok, wo sie mit der Familie ihres Mannes zusammenlebte. Nein, glücklich war sie dabei nicht gerade, denn sie fühlte sich eher, wie ein neues Hausmädchen, das nun alle Arbeiten zu verrichten hatte, aber nie einen Dank und schon gar kein Geld sah. Aber ihr Mann, der 19 Jahre alt war, fühlte sich auch nicht besser. Er war bei einer Baufirma beschäftigt und mietete eine eigene Wohnung, als Supit ihr erstes Kind bekam. Die „eigene Wohnung" förderte Supit's Wohlbefinden aber nicht wesentlich, denn es war schlicht ein Zimmer von etwa 14 Quadratmetern in einem flachen Reihenhaus von Einzelzimmern, Toilette außerhalb. Es war sehr heiß und sehr laut und mit einem Säugling sehr umständlich, dort zu leben.

Das Leben wurde immer unangenehmer. Es gab häufig Streit. Weil Supit keine Unterstützung für ihre Mutter bekam, obwohl dies vor der Hochzeit so abgemacht war; weil sie nie Geld für sich bekam, sondern immer nur das nötigste Geld für den Einkauf abgezählt erhielt; weil ihr Mann immer später nach Hause kam und immer öfter betrunken war. Aber bald bekam Supit ihr zweites Kind. Sie hatte gehofft, dass ihr Mann ein verantwortlicher Familienvater würde, aber seit das zweite Kind da war, kam ihr Mann kaum noch vor Mitternacht nach Hause und dann war er fast immer betrunken. Er war mit Freunden unterwegs und hatte begonnen, Karten zu spielen. Bald hatte er auch kein Geld mehr und Supit wusste nicht mehr, wie sie die Säuglinge ernähren sollte und hatte selbst kaum etwas zu essen.

Ihr blieb nichts anderes übrig, als für die Nachbarn Wäsche zu waschen und Kinder aufzuheben, um mit diesem kärglichen Nebenverdienst wenigstens das nötigste Essen zu kaufen. Dann kamen die ersten Nächte, in denen ihr Mann überhaupt nicht nach Hause kam und als er einmal vier Tage lang nicht gekommen war, fragte Supit in seiner Firma nach ihm, wo man ihr sagte, dass er schon seit drei Monaten nicht mehr dort gesehen wurde. Zwei Tage später schickte der Hausherr einen Mann, der die seit zwei Monaten nicht mehr bezahlte Miete kassieren sollte. Supit sagte, dass sie ihren Mann seit einer Woche nicht mehr gesehen habe und dass sie fürchte, dass ihm etwas passiert sei. Der Mann kam zwei Tage später wieder und erklärte, dass ihrem Mann nichts passiert sei, er sei noch vor drei Tagen von der Polizei wegen verbotener Glücksspiele verhaftet, aber gegen Zahlung der Strafe gleich wieder freigelassen worden.

Der Mann gab Supit zehn Tage Zeit bis zum Monatsende, aber ihr Mann ließ sich nicht sehen, ließ nichts von sich hören und schickte auch kein Geld. Supit wusste nicht mehr weiter. Es hatte keinen Sinn, auf ihren Mann zu warten, denn sie brauchte etwas zu essen und sie musste die Miete bezahlen. Mit zwei Säuglingen würde sie aber auch nirgends Arbeit finden. Supit sprach mit ihren Nachbarn, die ihr in den nächsten Tagen viel halfen. Sie wurde jeden Tag zum Essen eingeladen, man gab ihr Säuglingsnahrung und viel gute Ratschläge. Darunter auch den, mit den Kindern nach Hause zu fahren und Arbeit zu suchen. Man sprach auch darüber, wo sie vielleicht in Bangkok nach Arbeit suchen könne und erwähnte, dass sie im Notfall ja auch in Pattaya arbeiten könnte, was vielleicht nicht sehr angenehm, aber doch recht einträglich war. Sie hatte zwei Kinder und war verheiratet. Sie würde kaum einen Mann finden, der sie heiraten oder ihre Kinder ernähren wollte. Es war nun nicht mehr wichtig, eine anständige Frau zu sein. Viel wichtiger war, dass sie sich und die Kinder ernähren konnte. Supit sah ein, dass ihr gar nichts anderes übrigblieb.

Zum Monatsende packte sie ihre Tasche und fuhr mit ihren zwei Säuglingen nach Hause zu ihrer Mutter. Ihre Nachbarn bestanden noch darauf, dass sie ihr 100 Baht für die Busfahrt gaben. Supit's Mutter war glücklich, ihre beiden Enkelkinder zu sehen und erklärte, sie wäre schon so lange einsam gewesen. Sie hatte in der ganzen Zeit nur zwei Briefe von ihren Kindern erhalten, denen es offenbar auch nicht besonders gut ging. Sie hatte inzwischen das letzte kleine Feld verkauft und vom Vater hatte sie auch nichts mehr gehört. Sie machte sich nun Sorgen, wie das Leben weitergehen soll. Nach drei Tagen sagte Supit der Mutter, dass sie Arbeit suchen wird. Sie wollte die Kinder bei der Mutter lassen und sich so bald, wie möglich wieder melden.

Das nahm sie sich ganz ernsthaft vor, denn sie hatte gesehen, dass kaum noch etwas zu essen im Haus war, sie wusste, dass die Ersparnisse aufgebraucht waren und sie spürte die Angst der Mutter nicht nur vor der fernen Zukunft, sondern auch schon vor den nächsten Wochen, nicht nur vor der Einsamkeit, sondern vor dem Hunger. Es war Supit klar, dass sie als ungelernte Arbeiterin mit zwei- bis dreitausend Baht im Monat keine Chance hatte, ihre Kinder und die Mutter zu ernähren. So fuhr Supit gar nicht erst nach

Bangkok, sondern gleich nach Pattaya. Supit war verzweifelt, aber wenn das stimmte, was sie gehört hatte, würde sie dort leben und genug Geld verdienen können. Es war nicht schwer, Mitte Januar in einer Bar Arbeit zu finden. Supit war jetzt 19 Jahre alt und man sah ihr die zwei Kinder nicht an. Es lief auch alles, wie von selbst.

Schon am zweiten Tag wurde sie von einem älteren Mann ausgelöst, der eigentlich gar nichts von ihr wollte, außer etwas netter Gesellschaft. Supit war von ihren neuen Kolleginnen schon etwas informiert worden und außerdem war sie selbst auch nicht dumm. Sie wusste, worauf es dem Mann ankam. Und sie gab sich alle Mühe, ihn gut zu unterhalten, und dem Mann machte es Spaß, ihr tagsüber ein paar Worte Englisch beizubringen. Es war wirklich schade, dass er schon eine Woche später wieder abfuhr. Nun war Supit drei Tage an der Bar und erhielt von ihren Kolleginnen weitere Hinweise über den Umgang mit „den Farang". Supit mietete sich bei drei Kolleginnen ein, die einen Raum zusammen bewohnten, und sie kaufte sich ein Englischbuch. Sie ging jeden Tag drei Stunden früher zur Arbeit, weil ihr eine ältere Kollegin, die den Tagesdienst machte, in den ruhigen Zeiten mithilfe des Englischbuches das lateinische ABC beibrachte. Dafür nahm Supit ihr das Gläserspülen und das Saubermachen ab.

Vier Tage später wurde sie von Eddi ausgelöst, was ein reiner Glücksfall war, denn Eddi war ein etwas polteriger Seelenmensch von knapp vierzig Jahren. Er brachte die nötige Geduld auf, um zwei Wochen mit Supit zu verbringen und es störte ihn nicht, dass er sich mit Supit kaum verständigen konnte. Das kam aber auch daher, weil Supit versuchte, ihm alle Wünsche von den Augen abzulesen und ihn eher etwas mehr bemutterte, als ihm lieb war. Aber Eddi verstand, dass sie es gut meinte und sich Mühe gab. Eddi war aber auch nicht neu in Pattaya. Er liebte es, nicht ausgenommen zu werden und er sah, dass Supit sich wirklich um ihn bemühte. Es störte ihn auch nicht, dass Supit ihn dauern fragte, wie dies oder jenes auf Englisch heißt. Aber Eddie wollte nur einen angenehmen Urlaub. Als er abfuhr, sagte er Supit, dass er wiederkommen wird und sich bestimmt freut, wenn er Supit wiedersieht. Nein, er wolle sie nicht heiraten und sie sollte auch ruhig weiter in der Bar arbeiten, aber er würde ihr vielleicht hin und wieder doch etwas Geld schicken.

Dafür müsste sie ihm schreiben, wenn sie ihre Anschrift oder ihre Bar wechselt. Supit freute sich darüber. Und noch mehr freute sie sich darüber, dass Eddi ihr noch sein „überflüssiges Wechselgeld" da ließ, was weit mehr als Wechselgeld war. Dadurch konnte sie der Mutter einige Tausend Baht schicken, damit sie wenigstens keine Angst mehr vor den nächsten Tagen haben musste. Die nächsten Monate läpperten sich so dahin, mitunter wurde sie für einen Tag ausgelöst, dann verbrachte sie wieder zwei oder drei Tage in der Bar. Es kamen längere Zeit nur Gelegenheitskunden, dann kamen einige Kunden, die mit ihr ihren Urlaub verbrachten. Diese Kunden brachten die besten Einnahmen, nicht nur, weil so ein Langzeitkunde bedeutete, dass man jeden Tag Geld verdienen konnte. Mit mehreren Langzeitkunden hatte sie doch eine gewisse Freundschaft oder eine Gemeinsamkeit erlebt und dann gaben diese Leute zu ihrem Abschied doch meist einige größere Geldscheine oder ein kleines Kuvert als Abschiedsgeschenk. Dabei konnte sie zwar nicht reich werden, aber es war ihr im Verlauf von drei Jahren doch gelungen, eine nicht unerhebliche Summe Geldes zu sparen. Die Mutter freute sich, dass sie finanziell gut versorgt war, beklagte sich aber in der letzten Zeit sehr über ihre Einsamkeit, nachdem ihre früheren Freundinnen auch noch weggezogen waren.

Daran dachte Supit, als sie eines Tages von Jochen ausgelöst wurde. Jochen war noch keine dreißig Jahre, neugierig und abenteuerlustig. Er wollte das Land sehen, auch die Dörfer im Isan. Er mietete einen Leihwagen und fuhr nach Ayutthaya, nach Phitsanulok und durch den Isan, wo er sich für das Leben der Menschen interessierte und wissen wollte, wie sie im Dorf zusammenleben. Er wollte auch Supit's Dorf sehen, das nicht allzu weit von der geplanten Reiseroute entfernt war. Bei ihrer Mutter wollte er allerdings nicht lange bleiben, denn es fehlte ihm doch sehr an dem gewöhnten Komfort. Sie blieben einige Stunden und Supit konnte mit ihrer Mutter sprechen.

Sie gab ihr fünftausend Baht und erklärte: „In vierzehn Tagen nimmst du die beiden Kinder und kommst nach Pattaya. Ich habe dort, etwas außerhalb, ein kleines Holzhaus gemietet und wir können wieder wie eine Familie zusammenleben." Supit's Kolleginnen staunten nicht schlecht, als Supit dies erzählte. Die meisten würden ihren Eltern nie sagen dürfen, was sie tun, selbst in einigen Fällen, in denen die Eltern regelmäßig Geld bekamen, schien das unmöglich. Sie wollten wissen, was denn die Mutter sagen würde. Aber Supit meinte: „Meine Mutter hat gar nichts gefragt und ich glaube, sie will auch nichts wissen. Aber sie freut sich, dass sie nicht alleine im Dorf sitzt und hungert, sondern mit den beiden Kindern und mir zusammenleben kann. Ich will auch nicht dauernd nur an meine Kinder denken und sie nur ein oder zweimal im Jahr sehen. Und wenn ich eben mit einem Farang unterwegs bin, dann ist immer noch meine Mutter da. Wenn ich gerade keinen Farang habe, kann ich um acht Uhr abends zur Arbeit kommen, wenn die Kinder schon schlafen. Aber am Tag habe ich dann Zeit, mich selbst um meine Mutter und die Kinder zu kümmern." Nein, heiraten will Supit eigentlich nicht. Die Zeit, die sie verheiratet war, reicht ihr.

Hin und wieder überlegte sie, wie wohl ein Zusammenleben mit einem Mann sein könnte, aber bis heute hat sie noch keinen getroffen, bei dem diese Überlegungen viel Sinn machten. Inzwischen genießt sie ihr geregeltes Familienleben mit Mutter und Kindern in Pattaya.

Wie lebt man von neuen Bardamen?

mehrerer Jahrhunderte ließen die Verkehrswege in Thailand stark zu wünschen übrig. Noch zu Beginn des letzten Jahrhunderts dauerte eine Reise von Bangkok nach Chiang Mai wenigstens eine Woche und viele Dörfer waren von der Außenwelt und von Nachrichten weitgehend abgeschnitten. Dadurch entwickelten sich die Dörfer oft sehr unterschiedlich, auch wenn sie nur zehn oder zwanzig Kilometer voneinander entfernt waren. Denn nur zehn Kilometer bedeutete bei den selten benutzten Pfaden oft eine Wanderung von zwischen drei bis sechs Stunden für nur einen Weg und Transporte dauerten noch viel länger. So lebten denn die Dörfer still vor sich hin und nur hin und wieder fuhr ein Bauer mit seiner Ware in den nächsten größeren Ort, wenn nicht ein Händler kam und die Waren der Bauern aufkaufte und sie mit dem Nötigsten belieferte.

Dazu brauchte man kein großes Sortiment, denn die Bedürfnisse und die Erwartungen waren auf dem Lande nicht groß und es gab auch nicht viel Geld, das es galt, unter die Leute zu bringen. So entwickelten denn viele Dörfer neben eigenen Sitten auch eine eigene Mentalität. Diese hat sich auch bis heute weiterhin gehalten, denn auch heute ist der Verkehr zwischen den Dörfern nicht gerade rege. So kommt es, dass eine Hilfsorganisation der UNO bei ihren Studien feststellte, dass in vielen Dörfern des thailändischen Nordostens und auch des Nordens eine extrem rigide Einstellung gegenüber Sexualität herrscht, so, dass junge Menschen sich kaum begegnen können. Die Begegnung wird von den Eltern geplant, geschieht aber hin und wieder auch bei den äußerst beliebten Dorffeiern, zu denen auch Gäste der umliegenden Dörfer kommen.

In anderen Dörfern hingegen gehört es schon zur Tradition, dass die Mädchen, wenn sie größer werden, in die Stadt ziehen. Und in einigen Dörfern ist man sich dabei völlig im Klaren darüber, dass diese Mädchen nicht etwa in einen Haushalt gehen, sondern sich um hohe Einnahmen bemühen sollen, um die Familie möglichst reichlich zu unterstützen. Dabei ist es unwichtig, ob sie dieses Ziel als Barmädchen, in einem Teehaus, in einem Massagesalon oder durch die Heirat mit einem reichen Mann erreichen. Einig ist man sich nur darüber, dass das zahlungskräftigere Publikum vonseiten der Farang kommt und dass die Mädchen also zur Versorgung der Familie möglichst Farang suchen müssen.

Aus solch einem Ort stammt Pen, die in ihrer Kindheit sorgsam auf ihre Lebensaufgabe vorbereitet worden war. So hatte sie gelernt, dass sie ihren Eltern das Leben schuldet und folglich ihr Leben lang zu Dank verpflichtet ist. Ihre Lebensaufgabe bestand also darin, grundsätzlich Untertan zu sein und ihre Eltern mit Geld zu versorgen. Dann hatte sie gelernt, dass Arbeit recht mühselig ist und nur wenig Geld einbringt. Außerdem hatte sie gelernt, dass es zwar verpönt, aber gar nicht so schlimm ist, mit fremden Männern ins Bett zu gehen. Weil man dabei wesentlich mehr Geld verdiente und sich damit weitaus mehr Achtung oder Respekt erkaufen konnte, als mit der mühseligen Feldarbeit. Da es zur Tradition des Dorfes gehört, Mädchen auf einen lukrativen Lebensweg zu bringen, blieb es Pen erspart, von einem Händler gegen einen Vorschuss für die Eltern eingekauft zu werden. Man wusste im Dorf schon längst, dass dieser Weg nicht sehr lukrativ ist. Und so hatte man lange gepflegte Verbindungen und schließlich auch noch die Anschriften anderer Mädchen des Dorfes, die ihren Eltern bereits alle Ehre erwiesen, was in Form möglichst hoher und regelmäßiger Geldzahlungen geschah.

So bekam Pen eines Tages ein Bündel Kleider, ein kleineres Bündel kleinerer Geldscheine und einen Zettel mit den Worten: „Bangkok - Ekamai - Pattaya". Darunter stand noch der Name einer Bar, und der Name eines anerkannt erfolgreichen Mädchens aus dem Dorf, das Pen aber nur flüchtig kannte. Da sie jedoch Bilder vom Dorf und von deren Familie sowie einige Süßigkeiten aus dem Dorf mitbrachte, konnte sie sicher sein, gut aufgenommen und in der Ausübung der dörflichen Tradition gut unterrichtet zu werden. Und im Notfall konnte sie auch mit Unterstützung rechnen.

Nun saß Pen auf ihrem gepackten Bündel, und ihr war recht mulmig zumute. Aber es war nichts Unvorhergesehenes, sie hatte ja schon seit Jahren gewusst, dass dieser Tag kommen würde. Sie dachte an ihre Kindheit zurück. Nein, besonders schön war die nicht gewesen. Richtigen Hunger hatte sie eigentlich selten gehabt, oft aber war das Essen nicht gerade sehr schmackhaft. Gedämpfter Reis mit irgendwelchen Kräutern, die jemand aus einem nahegelegenen Wäldchen geholt hatte, oder mit Fischsoße. Aber hin und wieder hatte es auch etwas Fleisch oder Fisch gegeben, wenn ein Händler durchs Dorf zog und zufälligerweise gerade etwas Geld im Haus war. Die Eltern hatten immer sehr ernst darauf hingewiesen, dass sie für besseres Essen kein Geld hätten. Sie hatten auch kein Geld für die Schule gehabt, denn sie hatte weitere sieben Geschwister. Es gab zwar keine Schulgebühren, aber es mussten jeden Tag fünf Baht für das Schulessen und fünf Baht für den Schulbus bezahlt werden, ganz abgesehen von den Schuluniformen, den Schulbüchern und den anderen Kleinigkeiten, die man für die Schule brauchte.

Viel zu viel, als dass die Eltern das Geld für alle Kinder verdienen konnten, weshalb nur die drei Brüder in die Schule gingen. Die Mädchen, so wusste man, würden in ihrem Beruf ohnehin nicht lesen und schreiben müssen und es wäre dem Geschäft der Eltern eher abträglich, wenn die Mädchen lesen könnten. Denn dann könnten sie vielleicht auch Informationen erhalten, die sie in ihrem Verdienst beeinträchtigen und ihr in ihrem Leben sehr schaden können. Das bekam man ja von den Studenten vorgelebt, die dauernd nur Krach schlagen und kein Geld verdienen. Es wäre entsetzlich, solch eine Tochter in der Familie zu haben, weil von der mit Sicherheit keine Unterstützung zu erwarten wäre. Nein, es war zuhause nicht schlecht gewesen, sie hatten auf dem Land gearbeitet, aber es hatte nie sehr viel Arbeit gegeben. Es war oft langweilig gewesen, aber es war alles so vertraut und jetzt würde auf einmal alles völlig neu sein. Pen fürchtete sich davor. Aber die anderen Mädchen hatten es auch geschafft und mit ihrem neuen Leben waren auch Neugierde und Hoffnung verbunden. Nun konnte sie endlich tun, was sie wollte. Sie würde in einer großen Stadt leben, einer Stadt, die Tag und Nacht glitzernde Lichter hatte, wo es schicke, moderne Kleider gab. Und dort, wo sie arbeiten würde, sollte es auch immer Musik geben. Da waren auch viele andere Mädchen und täglich kamen viele Ausländer. Ob es wohl auch Fernsehen gab? Ihre gemischten Gefühle wurden unterbrochen, als ein Tucktuck ins Dorf kam. Jemand war mit Einkaufstaschen aus der nahen Kleinstadt gekommen. Das war die Gelegenheit, gleich mitzufahren, um sich endgültig auf den Weg über Bangkok nach Pattaya zu machen, auf den Weg in ein neues, einträgliches und verdienstvolles Leben.

Bis Bangkok war die Reise ja noch ganz angenehm verlaufen. Sie hatte noch etwas zu essen eingepackt und machte sich zwischendurch Gedanken über ihr neues Leben. Ob die Farang wohl hübsch aussehen, die an die Bar kamen? Und warum kamen die denn überhaupt? Gab es in deren Land vielleicht keine Frauen? Aber wenn alle Farang reich waren, dann waren vielleicht auch die Frauen reich und brauchten keine Männer, weil sie selbst genug Geld hatten. Ob die dann für Männer bezahlten, wenn sie einen haben wollten? Aber warum gingen sie dann nicht mit den Männern, die eine Frau suchten und dafür bezahlen wollten? Die Ankunft in Bangkok machte ihrem Grübeln ein Ende.

Alles wirbelte und quirlte durcheinander, niemand schien ein bestimmtes Ziel zu haben und es schien auch niemand Zeit zu haben, als sie fragen wollte, wo sie einen Bus nach Ekamai findet. Junge Leute sprachen sie an, wollten ihr eine Arbeitsstelle vermitteln, aber sie war zuhause schon gewarnt worden, auf keinen Fall mit solchen Leuten mitzugehen und vor allen Dingen nichts zu unterschreiben. Als die Leute sich etwas verliefen, fragte sie an einem der Schalter nach dem Bus nach Ekamai und fand ihn schließlich. Die Fahrt dauerte nicht lange. Auf der Busstation Ekamai ging alles ganz einfach. Ein uniformierter Mann sagte ihr, wo der Schalter war, wo sie das Ticket kaufen musste und dann stand schon ein anderer an einem Bus und rief dauernd: „Pattaya". Sie kaufte am Schalter ein

Ticket und stieg ein. Die größte Hürde war nun geschafft. Während der Fahrt überlegte, wie es weitergehen sollte und was sie zu unternehmen habe. Immerhin war sie im Bus nach Pattaya, und dort würde sie sich schon zu helfen wissen. Sie brauchte nur bei den Barmädchen zu fragen.

Die kannten sich sicher aus. Es dauerte allerdings lange, bis sie die Bar fand, die sie suchen sollte. Sie musste an vielen Bars nachfragen und immer wollte man wissen, ob sie Arbeit sucht. Es schien also nicht schwer zu sein, einen Platz zu finden und sie merkte sich einige Bars, bei denen man ihr gesagt hatte, sie könnte sicherlich anfangen, sie müsste nur am Abend kommen, wenn die Chefs da seien, am besten eine oder zwei Stunden vor Mitternacht. Das Mädchen aus ihrem Ort freute sich über den Besuch, die Bilder und die Süßigkeiten aus ihrem Dorf. Bei ihm konnte sie auch einige Tage übernachten. Inzwischen half die neue Freundin ihr, eine Bar zu finden, die guten Betrieb hatte. Dort musste sie als „die Neue" erst einmal anfangen, das Geschirr zu waschen - das sei so üblich. Mit den einfachen Arbeiten hatte sie keine Probleme, doch schon beim Zigarettenholen begannen die Schwierigkeiten. Sie kannte keine Zigarettenmarken und konnte sich die ausländischen Namen nicht merken. Sie konnte auch noch nicht bedienen, denn sie kannte die Namen der Getränke nicht, sie konnte die Namen auf den Flaschen nicht lesen und musste immer eines der anderen Mädchen fragen, außer bei Dreien, die auch nicht lesen konnten.

Aber Pen lebte sich bald ein und wurde auch schon einmal ausgelöst. Aber sie schien dabei nicht viel Glück zu haben, obwohl sie jünger war, als die anderen. Deshalb versuchte sie, aus jedem Kunden, den sie hatte, soviel Geld herauszuholen, wie möglich schien. Die Mädchen hatten ihr schon gesagt, dass die Farang alle keine Ahnung haben und dumm sind. Wenn sie sagte, sie hätte Hunger, würden die ihr auch fünfzig oder einhundert Baht geben, wenn sie danach fragt und glauben, dass das Essen so viel kostet. So fragte Pen jeden Farang nach einhundert Baht, weil sie Hunger hätte und manche gaben ihr tatsächlich das Geld. Wenn sie einmal ausgelöst wurde, machte sie immer viel Geld. Sie fragte nach Geld fürs Essen, Geld fürs Taxi, Geld fürs Telefon nach Hause.

Und die Farang gaben ihr immer Geld. Wenn sie ins Bett sollte, sagte sie, dass sie sich nicht wohlfühlte, dass sie krank sei. Aber manche Farang sagten, dass sie dann auch kein Geld bekommt, da ging sie dann doch lieber mit ins Bett, aber Spaß machte das überhaupt nicht, es war viel besser, wenn die Farang aus Mitleid gaben, dann konnte sie gleich wieder gehen und einen neuen Kunden suchen. Nein, sie hatte kein Glück. Während die anderen Mädchen oft mehrere Tage weg waren, wenn sie einmal ausgelöst wurden, wurde sie meist schon am nächsten Morgen wieder weggeschickt, manchmal sogar noch in derselben Nacht. Aber sie gewöhnte sich an dieses Leben, nur, dass das Geld nie reichte.

Sie konnte zwar regelmäßig zu jedem Monatsanfang eintausend Baht nach Hause schicken, aber zu mehr reichte es einfach nicht, obwohl sie selbst sehr sparsam lebte. Sie war mit drei Mädchen auf einem Zimmer, wodurch sie sich Kosten sparte, sie gab nur wenig fürs Essen aus, kaufte sich nur wenig Kosmetik und selten einmal eine billige Bluse oder einen billigen Rock. Aber sie wurde einfach nicht so oft ausgelöst, wie die anderen, im Schnitt vielleicht einmal in der Woche, manche Wochen auch gar nicht. Sie war eben nicht beliebt, sie konnte sich nicht vorstellen, woran das liegen konnte und ihre Kolleginnen konnten ihr das auch nicht sagen. Die Mädchen hatten ihr erklärt, dass die meisten Farang nur in der touristischen Saison kommen und die Bars jetzt leer sind. In der Saison sei das anders. Da würden die Mädchen bald jeden zweiten Tag ausgelöst und manche blieben eine ganze Woche oder sogar mehrere Wochen weg und das Trinkgeld würde im Monat mehr ausmachen, als die 1.800 Baht, die sie an der Bar als Gehalt bekam. Sie hatte sich schon bei anderen Bars erkundigt, aber es schien an den Bars keine großen Unterschiede zu geben. Pen musste sich auch eingestehen, dass es vielleicht daran lag, dass sie die Farang nicht mochte. Man konnte nicht mit ihnen sprechen, sie waren laut und sie waren geizig, wo sie doch alle reich waren. Alle wollten etwas von ihr, statt einfach das Geld zu geben, von dem sie so viel hatten, dass sie es gar nicht brauchten. Sie wurde hier und da gezwickt und am Busen und am Hintern betatscht und dann gaben sie ihr noch nicht einmal ein vernünftiges Trinkgeld.

So vergingen über zwei Jahre und Pen hatte immer noch nicht viel Geld zusammenbekommen. Nun sollte sie bald nach Hause fahren und zwei ihrer Schwestern abholen, die auch nach Pattaya kommen sollten. Zusammen mit ihnen noch zwei weitere Mädchen aus dem Dorf. Dann aber hatte Pen eine Geschäftsidee, mit der sie eine Marktlücke füllen konnte. Die Saison war nah und die Bars suchten junge Mädchen. Pen fragte an einigen Bars nach und sagte, dass sie junge Mädchen aus der Provinz bringen konnte. Sie fand Barinhaber, die ihr 1.000 Baht pro Mädchen versprachen, wenn die Mädchen hübsch seien, keine Probleme machten und mindestens einen Monat bei ihm arbeiten würden. Pen fuhr nach Hause und holte die Mädchen. Im Dorf sagte sie, dass sie besonders gute Stellen in Pattaya vermitteln konnte. Drei weitere Mädchen waren daran interessiert, mitzukommen und ihr Leben in die eigene Hand zu nehmen und so waren es sieben Mädchen, die unter der Führung von Pen nach Pattaya fuhren.

Ihren beiden Schwestern konnte sie kein Geld abnehmen, aber die anderen mussten für die Vermittlung pro Person 500 Baht bezahlen. So hatte sie schon 9.500 Baht zusammen, 7.000 von den Barinhabern und 2.500 von den Mädchen. Pen fuhr mit ihren zwei Schwestern und den anderen Mädchen nach Pattaya, lieferte sie an den Bars ab, die Mädchen bestellt hatten, und fuhr gleich wieder los. Ein Bekannter hatte ein altes Auto und war mit von der Partie. Die Saison begann schon und jetzt wurde neues Personal dringend gesucht. Nun fuhren sie durch die Dörfer des Isan und boten Arbeitsstellen in Pattaya an. Die Mädchen, die sich jetzt vermitteln lassen wollten, mussten dafür 1.000 Baht zahlen, Transport und Vermittlung eingeschlossen, so, dass man pro Mädchen schon auf eine Summe von 2.000 Baht kam. Sie sparten sich dabei die Kosten der Fahrt und die Unsicherheit, bei der Fahrt vielleicht in Schwierigkeiten zu kommen, keine gute Arbeitsstelle oder keine Unterkunft zu finden.

Es war schon alles fest geregelt und sie würden bei ihrer Ankunft in Pattaya auch gleich Freundinnen finden. Vier bis fünf Mädchen konnte man bequem im Auto unterbringen. Und wenn es mehr waren, dann konnte Pen mit einigen Mädchen mit dem Bus nach Pattaya fahren, während ihr Geschäftsfreund mit den anderen Mädchen im Auto nach Pattaya fuhr. Ende Januar konnte sich Pen schon ein eigenes gebrauchtes Auto holen. Sie ist nun selbstständige Unternehmerin und würde selbstverständlich nie wieder in einer Bar arbeiten.

Der Kreislauf des Lebens

Prapha wird als besonders hübsch bezeichnet. Sie ist schlank und ziemlich groß gewachsen, hat die berühmten großen Mandelaugen, auffallend helle Haut, eine unauffallend mittelgroße, gerade gewachsene Nase und hellbraune Haare. Nein, die stammen nicht vom Friseur, die sind echt. Wie das kommt? Tja, das weiß Praphas Mutter auch nicht mehr so genau. Praphas Großmutter war so eine Art Gründungsmitglied des modernen Pattaya, dabei kam sie aus einem kleinen Dorf im östlichen Isan, direkt an der laotischen Grenze.

Die Urgroßmutter war in ihrer frühen Jugend nach Korat gegangen, als dies im Weltkrieg noch eine, besonders nachts, blühende Stadt war, in der sich die kampfgeschädigten GIs erholen und sich zur Abwechslung in internationaler Völkerfreundschaft üben konnten. Als Ergebnis dieser Übungen wurde eines Tages die Großmutter geboren. Die wuchs aber nicht in dem damals noch so verruchten Korat auf, sondern wohl behütet in dem kleinen Heimatdorf, geborgen in den heimischen Traditionen und jenen der Familie, zu denen es gehört, dass die Mädchen ihren Reis außerhalb des Dorfes ernten. Und da Praphas Großmutter ein Mensch war, der grundsätzlich gegenüber jedem Neuen sehr aufgeschlossen war, ging sie nicht mehr in das langsam sterbende Korat, sondern verließ das Heimatdorf ihrer Familie Anfang der sechziger Jahre, um mit einem kleinen Umweg über Bangkok in Pattaya zu landen.

Dort wurde im Frühjahr 1965 die kleine Kamphaeng geboren, die allerdings schon nach wenigen Wochen ihrer Existenz in das kleine Dorf im Isan kam. Dort wurde sie von einer Tante erzogen, die man im Alter von 15 Jahren sehr gewinnträchtig inklusive ihrer Unschuld an einen Geschäftsmann aus der nächsten Kleinstadt verheiratet hatte. Es dauerte nicht lange, bis die Geburt des zweiten Kindes die junge Familie zierte und der Vater zur Überzeugung kam, es wäre nun an der Zeit, bezüglich seines Einkommens und seiner Familie dringend etwas zu unternehmen. Bald zog der stolze Vater in irgendeine größere Stadt und ließ die Familie in dem kleinen Dorf zurück. Dies hielt man für eine gesunde Grundlage für die Erziehung der kleinen Kamphaeng, die dort also schon zwei Spielkameraden vorfand - es sollten sicher noch mehrere nachfolgen - und eine Mutter hatte, die für die Versorgung und Bearbeitung ihrer Tochter Geld aus Pattaya schicken konnte. Da die beiden Mädchen noch weitere drei Schwestern hatten, konnte damit gerechnet werden, dass auch die Erziehung der Kinder eine lukrative Tätigkeit werden würde, insbesondere auch deshalb, weil kein Mann mehr im Hause war, den man hätte mit ernähren müssen.

Was die Männer betraf, so zeigte die Tradition, dass sie zwar heirateten, aber bald aus der Familienchronik verschwanden. Während die Frauen einer Sippe das Geld für den Lebensunterhalt außerhalb des Dorfes verdienten, waren die Männer zumeist nicht einmal in der Lage, Arbeit zu finden. Und erst recht nicht jene Summen beizubringen, die verschiedene weibliche Mitglieder der Sippe erreichten. Und dann schien es den Männern sinnlos und unnötig, sich für die kleinen Beträge, die sie erarbeiten konnten, zu verdingen. Und wenn die Männer sie nicht ohnehin verlassen hatten, dann sahen die Frauen keinen Sinn darin, in der Stadt Geld zu verdienen, um ihre Männer im Dorf zu ernähren. So wuchs denn Kamphaeng, die Mutter Praphas, traditionsgemäß in dem kleinen Dorf ihrer Familie auf und genoss immerhin vier Jahre lang die der gesetzlichen Schulpflicht entsprechende Schulbildung, die erforderlich ist, um lesen und schreiben zu können, ohne allzu viel von dem Inhalt des Gelesenen verstehen zu müssen. Das Bearbeiten von Feldern, und der Umgang mit Wasserbüffeln gehörten bereits damals nicht zur Tradition der Familie. So konnte man es sich, dank des einnehmenden Wesens ihrer Töchter, erlauben, Prapha zusammen mit den sehr verschiedenen Kindern der verschiedenen Schwestern der Mutter aufwachsen zu lassen.

Dass die Erziehung im Hause dennoch streng und von vielerlei

Hausarbeit durchsetzt war, versteht sich von selbst, denn schließlich darf man den Mädchen nicht die Freude nehmen, das Elternhaus endlich verlassen zu können. Und bis dahin man muss ihnen ja auch noch unauslöschlich einbläuen, dass der Sinn ihres Lebens letztlich darin besteht, jedem Untertan zu sein, um ihre höchste Pflicht zu erfüllen, die Eltern zu versorgen. Mit dem Eintritt in das zwölfte Lebensjahr entsprach es durchaus der Familientradition, dass die kleine Kamphaeng gegen eine Vorauszahlung für zu erwartende Arbeitsleistungen, in eine viel beachtete Tätigkeit in einem Teehaus der nächsten Kleinstadt vermittelt wurde. Wohl die meisten Teehäuser Thailands sind jene Einrichtungen, bei denen viele Farang sich wundern, wozu es einer Anzahl von zwanzig bis dreißig kleiner Mädchen und Frauen bedarf, um zwei oder drei Tassen Tee zu servieren. Um jedoch Irrtümer auszuschließen, muss hier hinzugefügt werden, dass in diesen Teehäusern außerdem auch Tee serviert werden kann. Dort also servierte Kamphaeng alles, was es zu servieren gab und wonach es der ausschließlich männlichen Kundschaft gelüstete, bis sie schließlich ihre „Schulden" abbezahlt hatte und sich sogar eine kleine Summe Geldes zusammengespart hatte, die sich freilich mehr aus Tipps der werten Kundschaft, als aus den Kommissionszahlungen des Teehauses zusammensetzte. Nun war Kamphaeng auch alt genug, um als „neues Mädchen, frisch vom Lande" endlich ihrer in Pattaya tätigen Mutter zu Hilfe zu eilen.

Die Mutter, stolze Besitzerin mehrerer Töchter, übernahm noch die elterlichen Pflichten zur Einweisung von Kamphaeng in ihr Berufsleben, um auf die zwei weiteren Töchter zu warten, nach deren Einweisung und Verteilung auf die gängigeren Bars sie sich auf ihre neue Lebensaufgabe vorbereitete; das sinnvolle und zweckentsprechende Erziehen der Kinder ihrer Töchter als auch der Kinder anderer Anverwandter in der Tradition der Familie und der Gemeinschaft in dem kleinen Dorf im Isan. Die Anfangszeit war für Kamphaeng ziemlich schwer. Sie war nicht mehr angebunden und eingeschlossen (wie zuvor, um ein Weglaufen vor der Tilgung der „Schulden" zu verhindern), sondern musste auch schon die ersten eigenen Entscheidungen treffen. Sie war zwar noch etwas zu jung, um in der ersten Linie auftreten zu können, doch gab es damals noch ausreichend Möglichkeiten für ein fast sechzehnjähriges Mädchen, in Pattaya in einer Bar zu erscheinen.

Da sie nur die Erfahrungen mit den Besuchern des Teehauses hatte, mit denen sie sich immer nur wenige Minuten auseinanderzusetzen hatte, fiel es ihr zunächst schwer, die Erwartungen der Farang zu verstehen und darauf einzugehen. Doch nach den ersten zwanzig Farang, bei denen sie sich zu deren Missvergnügen genauso passiv verhielt, wie das von ihr im Teehaus erwartet worden war und nach den ersten Fortschritten in Englisch blühte sie auf und begann, Geld zu verdienen, gute Geschäfte zu machen und Geld zurückzulegen. Allerdings waren ihre Erfahrungen und ihre Informationen wohl auch nach zwei Jahren noch nicht ausreichend, um die Geburt einer Tochter zu verhindern, die sie im heimatlichen Dorf vollzog. Die Tochter nannte sie Prapha und sie ließ sie nach den ersten Wochen ihres Lebens bereits in der Obhut ihrer Mutter, Praphas Großmutter, in dem kleinen Dorf im Isan, um in Pattaya das nötige Geld für Unterkunft, Ernährung und die rechte Erfolg versprechende Erziehung zu verdienen, das sie nach Hause schickte. Prapha war schon im Säuglingsalter hübsch. Thai sind immer von einer möglichst hellen Hautfarbe begeistert und die gerade Nase und die Haare fielen in diesem Alter noch nicht weiter auf. Auch hatte sie die Gesellschaft mehrerer Kinder aus der nahen und entfernten Verwandtschaft, die von der sachkundigen Großmutter aufgezogen wurden.

Die ersten Störungen kamen erst im Alter von etwa vier Jahren beim gemeinsamen Spiel mit anderen Kindern des Dorfes. Die Familie war schließlich bekannt, aber es war nicht die einzige Familie, die ihren Erwerb aus den Vergnügungszentren des Landes bezog. Außerdem wurde auch akzeptiert, dass diese Familie nicht zu den ganz Armen gehörte, über die man mit einem müden Lächeln hinweggehen konnte, ohne sie überhaupt zu sehen. Sie stellte ja auch einen gewissen wirtschaftlichen Faktor dar. Dennoch gab es verschiedene

Familien, die ihren Kindern verboten, mit diesen Kindern zu spielen. Dadurch entstanden zwischen den Kindern Spannungen, wenn sich auch die Erwachsenen stets mit einem schwachen, aber nichtssagenden Lächeln begegneten, wenn es sich gar nicht vermeiden ließ. Mit dem Eintritt in die Schule wurden die Spannungen stärker.

Es gab kaum Bemerkungen über die weiße Haut, ganz im Gegensatz waren wohl viele der Kinder mit einer dunkleren Hautfarbe neidisch. Desto mehr Bemerkungen gab es dafür über die Nase und vor allen Dingen über die hellen Haare und den hohen Wuchs. Gerade der war es allerdings, der tätliche Auseinandersetzungen innerhalb der Klasse weitestgehend verhinderte, was aber nichts an den ständigen Hänseleien änderte. Prapha wurde bald als „Farang" angesehen, denn schließlich wussten die Eltern ihrer Mitschülerinnen ja, wo die Mutter arbeitete. Und die ließen es sich im Rahmen ihrer elterlichen Aufklärungsarbeit nicht nehmen, ihren Kindern zu sagen, dass die Andersartigkeit von Prapha daher rührte, dass sie sicher einen „Farang" zum Vater habe, also eine minderwertige Person. So hatte Prapha nur wenige Freundinnen in der Schule und unter den Kindern des Dorfes.

Doch auch die fragten gelegentlich, wenn auch ohne jede böse Absicht, nach den Eltern Praphas, da ja bekannt war, dass Prapha bei ihrer Großmutter lebte und von dieser aufgezogen wurde. Sicher gab es viele Kinder im Dorf, deren Eltern in der Stadt arbeiteten und ihre Kinder bei Verwandten im Dorf untergebracht hatten. Aber diese Eltern kamen hin und wieder zu Besuch. Prapha hingegen konnte über ihren Vater nichts sagen; sie hatte ihn nicht gesehen und nichts von ihm gehört. Die Großmutter beantwortete Praphas Fragen nach ihrem Vater nur mit dem Hinweis, darum brauche sie sich keine Gedanken zu machen; der lebe sicherlich im Ausland, wenn er überhaupt noch lebe, und würde sich sicher nicht um sie kümmern.

Für ein Kind ist es aber immer schmerzlich, im Gegensatz zu

anderen Kindern nichts über den Vater sagen zu können, besonders auch deshalb, weil dessen Person, seine Abstammung, sein Vermögen oder seine Tätigkeit den sozialen Status der Familie bestimmt. Mit der Mutter verhielt es sich aber nicht viel anders. Sicher erhielt sie hier und da einmal ein Röckchen, eine Bluse oder irgendwelche Geschenke, die von der Mutter kamen, auch hörte sie, dass die Mutter für ihr Essen, die Unterbringung und die vielen Kosten der Schule Geld schicken würde. Gesehen hatte sie ihre Mutter aber bis zum Ende ihrer sechsjährigen Schulzeit erst zwei Mal und dann nur für so kurze Zeit, dass es nicht gereicht hatte, sich mit ihr anzufreunden.

Obwohl sie von der Großmutter ständig gehört hatte, sie müsse ihre Mutter verehren, sie verdanke ihr schließlich das Leben und die Mutter würde für die ganzen entsetzlichen Kosten, die sie verursache, aufkommen und ihr außerdem noch Geschenke machen. Dennoch war das Verhältnis entschieden anders, als sie es bei den Kindern erlebte, deren Mütter im Dorf lebten oder doch häufiger zu Besuch kamen. Ihre Mutter kam nur alle paar Jahre einmal. Prapha hatte gelernt, als „Farang", genauer gesagt, als unerwünschte Außenseiterin angesehen zu werden. An die Verachtung oder die Missachtung, die man von anderen Menschen erlebt, kann man sich aber genauso wenig gewöhnen, wie etwa an Hühneraugen, und so war Prapha gar nicht unglücklich, als sie nach dem Abschluss ihrer vier Schuljahre in die Stadt gehen sollte. Da es heute nicht mehr möglich ist, eine Zwölfjährige als Prostituierte unterzubringen, gab man sie einem chinesischen Geschäftsreisenden mit, der Praphas Großmutter einen Vorschuss auf die von Prapha zu erwartenden Leistungen auszahlte und versprach, sie in einem kleinen Lokal in der Stadt unterzubringen, wo sie gut verdienen konnte.

Das entsprach auch der Tatsache. Das Speiselokal war von zehn Uhr morgens bis weit nach Mitternacht geöffnet, hatte fünf Tische für die Gäste und eine Stereoanlage. Vor allen Dingen aber hatte es mehrere Nebenräume auch in den oberen Geschossen. In einem dieser

Räume konnten die vierzehn Mädchen auf dem Boden schlafen, wenn sie nicht gerade zu arbeiten hatten. In den anderen Räumen konnten sie auch schlafen, nämlich mit den Gästen, die sich für sie interessierten. Das ging den Restaurantinhaber allerdings nichts an, denn die Gäste zahlten ihm ja nur eine Auslösesumme für die verlorene Arbeitszeit. Den Mädchen sagte der Inhaber nicht, dass sie mit den Gästen ins Bett gehen müssen. Er sagte nur, wenn sie sich nicht in jeder Beziehung um die Gäste kümmern, so dass er Kunden verliert, dann müssten sie zurück nach Hause gehen und ihre Verwandten müssten dann die geliehenen Summen zurückzahlen. Und dann sagte er noch, dass sie nicht geschlagen werden, wenn ihre Gäste sich nicht über sie beschweren und dass sie ja gut verdienen, ihre Schulden abbezahlen und ihren Familien helfen können, wenn sie sich um die Zufriedenheit der Gäste kümmern und dafür sorgen, dass diese wiederkommen.

Prapha gab sich alle Mühe und vermochte einige Kunden zu begeistern, weshalb sie durch entsprechende Kaufsummen zweimal den Besitzer wechselte - des Lokals natürlich, als auch der entsprechenden Räumlichkeiten. Zwar war sie mit fünfzehn Jahren schon „schuldenfrei", aber zu dieser Zeit gab es bereits neue Gesetze, die die Jugend schützten. Und so musste sie weiter hinter verschlossenen Türen arbeiten, bis sie achtzehn Jahre alt geworden war, um zu ihrer Mutter zu gehen, nach Pattaya.

Diese freute sich enorm über die Zusammenführung der Familie und nahm sofort die elterlichen Pflichten der Einführung ihrer Tochter in das Berufsleben wahr. Prapha lernte den Unterschied zwischen dem kurzfristigen Kundendienst in den kleinen Restaurants und Teehäusern im Nordosten des Landes und den Bars von Pattaya kennen. Sie begann, Englisch zu lernen, und sie lernte die Getränke und die Preise kennen. Vor allen Dingen lernte sie in Pattaya viele Männer kennen und die hohe Kunst, diese Bekanntschaften so profitabel zu gestalten, dass sie und ihre Familie ein gesichertes Leben und einen gewissen Wohlstand erreichen konnten. So dauerte es nicht lange, bis Prapha im Verlaufe ihrer Tätigkeit in Pattaya durch mangelnde Umsicht oder mangelnde Kenntnis schwanger wurde und eine Arbeitspause einlegte, weil sie eine hübsche Tochter in einem kleinen Dorf im Isan zur Welt brachte, wo sie... siehe oben.

Kranke Füße - aber kein Aids

„Die Thai haben keine kranken Füße", hatte Albert, seit er in Pattaya lebte, selbst immer behauptet und sich darauf bezogen, dass die meisten im warmen Klima im Freien barfüßig aufwachsen, was ungemein gut für die Entwicklung der Füße sein soll. Aber damals war ihm die Tragweite dieser Aussage sicher nicht bewusst. Eines Tages spürte Albert dann ein dumpfes Gefühl in den Füßen, ein leichtes Prickeln, das mit einer gewissen Gefühllosigkeit einherging, solange man nur die Füße nicht berührte.

Die Tropfen der Dusche prasselten wie Kieselsteine auf die Füße, was direkt als schmerzhaft empfunden wurde. Doch konnte Albert sich hier mit seinem scheinbar sicher angelegten Kapital helfen - er hielt beim Duschen einfach den Bauch über die Füße, was ihm bei über 80 kg auf 1,71 m Größe gar nicht schwer fiel. Aber er hielt es doch für empfehlenswert, sicherheitshalber einen Arzt zu konsultieren, um die Ursache dieses unangenehmen Zustandes herauszufinden und die entsprechende Behandlung durchzuführen. Ein Arzt erklärte Albert nach einer ausführlichen Untersuchung, dass er kein Aids habe, und empfahl ihm Wanderungen und Jogging. Damit war das Problem zunächst erledigt. Einige Spaziergänge wurden eingelegt, die die Füße nur wenig störten, aber auch nicht änderten.

Da sie aber auch nicht schlimmer wurden, ließ Albert seine Füße auf sich beruhen und besuchte nur hin und wieder einmal einen anderen Arzt. Die Ärzte scheinen sich aber geeinigt zu haben, dass Ausländer in Pattaya bei irgendwelchen Krankheitssymptomen auf Aids zu untersuchen seien und andere Krankheiten bei ihnen auszuschließen sind. So versicherten auch andere Ärzte ihm, dass er kein Aids habe. Er sah nicht viel Sinn darin, immer wieder neue Bestätigungen dafür zu erhalten, dass er kein Aids habe. Es hätte ihm völlig ausgereicht, zu wissen, warum die Füße zunehmend gefühllos wurden. Da er hierüber aber nirgends eine Auskunft erhielt und auf den tauben

Füßen problemlos und schmerzlos gehen konnte, kümmerte er sich längere Zeit nicht darum.

Bis zum Beginn der heißen Jahreszeit, als Albert plötzlich an Sehstörungen litt. Die führte ein Arzt auf viel Arbeit, den intensiven Umgang mit einem Computerbildschirm und zunehmendes Alter zurück und versicherte Albert, er habe kein Aids. Der ging nun dazu über, sich eine schmucke Brillensammlung zuzulegen. Jetzt konnte er wieder sehen, aber er sah, dass ihm schwindlig wurde und dass er gelegentlich auch einmal zusammenbrach und sich am Boden wiederfand.

Die Körperkräfte schienen ihn zu verlassen und er musste sich des Öfteren beim Gehen an Tischen und Wänden abstützen. Das war insofern ganz vorteilhaft, weil auch die Füße inzwischen mehr schmerzten und dadurch entlastet wurden. Mehrere in Abständen konsultierte Ärzte unternahmen umfangreiche Untersuchungen. Sie führten auch Blutuntersuchungen durch und klärten Albert einer nach dem anderen auf, dass er kein Aids habe, sondern einfach alt würde, was er sich selbst eigentlich auch schon gedacht hatte. Die Ursache für sein Unwohlsein läge aber daran, dass er Zigaretten rauche und in diesem Jahr die höchsten Temperaturen seit über vierzig Jahren gemessen wurden und bereits viele ältere Leute und insbesondere auch die dicken Farang in dieser Hitzeperiode das Zeitliche gesegnet hatten. Denen taten wenigstens die Füße nicht mehr weh, dachte sich Albert, sah sich aber dennoch gezwungen, etwas zu unternehmen.

Man hatte ihm geraten, sich öfter hinzulegen und kalt zu duschen. Albert war schon immer ein Querkopf. Er machte es andersherum. Er duschte öfter kalt und legte sich dann eine halbe Stunde hin. Danach konnte er sich wieder zwei bis drei Stunden in der Senkrechten bewegen. Schließlich ließ er in sein Zimmer Airconditioning einbauen. Er fühlte sich danach körperlich wesentlich wohler, auch hatte er sich schon fast daran gewöhnt, sich beim Gehen irgendwo abzustützen, weil er mit seinen Füßen kaum noch auftreten konnte. Aber so ganz glücklich war er damit auch nicht und konsultierte einen weiteren Arzt. Der entsprach auch voll Alberts Erwartung und schlug die Hitze als Begründung seines Zustandes sofort in den heißen Wind. Nach eingehender Betrachtung der Füße meinte er: „Also, Sie haben kein Aids, Sie haben vielleicht Fußpilz, damit soll man nicht scherzen. Aber sie haben kein Aids." Albert störte sich nur an der Diagnose „vielleicht", ansonsten war er überzeugt; er scherzte nicht mit dem Fußpilz, sondern sagte dem Arzt: „Dann werde ich vielleicht Ihre Rechnung bezahlen." Da der Arzt das nicht verstehen konnte, machte Albert einen anderen Vorschlag: „Ich gehe jetzt nach Hause und wasche mir noch einmal die Füße. Vielleicht können Sie dann besser sehen, ob ich nun Fußpilz habe, oder nicht." Albert hofft, dass der Arzt heute nicht mehr auf ihn wartet.

Die Strafe folgte auf dem Fuße, ja sogar auf beiden. Die hatten inzwischen eine direkte Leitung zum Kopfe Alberts. Immer, wenn er einen Fuß auf den Boden setzte, verzog er das Gesicht. Dazu kamen plötzlich heftige Rückenschmerzen in der Gegend der Lendenwirbel. Eine unangenehme Sache, die früher schon zweimal aufgetreten war und beide Male durch einen guten Chiropraktiker wieder zurechtgerückt worden war. Aber hier kannte Albert keinen vernünftigen Chiropraktiker und da ja auch noch das Problem mit den Füßen anhing, wandte sich Albert im Oktober 1998 vertrauensvoll an die orthopädische Abteilung eines renommierten Krankenhauses. Und er spürte sofort, dass dies die einzig richtige Entscheidung gewesen sein müsse. Von Alberts Rücken und seinen Füßen wurden sofort diverse Röntgenaufnahmen gemacht, er musste, ohne auftreten zu können, auf einen Tisch klettern und sich dort auf eine Röntgenplatte stellen, weil sich Röntgenapparate angeblich nicht gern auf den Boden legen lassen.

Die Füße wurden an diverse Apparate angeschlossen, gedreht, gebogen, gewunden, zerknüllt und sogar wieder geglättet, anschließend einbalsamiert und von Hand und Maschine massiert, was spürbar einer Auferweckung gleichkam. Anschließend kam die Vortragsserie mit Lichtbildern: „Sehen Sie hier diese weißen Kränze um die Knochen Ihres Rückens?" Albert sah. „Das ist Arthritis", erläuterte der Arzt. „Und was ist mit diesem Knick in der Wirbelsäule?" wollte Albert wissen und der Arzt belehrte ihn: „Das ist ein Rückenwirbel." So etwas hatte Albert sich von der Form her auch schon gedacht, allerdings schien ihm der Wirbel an seiner Stelle etwas deplatziert, aber der Arzt meinte: „Der muss da sein. Wenn der nicht da wäre, dann wäre das ganz schlimm!" Dann folgte die Serie der Fußaufnahmen und der Arzt zeigte mit dem Stock auf die Zehengelenke und fragte: „Sehen Sie hier diese weißen Kränze an den Gelenkknochen?" Albert sah. „Das ist auch Arthritis", erläuterte der Arzt. Sodann folgte die Diagnose: „Sie haben kein Aids. Aber Sie werden alt und daran kann man nichts ändern. Außerdem haben Sie Arthritis. Das ist oft sehr schmerzhaft, aber daran kann man auch nichts ändern. Die Zehengelenke Ihrer Füße liegen zu dicht aneinander. Das ist sehr schmerzhaft. Sie müssen unbedingt Einlagen tragen." Medikamente brauchte Albert nicht, es würde eben nur wehtun. In wenigen Wochen käme eine Firma aus Bangkok nach Pattaya, die Einlagen herstellt, dann würde man Albert benachrichtigen, da er ja nicht auftreten konnte und dringend Einlagen brauchte.

Inzwischen versuchten Albert und zwei Freunde, bequeme Schuhe zu besorgen, die etwas breiter waren, so, dass die Zehengelenke nicht aneinander scheuerten und Albert vielleicht wieder gehen konnte. Aber bis zur Größe 54 sind die Schuhe nur länger, und kein Stückchen breiter. Und über Größe 54 gibt es keine Schuhe. Nach drei Wochen meldete sich das Krankenhaus und teilte ihm mit, dass die Firma, die Einlagen herstelle, sich in Bangkok befinde und nicht nach Pattaya kommen würde. Albert erhielt die Adresse in einem Industriegebiet am Rande der Stadt und den dringenden Rat, sofort hinzufahren, um sich die passenden Einlagen anfertigen zu lassen, die eine Stütze für den Mittelfußknochen haben. Albert nahm früh morgens um 5 Uhr ein Taxi, um rechtzeitig das orthopädische Laboratorium zu erreichen. Das war nicht schwer, denn das wurde schon um 10 Uhr vormittags geöffnet. Während man in Europa gewöhnt ist, bei einem Orthopäden seinen Fußabdruck und einige Messungen vornehmen zu lassen, um später die individuell gefertigten Einlagen abzuholen, ist dies in Bangkok viel rationeller geregelt.

Der Orthopäde braucht die Füße gar nicht zu sehen, denn die Einlagen sind schon fertig und kommen aus dem Ausland, sind also perfekt für alle Füße. Man hat auch die freie Auswahl. Die Einlagen mit Mittelfußknochenstütze sind aus Kunststoff mit grüner Auflage, kosten 2.500 Baht und sind in allen Größen verfügbar. Bis Größe 41. Nein, Größe 42 gibt es nicht, aber man kann ja die 41er nehmen, die passen auch in den Schuh. Das stellt sich jedoch als Irrtum heraus. Es gibt keine Schuhe, in die die Einlagen nebst Fuß passen. Also lässt Albert den bekannten Schuhmacher Jo kommen, legt die Einlagen vor und lässt ihn orthopädische Schuhe für die Einlagen mit Füßen machen. Zunächst kommt der Gehilfe, nimmt Maß, macht Zeichnungen und nimmt die Einlagen mit. Schon vier Wochen später bringt er die Schuhe, die wie weit ausgeschnittene Damenschuhe aussehen, wesentlich zu groß sind, dafür aber kein Oberleder haben und stattdessen ganz vorne ein Stückchen Gummiband.

Allerdings fallen sie durch einige Eigenheiten auf: sie sind zu eng, dafür aber viel zu lang. Und wenn der Träger gehen will, bleiben die Schuhe stehen. Aber sie kosten ja auch nur 1.800 Baht und dafür kann man nicht mehr verlangen, heißt es. Wenn man nämlich das Geld für die Anfertigung eines Leistens einsparen will, dann muss man für die Schuhe einen vorhandenen Leisten nehmen, der nicht viel enger als der Fuß sein sollte. Wenn er dann viel länger ist, als der Fuß, dann macht das ja nichts. Also wird der Schuhmachermeister selbst um Erscheinung und Produktion gebeten. Er nimmt Maß für den Leisten. Auf die Frage, ob er nicht besser den Fuß zusammen mit der Einlage misst, weil ja beide zusammen in den Schuh sollen, erklärt er, dass es da heute viel bessere Methoden gäbe und nimmt die Einlagen wieder mit. Nach einer Woche sollen die neuen Schuhe fertig sein und es wundert niemand, der Thailand schon etwas länger kennt, dass es dann vier Wochen werden. Inzwischen kann Albert die Füße vor Schmerzen nicht mehr unten halten und hat

Dauerkrämpfe, die sich vorübergehend etwas lindern, wenn er die Füße zur Arbeit auf den Schreibtisch legt. Voller Stolz erklärt nun der Schuhmacher, dass diese Schuhe etwas ganz Besonderes und die große Erlösung seien. Man braucht für diese Schuhe keine Einlagen mehr, vielmehr hat er eine perfekte Einlage eingearbeitet, die nicht so krumm ist, wie das ausländische und folglich minderwertige Produkt. Albert sieht den Schuh, aber keine Einlage. Gerade das wäre ja das Besondere, erklärt der Meister. Sie wäre in den Schuh eingearbeitet und ganz gerade, so wie alle Thai ihre Schuhe haben. Macht 3.800 Baht. Albert kommt allerdings nicht in den Genuss der Wonne, diese Schuhe zu tragen, denn sie sind zu klein, er kommt mit dem Fuß nicht hinein. Also noch einmal lange Erklärung der Einlagen und die Aufforderung, ein Paar Schuhe anzufertigen, in die man Einlagen und Füße gleichzeitig tun kann. „Ja, in einer Woche". Diesmal verzögert sich das etwas länger, weil der Meister nicht weiß, wo er die Einlagen gelassen hat. Dadurch ergibt sich, dass auch das nächste Paar zu klein ist. Um die Geschichte abzukürzen: zwei Monate später kommt der Schuhmacher mit einem Paar Schuhe, das zwar zu klein ist, aber immerhin schon mit Einlagen angezogen werden kann. Weitere zwei Monate später kommt das achte Paar und passt.

Inzwischen ist aber viel geschehen. Nicht nur, dass Albert die Schmerzen nicht mehr recht aushalten konnte, er wurde es auch etwas leid, seine Fortbewegung so zu gestalten, dass die Füße sich zu jeder Zeit mindestens in Kopfhöhe befinden mussten. So unternahm er alle möglichen Versuche, um sich von seinem vermeintlichen Fußleiden zu befreien. Massagen, Bäder, Tinkturen, Salben und was man sich noch alles denken kann, wurden ausprobiert. Dennoch schien der orthopädische Arzt Recht zu haben, der meinte, man könne nichts daran ändern. Allerdings mangelte der Begründung, dass das am Alter liege, und Leute mit 55 Jahren wegen des Alters geschwollene Füße haben und nicht auftreten können, der rechten Überzeugungskraft. Schließlich wurde Albert zu einem Wunderheiler gebracht.

Der wunderte sich erst und lachte dann schallend. Seine Diagnose war: Albert ist impotent und kann deshalb nicht gehen. Der war nun gar nicht mehr sicher, ob der Wunderheiler das Problem erkannt hatte. Der tanzte nach seiner Diagnose mit seinen Füßen auf Alberts Arthritis herum, was Albert weitaus mehr ausmachte, als der Arthritis, und empfahl ihm, da er ja nicht auftreten konnte, Waldläufe. Er empfahl auch Gymnastik und gab ihm einige Kopfschmerztabletten und schöne, bunte Placebos. Macht 1.000 Baht. Da auch die Nahrungsaufnahme einen Einfluss haben kann und Alberts Versorgungslage aufgrund seiner Bewegungsunfähigkeit katastrophal war, aß er nun weniger. Nur Kekse, Biskuits, Gebäck eben und er trank Kaffee und Cola. Als einmal alles ausgegangen war und er sich zwei Tage nur von Cola ernährte, erreichten die Schmerzen einen Höhepunkt. Da erinnerte sich Albert an ein früheres Gespräch, das er mit einem guten Bekannten geführt hatte, der auch nicht gehen konnte.

Der Bekannte unterschied sich von Albert eigentlich durch nichts, wenn man einmal davon absieht, dass er zwei natürliche Zähne besaß, die er voller Stolz jederzeit gut sichtbar zeigte. Bei Alberts Schilderung seiner Symptome, der Behinderungen und der Schmerzen hatte der dauernd gesagt: „Genauso, wie bei mir." Das wurde von Albert nicht sehr ernst genommen. Nun aber erinnerte er sich, dass der gesagt hatte, er könne auf keinen Fall Cola trinken. Und dass er gesagt hatte, er habe Diabetes. So nahm Albert drei Tage lang nichts Fettes und nichts Süßes zu sich, nicht einmal ein süßes Mädchen, aß nichts weiter als Nudelsuppe und Hühnerbrühe und siehe, schon war er in der Lage, zum Bangkok-Pattaya Hospital zu gehen, sich in der Abteilung für Praktische Medizin bei Dr. Ularn zu melden und wegen Verdacht auf Diabetes um einen Bluttest zu bitten.

Der sah seinen neuen Patienten mitleidig an, bezweifelte die Diagnose, versprach aber eine Untersuchung und drohte, es könnte noch mehr dazukommen, ließ einige Tests durchführen und nahm eine gründliche Untersuchung vor. Dann spannte er eine neue Rolle Papier in seinen Computer, drückte einige Knöpfe und ging Kaffee trinken. Als er zurückkam, riss er das Endlosformular ab, auf dem ganz oben stand: Zucker: 266, und erklärte Albert zunächst zum Diabetiker. Er verschwendete noch eine ganze Reihe anderer Fremdworte an den ahnungslosen Albert, die ihm ebenso wenig nützten, wie die Hinweise, er müsse das Rauchen einstellen und dürfe auf keinen Fall Alkohol trinken. Das Problem der Diabetes (Gruppe 2), einmal erkannt, ist in den Griff zu bekommen. Albert hat heute einen Blutzuckerwert von 90, womit man gut leben kann. Außerdem hat er ein Idealgewicht von 59kg. Das Problem der Wirbelsäule ist allerdings noch nicht gelöst. Ein Chiropraktiker bekam dafür alle zwei, drei Tage je 500 Baht, was die Knochen in keiner Weise störte oder veränderte, worauf Alberts Besuche seltener wurden und er die Behandlung schließlich abbrach. Die Zahlung von 500 Baht für je zwei Minuten erfolgloser Behandlung ist zumindest für die Patienten sinnlos. Aber inzwischen hat der praktische Arzt Dr. Ularn auch Gymnastikmethoden zur Stärkung und Korrektur des Rückens entworfen. Wer also etwas an den Füßen hat, sollte in Thailand unbedingt zu einem praktischen Arzt gehen, nicht zu einem unpraktischen aber nie, nicht und nimmer zu einem Orthopäden, denn die Thai laufen barfuß und haben deshalb keine kranken Füße.

Gedanken über und für Touristen

Es ist geradezu tragisch, dass man immer wieder falsch verstanden wird, nur weil man sich richtig ausdrückt. Es ist unsere Umgangssprache, die ihre Tücken hat, aber auch sehr viele Informationen bietet, wenn man sie genau beachtet. Wenn ich behaupte, dass alle Ausländer, die hier in Thailand leben, verrückt sind, findet sich so mancher Insider, der aus Erfahrung sofort zustimmt und behauptet: „Klar, sonst hätte er ja auch zuhause bleiben können. Alle, die hier leben, haben irgendeine Macke, aber die ist unterschiedlich.

Die einen plagt in Deutschland das Zipperlein, die anderen das Finanzamt. Die einen werden von ihren drei Ehefrauen und deren Kindern verfolgt, die anderen von der Polizei. Manche Leute suchen in Thailand das warme Klima und ein billiges Leben mit heißen Frauen, wieder andere bevorzugen warme Männer oder billigen Schnaps." Der Mann hat Recht und sagt das völlig wertfrei, was nur niemand begreifen will. Ich kann es erklären: Wenn ich jetzt mein geliebtes Glas mit Saeng Thip zehn Zentimeter nach rechts rücke, so ist dieses Glas nun verrückt. Es hat sich nichts an dem Glas verändert, es ist damit nicht besser und nicht schlechter und leider auch nicht voller geworden, es ist eben nur verrückt.

Das dürfte dem Glas ziemlich egal sein und mir auch. Wenn ich mich in einer Bar an einen anderen Platz setze und jemand zu mir herüberrückt, so sind wir beide verrückt. Wir haben uns damit kaum verändert, aber unsere Betrachtung der anderen Gäste erfolgt jetzt aus einer anderen Perspektive, ist also ebenfalls verrückt. Wenn wir eine Position wechseln, eine Situation oder einen Standpunkt verändern, dann sind wir verrückt, sehen etwas ganz anderes, als zuvor, sind in einer ganz anderen Situation als die nicht verrückten Leute. Verrückt zu sein ist weitestgehend wertfrei, denn durch ein Verrücken wird nichts zwangsläufig besser oder schlechter, sondern erhält zunächst einmal nur eine andere Position und vielleicht andere

Möglichkeiten. Wer aber ist nicht verrückt?

Alles, was sich an seinem angestammten Platz befindet, ist nicht verrückt. Ein Haus beispielsweise ist nur selten verrückt. Es befindet sich dort, wo es gebaut wurde, ist dort, wo man es erwartet und müsste also folglich völlig normal sein. Schließlich ist das „Nicht-verrückt-Sein" ja auch ein statistischer Begriff, der allgemeinhin mit „normal" angegeben wird. Das, was alle machen (die überwiegende Mehrheit oder zumindest eine hohe Anzahl), ist eine Norm, es ist also „normal". Normal ist beispielsweise, dass normale Menschen im Verlaufe der vergangenen 50 Jahre über 250 Millionen normale Menschen umgebracht, geschlachtet haben. Das ist für das Leben zwar nicht sehr hilfreich, aber Normalität wird ja auch nicht aus der Perspektive des Lebens, sondern vielmehr der Quantität gesehen, und so ist es also immerhin normal. Sähe man das Leben aus der Perspektive der Erfordernisse eines gemeinschaftlichen Lebens, so muss man zugeben, es ist (von den Lebensmöglichkeiten) total verrückt.

Die meisten Menschen können nicht alleine leben. Sie heiraten (holen eine staatliche Beischlafgenehmigung ein), können mit ihrem Partner aber auch nicht leben und lassen sich wieder scheiden. Ein seltsamer, komplizierter Vorgang, der durchaus nicht sinnvoll oder logisch erscheint, aber wegen der hohen Anzahl der Eheschließungen und Scheidungen als normal bezeichnet werden muss. Normal ist es auch, jeden Tag arbeiten zu gehen; etwas zu tun, das man eigentlich nicht tun will. Aber man tut es dennoch, um damit genug Geld zu verdienen, weil man dies braucht, um in der nächsten Zeit arbeiten gehen zu können und etwas zu tun, was man eigentlich nicht tun will. Das ist völlig normal. Doch warum so viele Worte; der österreichische Mediziner und Psychologe Bräutigam sagt es kürzer und einfacher: „Normal ist Schwachsinn". Man muss sich also nicht bemühen, normal zu sein.

Wenn alle Nachtfalter in offenes Feuer fliegen und darin

umkommen, waren sie normal. Wenn einige das nicht tun, sind sie nicht normal. Dabei leben sie aber sicherlich besser und vor allen Dingen länger. Man kann daraus aber nicht den zwangsläufigen Schluss ableiten, dass Verrückte besser leben. Es könnte ja sein, dass sie glatt übersehen haben, dass sie verrückt sind und damit eine neue Perspektive haben, die sie erst sehen und kennenlernen müssen, um mit ihr richtig umgehen zu können. Wir erleichtern uns unser Leben durch Wiederholungen und Gewohnheitshandlungen. Wer wird schon groß nachdenken, wie er sich seine Zähne putzt? Das macht er natürlich so, wie er es schon seit Jahrzehnten tut. Wahrscheinlich wird er auch den Menschen seiner Nachbarschaft genauso begegnen, wie er es schon immer getan hat: „Schönen Tag, Herr Müller", „Guten Abend, Frau Schmitz", und ist damit absolut normal und völlig gefühlsfrei.

Nun muss er erst einmal die Veränderung einer Situation wahrnehmen und erkennen, wie und worin er verrückt ist, um auch verändert zu reagieren. Normal sind für ihn vielleicht Schlips und Kragen, geheizte Büros mit gereizten Menschen. Ein Arbeitsanfang um 7.30 Uhr, das Hinabsehen auf Ausländer und Schnee vor der Tür, Eisbein mit Sauerkraut und Hände schütteln, Versicherung und Urlaubsanspruch, Achtstundentag und Berufsförderung, Pension und Altersheim. Besonders in Deutschland.

Jetzt ist da in Deutschland so ein völlig normaler Mensch, der ist in seine Umgebung hineingeboren und hat also als selbstverständlich übernommen, was man von ihm erwartet, was „normal" ist. Er braucht sich keine großen Gedanken zu machen, denn er hat ja brav immer alles nachgemacht, was die anderen in seiner Umgebung auch getan haben. Jetzt ist er auf einmal verrückt. Hat sich in ein Flugzeug gesetzt und ist einfach um einige Tausende von Kilometern verrückt. Das ist sicher kein Problem, denn der Flugpreis ist nicht hoch und die Klimaumstellung hat man in ein paar Tagen hinter sich. Es gäbe also wirklich keine Probleme, wenn dieser Mensch wenigstens wüsste, dass er verrückt ist. Das aber tut er nur in den seltensten

Fällen.

Die meisten Menschen machen den Fehler, dass sie hier völlig normal ankommen. Sie erwarten, dass der Koffer richtig ankommt und auf ihr Zimmer gebracht wird, dass die Busse pünktlich fahren, dass dezente europäische Popmusik gespielt wird, dass der Taxifahrer und das Hotelpersonal Deutsch sprechen und dass sie bei der Ankunft gleich ein „Wicküler Pils" kriegen und vielleicht den „Paderborner Boten" , bevor sie Eisbein mit Sauerkraut bestellen und später in die Sauna und vielleicht ins Kino gehen, bevor sie in ihre Stammkneipe kommen und sich über die vielen Ausländer ärgern, die da wieder herumhängen. Ist doch schließlich alles normal. Sicher, dort, wo sie herkommen, ist das wirklich alles normal, sie haben nur noch nicht begriffen, dass sie, bitteschön, verrückt sind und die von ihnen gelernten Normen hier nicht gelten Da sie sich noch nicht bewusst gemacht haben, dass sie in eine andere Situation gerückt sind, fühlen sie sich noch zuhause und normal. Sie gehen davon aus, dass sie in einem Haufen von Ausländern gelandet sind. Merkt man daran, dass die Leute alle anders aussehen und noch nicht einmal Deutsch sprechen. Also bemühen sie sich prompt, denen beizubringen, wie man sich in Deutschland richtig benimmt.

Sind ja schließlich alles Banausen, Gastarbeiter, die sich um keine Integration bemühen, die man dahin zurückschicken sollte, wo sie herkommen. Was halten Sie eigentlich von den Türken in Berlin-Kreuzberg oder in Köln, bevorzugt von jenen, die nicht bereit sind, auch nur einige Worte Deutsch zu lernen? Oder von den Italienern in München oder den Afrikanern in Hamburg? Sehen Sie, dasselbe sind wir hier in Thailand. Menschen, die die Sprache des Landes nicht sprechen, die die hiesigen Sitten nicht kennen und nicht berücksichtigen und sich oft auch nicht um die hier üblichen Umgangsformen kümmern.

Was halten Sie von dem „hässlichen Amerikaner" („The ugly American")? Das gleiche könnte man auch von uns denken. Ein geistig sehr festgefahrener Mensch, der seine Vorurteile für verbindliche Weisheiten hält, überall dreinredet, alles besser weiß und allen Leuten klarmacht, dass er alles besser weiß und dass bei ihm zuhause alles größer, schöner und besser ist. Ausländer haben hier kein besonders hohes Ansehen. Zumindest dort nicht, wo man schon viele davon gesehen hat. Auf dem Lande ist das noch anders; dort gilt noch die traditionelle thailändische Gastfreundschaft, der Anstand, den man jedem Menschen entgegenbringt – zumindest, bis man merkt, dass der keinen Anstand hat und dass man folglich besser auch keinen zeigt. Oder auch der Gedanke, Wohlverhalten zu zeigen, weil man damit vielleicht irgendwelche Vorteile erreichen oder Geld verdienen kann.

Was bei den normalen Touristen besonders beliebt zu sein scheint, ist, nachdem sie bemerken, dass ja ein Ausländer hinter dem Tresen steht, den Großkotz zu spielen und eine große Schnauze zu zeigen: „Eh, Du dumme Sau, stehe da nicht so faul rum, bring Bier, aber kalt und dalli, dalli!" Sie meinen, sie seien Abgesandte eines Kulturlandes und glauben, sie können sich hier diese Unverschämtheit erlauben. Manche Gäste kaschieren das als Scherz, aber man sollte mit Scherzen sehr vorsichtig sein, wenn man in einem fremden Land nur mit der eigenen Sprache umgehen kann. Eine kleine Faustregel für das Benehmen ist es, sich in die Situation des Gegenübers hineinzuversetzen. Stellen Sie sich vor, Sie stünden in Deutschland hinter einem Bartresen und ein Türke oder irgendein Afrikaner redet mit Ihnen nur in seiner Sprache, betitelt Sie aber als „dumme Sau", „faules Schwein" oder „Dummkopf", wie es hier bei manchen Ausländern Mode ist.

Wären Sie begeistert, oder würden Sie dies freudig als gelungenen Scherz hinnehmen, wenn Sie auch noch verstehen, was er sagt? Jeder, der es mit Kunden zu tun hat, freut sich über ein paar nette Worte oder eine höfliche Bestellung, ganz besonders in Thailand, wo Höflichkeit die oberste aller Gesellschaftsregeln ist. Außerdem gibt es keinen Anlass zu glauben, dass ich mein Bier schneller bekomme, wenn ich hinter der Bestellung „dalli, dalli", oder „reo, reo, du Dummkopf" sage. So unempfindlich Thailänder gegen Geräusche sind, sobald sie von einem Lautsprecher oder einer Maschine kommen, desto empfindlicher sind sie bei der Lautstärke in der Kommunikation.

Wer schreit oder brüllt, hat sofort sein Gesicht verloren. Er gilt als ungehobelt, als ein Mensch, der kein Benehmen hat, und braucht nicht anzunehmen, dass seine Bestellung oder seine Reklamation nun besser Gehör findet. Ganz im Gegenteil; jetzt erst recht nicht. Wer in eine Bar, ein Restaurant oder ein Geschäft geht und die entsprechende Bedienung mit einem kurzen Lächeln und einem Kopfnicken grüßt, darf davon ausgehen, dass man sich bemühen wird, seine Wünsche zu erfüllen. Solange er nicht unhöflich oder überheblich ist. Auch die Kleidung ist nicht ganz nebensächlich. So beliebt auch bei vielen Ausländern die ärmellosen Boxerhemden mit den ganz langen Trägern und Ausschnitten sind; bei den Thai sind sie es gar nicht. Sie legen viel Wert auf anständiges Aussehen und sind überzeugt, dass sich ein Mensch, der sich in der Öffentlichkeit zeigt, wenigstens ein sauberes Hemd anziehen sollte. Das trifft auch für jene Leute zu, deren gesamter Oberkörper tätowiert ist.

Tätowiert zu sein, ist in Thailand normal und wird auch nicht abwertend gesehen. Wer allerdings in ein Restaurant oder eine Bar geht und statt eines Hemdes nur seine Tätowierung zeigt, der ist gar nicht so willkommen, weil man es für normal hält, im Restaurant bekleidet zu sein. In Thailand glauben viele Menschen, dass Tätowierungen vor Heimsuchungen durch böse Geister schützen. Niemand aber glaubt, dass sie vor den Kosten der Anschaffung eines anständigen Hemdes schützen sollen. Und noch etwas, was gar nichts mit gutem Benehmen zu tun hat, was aber viele Touristen vergessen, weil sie sich immer noch zuhause wähnen: Bitte stecken Sie sich unbedingt einen Plastikbeutel mit einer Ausweiskopie und der Anschrift Ihrer hiesigen Unterkunft in die Tasche, eventuell zusammen mit einer Heimatanschrift und einer Finanzreserve, vielleicht einigen Tausend Baht. Falls Sie nämlich einen Verkehrsunfall, einen Herzanfall oder sonst etwas haben und in ein Krankenhaus kommen, weiß niemand, wer Sie sind. Wenn Sie nichts in den Taschen haben, womit man Sie identifizieren kann, nichts vorweisen können, dass Sie versichert sind oder eine Krankenhausbehandlung bezahlen können, bleiben Sie solange liegen, bis diese Frage geklärt ist. Wenn Sie aber nur Hemd und Hose anhaben und vielleicht nur einige Hundert Baht in der Tasche, oder Geld in einer unbekannten Währung, dann kann dies lange dauern, oft zu lange für eine dringende Behandlung. Denn dann müssen Sie erst von irgendwo als vermisst gemeldet werden, und bis das geschieht, wartet kein Herzschlag, kein Schädelbasisbruch auf eine Behandlung.

Außerdem wird eine saubere Ausweiskopie in den meisten Fällen auch von der Polizei anerkannt, falls es in Ihrer Umgebung irgendwelche Schwierigkeiten geben sollte. Andernfalls wird man mit Ihnen bestenfalls in Ihr Hotel gehen, wenn es ganz in der Nähe sein sollte, oder Sie einfach im „Baan Ling" („Affenhaus"), dem „Gästehaus" der Polizei einliefern, um eine Personenüberprüfung durchzuführen oder einen Tatbestand zu klären, was oft recht unangenehm sein kann. Und für diesen Fall noch ein Tipp, der auch nichts mit gutem Benehmen zu tun hat. Wenn Sie, aus welchem Grunde auch immer, ein Protokoll unterschreiben sollen - also auch dann, wenn Sie die Polizei gerufen haben, weil ein Betrunkener mit Ihnen eine Schlägerei beginnt oder Sie provozieren will -, so tun Sie es auf keinen Fall, wenn Sie es nicht lesen können, auch dann nicht, wenn der Polizist Ihnen sagt, da stünde nur drauf, dass sie morgen um 10 Uhr wiederkommen sollen. Nachdem Sie unterschrieben haben, kann es nämlich gut sein, dass der wachhabende Offizier Ihnen später sagt, dass Sie einen Diebstahl, Zechprellerei oder irgendetwas anderes zugegeben haben. Sie können auch nicht gegen Ihren Willen gezwungen werden, etwas zu unterschreiben. Haben Sie erst einmal unterschrieben, sind sie schuldig und werden auf jeden Fall zur Kasse gebeten, wobei nur die Höhe der von Ihnen verlangten Zahlung fraglich ist, nicht aber, dass Sie zu zahlen haben. Und nun viel Spaß in Ihrem verrückten Urlaub!

Aber, halt. Wir haben etwas vergessen. Fast alle Urlauber fahren ja wieder zurück. Dann sind sie noch mehr verrückt und je öfter sie in Urlaub fahren, desto verrückter werden sie. Nein, man sieht ihnen das nicht an, aber sie merken es selbst. Spätestens dann, wenn ihnen in Deutschland das milde Klima, die offenen Bars, das lockere Leben, die hübschen Mädchen, Sonne, Sand und Meer fehlen, die mühelose Zeit im Hotel, die Atmosphäre bei guten Speisen in den Restaurants und die nächtliche Stimmung in den Bars, an die sie sich in ihrem Urlaub gewöhnt haben. Und wenn sie dann eines Tages wieder nach Thailand kommen und ihnen fehlen die geraden, begehbaren Bürgersteige Deutschlands, das kühlere Klima, die bessere Ordnung, die festgesetzten Preise, die kulturellen Veranstaltungen, Büchereien, Fernsehen, Karneval und Oktoberfest, das Transportsystem und die Bedienung durch alle möglichen Automaten – dann sind sie endlich total verrückt. Und es kann gut sein, dass sie von nun an zwischen zwei Normalitäten leben, von denen ihnen immer eine fehlt. Daran lässt sich auch nichts ändern. Man kann es sich nur bewusst machen, merken und sich darauf einrichten, etwa so, wie die Türken, die einst als Gastarbeiter aus Anatolien nach Deutschland kamen und nun weder in Anatolien noch in Deutschland richtig leben können, oder wie Jack London, der nach vielen Reisen einmal sagte: „Es scheint mir, dass der Himmel überall dort blau ist, wo ich gerade nicht bin."

Hugo und der „Terrourismus"

Hugo war wieder einmal in Pattaya. Er hatte seinen Freunden in seiner Stammkneipe schon richtig gefehlt, na, und dem Wirt erst. Hugo ist nämlich ein alter Hase, genau genommen eigentlich ein Klopfer, aber lassen wir das sein Privatproblem sein... Hugo ist schon öfter in Pattaya gewesen und kennt sich deshalb in Thailand aus, sagt er. Allein im letzten Jahr war er drei Mal hier, proklamiert er. Das hätte ich auch gehört, wenn er es zwei Bars weiter gesagt hätte, aber aus irgendwelchen Gründen hatte Hugo sich ausgerechnet neben mich gesetzt, um sich zu unterhalten. Thailand wäre für ihn genau der richtige Platz, meinte er. Hier wäre es noch so richtig schön gemütlich, nicht so abgehetzt, so laut, so automatisiert und unter Druck, wie in Deutschland. Hier ist es warm und billig, ja, auch die Mädchen, und die Leute sind eigentlich ganz nett, auch wenn sie nichts gelernt haben, dumm sind und immer nur grinsen, na ja, und von Demokratie braucht man hier ja gar nicht erst zu reden, davon haben die hier ja überhaupt keine Ahnung, die gibt es nur in Deutschland.

Als er vorgestern kam, hat er erst einmal seine Nok gesucht, das „Vögelchen", und auch gleich in der richtigen Bar gefunden und ausgelöst. Die kennt ihn schon, mit der hat er schon seinen letzten Urlaub verbracht. Sie ist sauber und ruhig und stellt auch nicht so hohe Ansprüche. Er ist mit ihr sehr zufrieden und sie liebt ihn, beteuert Hugo. In ein bis zwei Jahren will Hugo nach Thailand kommen und hier leben, weil es hier noch so richtig schön gemütlich und so ruhig ist, brüllt er. Dann will er eine Bar aufmachen. Da ist er der richtige Mann für, beteuert er und erklärt, dass er ja heute schon jeden Tag mindestens fünf Stunden in der Kneipe sitzt, auf die anderen paar Stunden käme es dann auch nicht mehr an. Einem Zuhörer fiel dabei sein Bekannter ein, der schon seit zehn Jahren jeden Tag fünf Stunden Violinkonzerte hört und immer noch nicht Geige spielen kann. Was sicherlich daher kommt, dass es ein großer Unterschied ist, ob man anderen Leuten bei der Arbeit zuschauen kann, oder ob man sie selbst macht.

Aber Hugo sieht das ganz anders. „Du hast ja keine Ahnung", meint er. „Ich bin in der Kneipe zuhause, ich bin ein echter Kneipengänger und ich kenne mich aus. Ich unterhalte mich gern, mir hören alle Leute zu und mich kennt jeder. Wenn ich hier eine Kneipe aufmache, dann sollst Du mal sehen, dann kommen die ganzen Deutschen alle nur noch zu mir, um sich mit mir zu unterhalten." Es ist zwar richtig, dass ein gesundes Selbstvertrauen eine Voraussetzung ist, um als Gastwirt zu überleben. Es ist aber nicht zutreffend, dass Selbstüberschätzung das Geschäft belebt, Kunden anzieht und die Einnahmen erhöht. Nach seiner Ansprache dreht er sich kurz zu seiner Nok um, die im Schneidersitz auf einer Steinbank sitzt und auf ihn wartet.

Er sagt ihr, dass sie die Füße vom Sitz nehmen und sich anständig hinsetzen soll. Während Hugo lautstark fortfährt, dass man eine Bar nur richtig machen muss, damit es eine richtige Goldgrube ist, und dass nur er, der Hugo, das kann, kommt Nok und sagt, sie habe Hunger und wolle kurz weggehen, um etwas zum Essen zu holen, als draußen langsam eine der „Fliegenden Küchen" vorbeizieht. „What you eat?" will er wissen. Nok zeigte auf den Wagen, der jetzt vor der Bar stand und sagte: „Lahp", was in diesem Fall eine Art Gemüsesuppe mit Reis und Fleischbällchen war. Hugo schaut kurz auf den Wagen und meinte: „Das ist doch wieder so was aus dem Isan, das mag ich nicht." Zu Nok gewandt meinte er: „You go eat

Noodle, you no eat Lahp, you understand? You go eat Noodle. "Dann gab er ihr zehn Baht für die Nudeln, die zwanzig Baht kosten. Nok kam bald zurück und strahlte. „You see, Noodle good, Lahp no good. You eat Noodle." Sie wollte ihm etwas sagen, aber er war noch nicht fertig, er musste seine Weisheit noch einmal wiederholen. Als er auch damit fertig war, versuchte sie noch einmal, etwas zu sagen, aber Hugo meinte zu dem Mädchen, das noch gar nichts gesagt hatte: „You talk too much. You eat Noodle leo." Nach einem Moment ließ er es aber doch zu, dass sie etwas sagte. Nok hatte eine Freundin getroffen und war zu einer Geburtstagsfeier eingeladen worden. Sie wollte nun wissen, ob sie zu der Party gehen darf. Hugo war empört: „You go party, I no shirt. You no party, you wash shirt." Auf ihre Frage, ob sie denn nicht jetzt seine Sachen waschen und dann zur Party gehen könne, wurde Hugo böse: „Now you no wash, now you sit here, wait. You go when I go. You wash, when I go, you understand?" Nein, er konnte es nicht zulassen, dass sie zur Party geht, weil sie seine Hemden waschen muss. Er kann es auch nicht zulassen, dass sie die Hemden jetzt wäscht. Er will, dass sie jetzt in einer Ecke sitzt und auf ihn wartet. Und wenn er nach Hause ging, soll sie mitkommen und statt zur Party ihrer Freundin zu gehen, seine Hemden waschen, weil er ja bezahlt.

Dann wendet Hugo sich wieder mir zu und erklärt, dass er Nok liebt. Und wenn er nach Pattaya kommt und seine Bar aufmacht, dann will er die Nok ganz zu sich nehmen, weil sie erst 19 Jahre alt, so hübsch ist und so wenige Ansprüche stellt. „Die soll froh sein, wenn sie von der Straße kommt und bei mir leben darf. In der Bar kann sie dann auch noch was nebenher verdienen. Bei der Figur findet die doch noch jeden Tag einen, der ihr Geld gibt. Davon braucht sie mir nur die Hälfte abzugeben, dann hat sie immer noch genug." Dabei schaut er zu ihr hinüber und sieht, dass sie etwas liest. Er geht hin, nimmt ihr das Heft aus der Hand und röhrt: „You feet on chair. I tell you no feet on chair." Dann wirft er das Heft, das einige bebilderte Erzählungen enthält, wie man sie beim buddhistischen Religionsunterricht und im Tempel bekommt, in die Ecke, grabscht eine englischsprachige Annoncenzeitschrift und wirft ihr die auf den Tisch. „You no read Thai shit. You read here, you learn English. Good newspaper with language!" Dann kommt er wieder zur Theke.

Nein, Englisch kann er nicht. Braucht er auch nicht, weil er sich überall verständlich machen kann. Selbst seiner „dummen Nok" hat er noch alles klargemacht, was sie zu tun hat. Nur manchmal ist sie eben zu dumm. Neulich hat er ihr gesagt, sie soll ihm im Radio die

Deutsche Welle suchen, aber sie ist eben zu dumm. Das ist hier der große Nachteil. Man hat zwar nie Ärger mit den Nachbarn, man kann tun und lassen, was man will; die Leute sagen nichts und sie beschweren sich nicht. Nur, dass sie so dumm sind, stört einen, und dass sie keine Ahnung von Demokratie haben. Manch einer hat bei Hugo schon viel gelernt. Dass Demokratie aus Europa kommt und bedeutet, Geld zu haben, Macht zu haben und auszuüben, „Terrourist" zu sein. Aber manche Menschen mögen diese Demokratie nicht. Und Nok offenbar auch nicht. Man sieht, wie Nok langsam aufsteht, das buddhistische Heft aus der Ecke holt und dann ganz langsam die Bar verlässt, und sie kam auch nicht wieder. Die Religion ist geheiligt und wichtiger als ein Farang und das Geld, dass man dafür bekommt, dass man Diener und Geliebte spielt.

Hugo ist sicher ein besonders auffälliges Exemplar im „Terrourismus", aber er steht beileibe nicht alleine. Es ist für eine relativ hohe Anzahl von Touristen völlig normal, dass sie Zwang ausüben. Folgende Bemerkungen sind normal: „Ich lass meine Alte nicht an das Motorrad, die sind doch alle zu doof zum Fahren, ich fahre nur selbst", meint der eine und der andere sagt: „Ich fahre bei dem Verkehr doch nicht selbst, ich bin doch nicht bescheuert, ich lasse mich nur von meiner Alten fahren." Ganz abgesehen von der intelligenten Begründung und dem gegensätzlichen Ausgang ist es in beiden Fällen Gewalt, die ausgeübt wird. Kaum jemand kommt auf den Gedanken, seine Partnerin zu fragen, ob sie denn Motorrad fahren möchte. Es wird ohne jeden weiteren Gedanken als selbstverständlich angesetzt, dass man berechtigt ist, zu befehlen und zu verbieten, kurz gesagt, Gewalt auszuüben, ohne Rücksicht auf seine Wünsche und seine Empfindungen über ihn zu bestimmen, ihm seinen Lebensstil zu befehlen.

Das Bild der Mädchen, die oft stundenlang in einer Ecke sitzen und warten, bis ihr werter Herr Freier endlich mit Saufen fertig ist, kann man in Pattaya ebenfalls als völlig normal bezeichnen. Es sind nur wenige, die auf den Gedanken kommen, dass sie vielleicht mit dem

Mädchen auch etwas gemeinsam unternehmen könnten. „Die hat gefälligst zu warten" und „die hat zu tun, was ich ihr sage", sind hier vollkommen normale Ansichten. Hier besteht nicht der geringste Gedanke an Gemeinsamkeit, und auch bei der Benutzung des geliehenen Körpers kann man wohl kaum von Gemeinsamkeit ausgehen, sondern nur von der Lust am Besitz.

Die Römer klagten über ein Tierchen, das sie mit Recht für einen Seuchenträger hielten und vergeblich auszurotten versuchten. „Rattus rattus" nannten sie das Tierchen, das in den verschiedensten Variationen den Erdball bevölkerte. Die bekanntesten Arten waren damals die gemeine Hausratte und die Feldratte. Rattus rattus terrouristicus ist demgegenüber eine hundsgemeine Wanderratte, die erst seit wenigen Jahrzehnten bekannt geworden ist. Ihre besonderen Kennzeichen sind eine große Schnauze mit einer besonderen Lautstärke, ein langer Schwanz, ein dickes Fell und ein kleines Hirn. Dieses Tier, das man normalerweise erst hört, bevor man es sieht, hat keine besonderen Nistplätze und man muss überall auf sein Erscheinen gefasst sein, wo es nagen oder schmarotzen kann.

Während dieses Tier zwar auch Seuchen verbreiten kann, ist es weniger als Seuchenträger bekannt, als dass es selbst zur Seuche wird, wo es in Massen auftritt, wie dies an touristischen Orten und anderen Ballungszentren der Zivilisation zu beobachten ist. Rattus rattus terrouristicus gehört nicht zu den intelligenten Ratten, mit denen man erstaunliche Testergebnisse erreichte, ist aber dennoch schlau und vor allen Dingen gerissen. Unter den Charakteristika der sogenannten hundsgemeinen Wanderratte findet sich auch die Getriebenheit. Diese Tiere zeichnen sich wirklich nicht durch ihr Denkvermögen aus, sondern tun einfach, wozu sie sich getrieben fühlen und halten es nirgends wirklich lange aus, schon gar nicht in der Nähe denkender Menschen. Es treibt sie immer weiter, meist in Gegenden, wo man sie noch nicht kennt und sie einen oder zwei Gleichgesinnte finden, mit denen sie ihre Umwelt noch eine Weile belästigen können.

Oft sind es Einzeltiere, die sich aus den Herden der sogenannten „Duckmäuser" entwickelt haben, die in ihren Herden nur so lange geduldet wurden, wie sie die Schnauze hielten und ihre Pfoten unter Kontrolle waren. Aber hier ist die Krux der Geschichte der böse Hintergrund. Wenn Hugo auch durch seine besonders große Schnauze auffällt, so ist er doch klar zur Gruppe derjenigen zu zählen, die gedankenlos, gefühllos und scheinbar sinnlos Gewalt ausüben. Man muss sich fragen, warum das so ist. Warum fühlen sich viele Leute so schlecht und kommen nach Thailand, einem Land, in dem sie sich offensichtlich wohlfühlen, trotz aller Beschwerden und allem Gemeckere über das Land, weshalb sie ja auch ständig wiederkommen? Könnte es nicht so sein, dass sie dort, wo sie herkommen, ständig zu etwas gezwungen werden, so, dass der Zwang für sie selbstverständlich ist, dass man eben nur stärker sein muss, mehr Geld haben muss, mehr Macht haben muss, um diesen Zwang selbstverständlich weiterzugeben?

Ist es vielleicht so, dass sie ihr ganzes Leben lang gezwungen wurden, gerade zu sitzen, strammzustehen, zuhause und in der Schule und in der Kirche und in der Armee und im Beruf die Schnauze zu halten und zu gehorchen und ohne Widerworte zu tun, was andere befahlen? Sie kommen aus einem Land, das die absolute Freiheit verspricht. Aber die gibt es nicht; es gibt immer nur Freiheit für oder von etwas. Der Zwang fängt doch spätestens an der nächsten Ampel an. Die Freiheit ist auf nur einige wenige Millimeter nach links und rechts, nach vorne und nach hinten begrenzt und wird in Sekunden gemessen. Das ist zwar ein funktionaler Zwang und kein willkürlich autoritärer. Aber wo wird dieser Zwang denn verarbeitet? Auch wenn der Zwang keiner bösen Absicht entspricht, wird er doch zur Gewohnheit, wenn es kein Gegengewicht gibt. Wo haben diese Leute denn die Gelegenheit gehabt, den Zwang zu verarbeiten, ihre Freiheiten zu erkennen und auszuüben?

Noch schlimmer ist eine andere Frage: Wo haben diese Leute denn selbst jemals Zuneigung oder Wärme bekommen, wo hat man sie geachtet, ist man ihnen entgegengekommen oder hat sie auch nur akzeptiert? Kommen sie vielleicht aus einer Gesellschaft, die so frei ist, dass man den einzelnen Menschen schon nicht mehr sieht, weil die Begegnung unter Menschen weitgehend nur noch funktional ist, durch Maschinen, Automaten und Computer begrenzt und gesteuert?

Kommen sie aus einer Zivilisation, in der aus Zeitmangel, Desinteresse und Automatisierung nur noch das Fernsehen für die Vermittlung von Gefühlen zuständig ist? Aber das Fernsehen kann doch keine Gefühle vermitteln. Bei einem Handlungsablauf im Fernsehen kann man lediglich jene Gefühle reproduzieren, die man vorher von einer Person bekommen, bei einer Person erlebt hat. Ein Beweis sind die Morde von Kindern an Kindern, die verübt werden, weil sie auch einmal in Wirklichkeit erleben wollten, wie so etwas ist, wie man so etwas empfindet. Weil sie in ihrem Leben kaum echte Gefühle und schon gar keine Zuneigung erhalten haben. Wenn ein Mensch keine Wärme, keine Zuneigung und kein Gefühl erhalten hat, kann er keine Gefühle entwickeln und andere Menschen nicht empfinden, ihnen kein Gefühl zeigen. Dann glaubt er, dass der Wert eines Menschen nur in seiner Funktion besteht und dass er sich diese Funktion kaufen kann. Wenn das so ist, muss man übrigens auch davon ausgehen, dass diese Menschen in ihrer Heimat keine empfindende Partnerin finden können. Weil sie es gewohnt sind, gezwungen zu werden oder Zwang auszuüben.

Damit kann keine Partnerschaft existieren; man quält sich höchstens gegenseitig, weil man noch weniger allein sein kann, als mit einem Partner, mit dem man nicht zurechtkommt. Deshalb finden sich so viele unglückliche Partnerschaften, während es doch logisch wäre, eine Partnerschaft zu beenden, wenn sie „unglücklich", also gar keine Partnerschaft ist. Eigentlich brauchten diese Leute eine Therapie, aber bei vielen ist es sicherlich schon zu spät. Wer bis zum Alter von etwa vierzehn Jahren keine Wärme, keine Zuneigung erhalten hat, wird später kaum noch in der Lage sein, zu empfinden, was das ist. Diese Leute haben also keine Schuld daran, dass sie so sind, wie sie sind, aber wir auch nicht. Müsste also eigentlich deren Staat, deren Schule, deren Eltern in eine Therapie? Ja, man sollte die nötigen Informationen vermitteln und sich um Kinder und Eltern kümmern. Diese gesellschaftlichen Änderungen sind dringend erforderlich, nämlich zur Vorbeugung für die Entwicklung der nächsten Generationen.

Die jetzige Generation des Rattus rattus terrouristicus hilft sich selbst. Beispielsweise durch eine Reise nach Pattaya. Dort finden sie Partner, die geduldig und tolerant sind, die sie zu fast allem zwingen und bei Bedarf in die Ecke stellen können. Dort sind Menschen, gegen die sie ihre Ellenbogen gebrauchen können, denen sie ihre Ansichten offenbaren, worauf diese ihre Ansichten teilen, tolerieren oder schweigen. Die Thailänder, die dieses Verhalten erleben, schaffen sich dabei ihr Bild vom „Farang", unter dem die nächsten Touristen zu leiden haben und jene Ausländer, die hier leben und sich gegen den Rattus rattus terrouristicus nicht wehren. Es hilft aber nicht, diese Leute nur abzulehnen, denn sie können nichts dafür, wissen nicht, was sie tun und was sie anrichten. Man kann ihnen ihr Verhalten freundlich, aber nicht aggressiv, erklären, ihnen sagen, wie sie sich besser verhalten könnten, ihnen zeigen, wie sie andere Menschen besser verstehen können und wie andere Menschen sie besser verstehen können. Erst wenn sie das ablehnen, hat es auch keinen Sinn mehr, sie verstehen zu wollen. Dann sollte man sich wehren.

Franz erlebt Pattaya zum ersten Mal

Auch gesittete ältere Herren kommen nach Pattaya, ganz ohne böse Absichten. Oft sind sie überrascht über die vielen Möglichkeiten, die sich ihnen hier bieten, manchmal überwältigt vom kunterbunten Treiben. Das Mädchen führte seinen Badeanzug mit betont langsamen Bewegungen wie eine angehende Schönheitskönigin auf dem Laufsteg vor, als es gerade auf Kalle zuging, der einen Liegestuhl am Schwimmbad des Hotels belegt hatte. Es blieb einen Augenblick vor ihm stehen, was ihm Muße zur genaueren Begutachtung für eine Punkteverteilung gab.

Dann fragte es lächelnd, ob es sich zu ihm setzen darf, und als er das bejahte, ließ es sich gekonnt langsam und aufreizend auf der Nebenliege nieder und gab ihm ausreichend Gelegenheit, zu bemerken, dass es sich ganz ohne Zweifel nicht mehr um ein kleines Mädchen, sondern um eine zwar sehr junge, doch ganz offensichtlich voll ausgewachsene Frau handelte. Sie fing sofort an, zu plappern. Ihr Name sei Tok und sie wohne im Haus nebenan. Sie hätte Kalle von der Veranda aus gesehen und sehr deutlich den traurigen Eindruck gespürt, den er machte. Er sei sicherlich sehr einsam, versuchte sie ihn zu überzeugen. Deshalb hätte sie sich spontan entschlossen, sofort herüberzukommen, um mit ihm etwas zu plaudern. Dann kamen die Fragen nach Herkunftsland, Beruf, Ehestand und Kindern, wie lange in Thailand, wie oft schon hier usw. Es waren Fragen, wie Kalle sie später in den Bars als üblich kennenlernen sollte. Und dann kam prompt das Angebot, sie wolle seine „Lady" für diese drei Wochen sein, die er hier zu verbringen gedachte. Als er mit der Antwort noch etwas zögerte, ging sie elegant darüber hinweg und forderte ihn auf, mit ihr in den Pool zu gehen und einige Runden zu schwimmen.

Erst alberten sie nur harmlos herum, und Tok's Fröhlichkeit wirkte zunächst ansteckend auf Kalle. Doch dann begann sie langsam, sich an ihn zu klammern und unter Wasser ziemlich aufreizend zu streicheln. Obwohl ihm ein letzter Funke Verstand sagte, dass er weichgemacht, werden sollte, ging er darauf ein, und da die Verstandesfunken hier ohnehin nicht sehr haltbar sind, es auch unter Wasser funken kann und er nicht aus Holz war, genoss er diese Wasserspiele so sehr, dass sie kurze Zeit später schon in seinem Zimmer waren, um mit dem Begonnenen ohne das nun doch enorm störend wirkende Wasser fortzufahren. Sie verschwand im Badezimmer, kam aber gleich wieder zu ihm, in ein Badetuch eingehüllt, was er später als eine Tradition Pattaya's kennenlernen sollte.

Als er dann ihren hübschen, braunen Körper auswickelte, gab es kein Halten mehr. Die nächsten Stunden erwiesen sich als sehr erfreulich und vergnüglich. Aber damit war er offensichtlich in ihren „Besitz" übergegangen. Das wurde ihm sehr rasch klar, als Tok sich später für kurze Zeit verabschiedete und dann bald mit einer Tragetasche voll Kleidung und sonstigen Utensilien des täglichen Bedarfs kurzerhand bei ihm einzog. Er war so überrumpelt, dass er noch am selben Spätnachmittag mit ihr zu einem chinesischen Juwelier in der Central Road ging und ihr eine goldene Kette kaufte. Auf dem Rückweg zum Hotel fand sie ohne größere Anstrengungen in Läden, an denen sie gemächlich vorbeispazierten noch etwas Reizwäsche und eine Bluse. Und der tölpelhafte, verlegene Farang an ihrem Händchen bezahlte großzügig. Von nun an ließ sie ihn keinen Augenblick mehr von ihrer besitzergreifenden Hand.

Sie gingen essen, saßen an Bars - und die anderen „Ladies" würdigten ihn keines Blickes mehr. Auf dem Rückweg aus der Stadt holte er beim Schneider die fertigen Hosen und Hemden ab, bezahlte, ohne zu feilschen, verzichtete aber vorerst auf einen Anzug, über den man zuvor gesprochen hatte, da er befürchtete, bei diesem Tempo des Geldausgebens seinen Etat bald weit überschreiten zu müssen. Auch versuchte er, „Lady Tok" klar zu machen, dass er kein unendlich reicher Mann sei und in Deutschland für dieses Geld hart arbeiten musste. Aber er stieß auf lächelnden Unglauben. Sie erklärte ihm, dass alle „Farang" reich seien, denn sie haben bunte Plastikkärtchen, mit denen sie an jedem Bankautomaten so viel Geld bekämen, wie sie nur wollten.

Seine Gegenerklärungen waren völlig zwecklos, denn sie beharrte auf ihrer Ansicht, da sie diesen Vorgang nicht nur von einer absolut glaubwürdigen, thailändischen Quelle gehört, sondern auch schon selbst erlebt hatte. In dieser Nacht konnte Kalle keinen Schlaf finden. Tok presste sich im Schlaf ständig an ihn - wo es ihm sowieso schon zu heiß war. Wenn er von ihr abrückte, schlief er für einige Minuten, doch bald rückte sie nach, immer lag wenigstens ein Bein oder ein Arm oder beides auf ihm oder er hatte ihren Kopf auf seinem Körper. Es nutzte auch nichts, als er aus dem Bett stieg und sich auf die andere Seite legte, sie rückte ihm weiter auf die Pelle, nun eben in entgegengesetzter Richtung. Der Gedanke, dieses Glück der permanenten, selbstklebenden Hautnähe jede Nacht, Woche für Woche ertragen zu sollen, war grässlich. Er entschied, er musste das Mädchen unbedingt loswerden, wenn er sich auch nur halbwegs erholen wollte.

Am nächsten Morgen war er unausgeschlafen und mürrisch, während sie quietsch vergnügt wieder „Liebe machen" wollte. Ernsthaft erklärte er ihr, dass er sich von ihr trennen muss. Doch sie beliebte, nicht zu verstehen. So sagte er: „Ich habe nicht genug Geld für dich." Doch sie meinte: „Das hast du gestern schon gesagt, aber das ist nicht wahr." Also erklärte er: „Ich kann mich nicht erholen, wenn du dauernd hier bei mir bist und ich brauche viel Kraft für meine Arbeit in Deutschland. Außerdem bin ich wesentlich zu alt für dich! du könntest wenigstens meine Tochter sein." „You no old! You swong man!", schmeichelte sie. „Ich kann nicht jeden Tag so viel Liebe mit dir machen", klagte Kalle, doch auch dieser Hinweis schien wenig Erfolg versprechend, denn sie meinte: „No pompem - machen wir weniger."

Es dauerte einige Stunden lang, bis er ihr endlich klar gemacht hatte, dass seine Entscheidung der endgültigen Trennung feststand. Dann kam die weniger schöne Seite ihres Charakters zum Vorschein. Er hätte sie sowieso nur für eine Nacht haben wollen, schimpfte sie, womit sie auch nicht ganz Unrecht hatte. Wenn eine Thai Lady zu viele Männer hätte, wäre sie „kaputt", erklärte sie Bruno, ohne aber hinzuzufügen, wie viele sie schon vor ihm gehabt hatte. Er sei ein geiziger, schlechter Mann - „No good heart!" Sie schimpfte, schrie ihn schließlich mit wutverzerrtem Gesicht an, machte ein Riesentheater, drohte mit ihrem großen Bruder, der bei der Polizei sei, gab sich aber dann mit 3.000 Baht „Schmerzensgeld" zufrieden und zog böse schimpfend ab. Sie wäre auch mit der Kette und den Kleidungsstücken zufrieden gewesen, und Kalle hätte sie durch den „SafetyMan" an die frische Luft setzen lassen können. Aber er war froh, sie ohne Probleme los zu sein und fand das Gefühl der Freiheit als nicht zu hoch bezahlt.

Von nun an war er sehr vorsichtig im Umgang mit den Barmädchen, und noch viel vorsichtiger mit den goldbehangenen, freischaffenden Expertinnen. Er hatte noch fast eine Woche in seinem Luxuskasten abzuwohnen, bevor er in ein preiswertes Hotel umziehen konnte. So fuhr er denn jeden Morgen zum Strand von Jomthien hinaus. Den Preis für die Pickup-Taxis kannte er recht bald, und wenn ein Fahrer ihn hartnäckig übers Ohr hauen wollte, ließ er ihn weiterfahren und nahm eben das nächste Taxi. Ziemlich in der Mitte des Strandes, dem Hotel „Villa Navin" gegenüber, fand er ein schönes Plätzchen mit Liegestühlen und einem kleinen Tisch.

Die alte Mae begrüßte ihn jeden Morgen mit zahnlosem Lächeln und brachte ihm seine eisgekühlte Fanta. Der Strand war stets gereinigt und sauber gekehrt, und in der frischen Morgenbrise war er fast bis Mittag allein, konnte im warmen Meer schwimmen, am Strand entlang schlendern, essen, der Brandung und dem Wind in den Palmfächern lauschen, bevor der Strand sich langsam füllte. Manchmal kam die eine oder andere der Massagefrauen auf einen Plausch bei ihm vorbei. Nach dem ersten Versuch (eine Stunde

Massage für 100 Baht) gab er die Massage auf, weil er sich sowieso schon entspannt genug fühlte. Etwas später kam dann die Obst Frau mit ihren Körben an der Tragestange. Sie machte ihm Ananas oder Mangos zurecht oder irgendwelche anderen Früchte. Gegen Mittag kamen dann langsam nach und nach die „Farang", die westlichen Ausländer, meist noch etwas übernächtigt aussehend, und auch einige fröhliche Thai erschienen mit dem unvermeidlichen Kofferradio. Inzwischen hatte er aber bereits so viel Gelassenheit von den Thai übernommen, dass ihn die Musik nicht störte.

Auch die Strandverkäufer mit allerhand Krimskrams kamen vorbei. Sein freundliches „mai ao, kap" wurde mit einem Lächeln quittiert, und manche blieben für ein Schwätzchen stehen, ohne aufdringlich zu werden. Nur ein armloser Kriegsveteran kam täglich und forderte barsch „Baht!". Nachdem er ein paar Tage lang etwas gegeben hatte, wurde er gegen den Befehlston allergisch und stellte sich schwerhörig. Nur die Wasserscooter wurden ihm dann zur Plage. Wenn die Mittagshitze zu groß wurde, fuhr er ins Hotel zurück, schwamm im Schwimmbad, aß manchmal noch etwas und legte sich in seinem kühlen Zimmer aufs Ohr. Manchmal sah er sich auch einen Videofilm an, der von der Zentrale aus gesendet wurde. Besonders die Filme aus dem alten Siam und China mit ihren prächtigen Kostümen interessierten ihn. In den letzten Tagen der ersten Woche machte er sich auf die Suche nach einem anderen Hotel. Im Norden, jenseits des Kreisels, in einer Nebenstraße der Naklua Road, fand er dann, was ihm vorgeschwebt hatte: Rezeption und Speiseraum im offenen Südseestil, rings um einen großen Pool, in einer herrlichen Gartenanlage gelegen, standen einzelne Bungalows mit je zwei Apartments. Preis in der Nachsaison 400 Baht (ohne Frühstück). Am Wochenende zog er dann um. In seinem neuen Hotel fühlte Kalle sich wohl. Er hatte ein großes Schlafzimmer, Ankleidezimmer mit Schrank und

Frisiertisch und ein Badezimmer mit abgeteiltem WC. Vor der Eingangstür war ein ebenerdiger Balkon mit Tischchen und Sesseln.

Am Pool befand sich eine große Bar mit einigen Tischen davor, an denen man auch essen konnte. Nach dem Auspacken und erstem Schwimmen setzte er sich in der Badehose an die Bar und bestellte sich ein „Lipo" mit Eis. Neben ihm vertilgten ein paar junge Männer größere Mengen Mekong-Cola und erzählten von ihren Abenteuern im Nachtleben Pattaya's. Es waren nette Kerle, und Kalle kam mit ihnen bald ins Gespräch. Natürlich musste er mittrinken, und bald war auch er in recht angeregter Stimmung. Er staunte über ihre nächtlichen Erlebnisse in Go-Go-Bars. Und als sie hörten, dass er noch nie in einem Bodymassagesalon gewesen war, schilderten sie ihm dieses Vergnügen sehr ausführlich in den leuchtenden Farben. Sie meinten, er müsse am Abend unbedingt mit ihnen zusammen in die Stadt gehen, wo sie ihn in das „richtige" Nachtleben einführen wollten. Teils aus echter Neugierde, teils aber auch, um nicht spießig oder gar alt zu wirken, oder sie abzulehnen, sagte Kalle zu.

Abends machten sie sich dann „landfein" und zogen los. Erste Anlaufstelle war das „Sabailand" in der Second Road, ein großes Gebäude, das äußerlich eher einer Bank als einem Vergnügungspalast gleicht. Es hat zwei Eingänge. Der Hintere hat für Verschämte die Überschrift „Coffeeshop", aber von beiden Eingängen gelangt man in die gleiche große Halle. Auf zwei Ebenen gibt es viele Tische und bequeme Stühle oder auch Sessel. An der linken Wand entlang zieht sich eine lange Bar, und an der rechte ein hell erleuchteter, bis unter die Decke reichender Glaskasten. In diesem sitzen auf einer stufenweise angeordneten Sitzreihe Dutzende Mädchen. Die meisten von ihnen sind außergewöhnlich hübsch und manche sind echte Schönheiten. Sie tragen fast alle Abendkleider, die viel von ihren körperlichen Reizen verraten, und sie wirken sehr gepflegt. Nachdem sie Platz genommen und Drinks bestellt hatten, wurde Kalle von seinen neuen Freunden in die Gepflogenheiten des Hauses eingeführt. Natürlich hatte er von der „Body-Massage" schon einiges gehört, aber das war, wie fast alles, was man in Pattaya von den erfahrenen „Kennern", die schon zwei- oder dreimal hier gewesen waren, hört, sehr unterschiedlich, und so wusste er nichts Genaueres.

„du suchst dir einfach ein Mädchen aus, das dir gefällt. Dann sagst du dem Manager die Nummer der Plakette, die es auf der Brust trägt.

Er holt es dann aus dem Glaskasten, und du zahlst an der Kasse für die Zeit, die du mit der Auserwählten verbringen willst. Eineinhalb Stunden kosten etwa 600 Baht. Wenn du noch nicht ausgetrunken hast, wird dir das Glas aufs Zimmer gebracht. Das Mädchen geht mit dir die Treppe rauf und öffnet eine der vielen Türen auf der Galerie. (Angeblich sollen es einhundert Mädchen und ebenso viele Zimmer sein, aber es darf angenommen werden, dass zumindest in der Nebensaison weniger Mädchen hier sind und nicht alle Zimmer besetzt werden). Wenn du eintrittst, siehst du einen kleinen Raum mit Tischchen, Sesseln und Liege, der durch einen Raumteiler vom größeren Baderaum getrennt ist. Dort ist der Boden gefliest, an der Wand ist eine große Badewanne, am Boden liegt eine Luftmatratze.

Nachdem Ihr Euch miteinander bekannt gemacht habt, zieht ihr Euch aus und du setzt dich in die Wanne. Das Mädchen setzt sich dazu und wäscht dich so gründlich, wie deine Mutter früher am Samstagabend. Gewisser Stellen nimmt es sich besonders intensiv an. Dann wirst du abgeduscht und legst dich bäuchlings auf die Luftmatratze, worauf es deinen Rücken mit Seife einschäumt. Und dann legt es sich auf dich und rutscht mit seinem ganzen Körper auf dir herum. Einer hat mal gefragt, wie denn das Mädchen mit beiden Händen seine Schultern massieren und gleichzeitig den Rücken bürsten kann. Doch, das geht, aber die Bürste war keine Bürste. Dann drehst du dich um, das ist der beste Teil der Prozedur. Wenn dich das kalt lässt, kannst du sicher sein, dass du ein hoffnungsloser Fall bist. Danach wirst du wieder abgeduscht. Solltest du Lust auf Sex bekommen haben, musst du dafür extra bezahlen. Je nach Wunsch zwischen 500 und 1.000 Baht. Wenn du willst, kannst du gleich losziehen, wir warten so lange auf dich." Zwar war Kalle von dem Angebot an ausgesprochenen Schönheiten, die seine Gästegruppe zum Teil durch Zwinkern, Lächeln und Gesten aufs Korn genommen hatten, geradezu überwältigt, aber er genierte sich denn doch vor den jungen Burschen und lehnte standhaft ab. Insgeheim aber nahm er sich vor, bald allein und ohne Beobachter wiederzukommen. Allerdings kam er bei dem großen Angebot von Massagehäusern doch etwas in Bedrängnis, denn alle bieten eine große Auswahl hübscher Mädchen und alle behaupten, besser zu sein, als alle anderen.

So zogen sie denn vorläufig wieder ab: Stan, ein junger Deutsch-Amerikaner, Kurt, ein Croupier, Horst, ein Verlagsangestellter aus Frankfurt, Willi, Kaufmann aus Stuttgart, und Kalle, der vom Alter her ihr Vater sein könnte. Stan war in fast allen Bars bekannt, wie ein bunter Hund. Die Mädchen befummelten begeistert seinen Speck und strahlten „Pumpui!". Genauso, wie in Indien scheinen sich auch in Thailand Frauen über einen dicken Mann besonders zu freuen. Nicht etwa, weil dicke Männer besonders schön oder besonders leistungsfähig sind, sondern, weil sie mit ihrer umfangreichen Figur beweisen, sehr wohlhabend zu sein, denn sie haben offensichtlich in Überfülle zu essen. Stan gab großzügig Runden und schien über sehr viel Geld zu verfügen. Es war Kalle ein wenig peinlich, dass andauernd für ihn bezahlt wurde, und so schenkte er ihm am nächsten Tag eine Tuscheskizze von einem Teil des Hotelgartens, über die er sich so sehr freute, als hätte er einen Goldbarren erhalten. Der Streifzug durch die Südstadt geriet zu einer Sauf-Tour an den verschiedensten Bars.

Gegen Mitternacht saßen sie an einem Platz mitten zwischen Strandstraße und Second Road vor einem thailändischen Lokal. Alles war sehr primitiv, aber das Essen war ausgezeichnet und billig. Auch hier war um diese Zeit noch reges Treiben, und der Krach ohrenbetäubend. Das Menschengewimmel, das vorbeizog, faszinierte Kalle. Jedes Alter, ziemlich jede Rasse war vertreten, und man sah die ausgefallensten Typen: Europäische Urlauber in bunter Touristenaufmachung mit ihren dicken Frauen in Shorts; Uralthippies in der Kluft der 60-er Jahre; alteingesessene Farang in lässiger Schäbigkeit; Männer mit Jünglingen an der Hand; Blondinen mit jungen Thaimädchen; Hongkong-Chinesen und Japaner (sie machten tatsächlich permanent ihre Urlaubsfotos), die meisten in Gruppen; große Europäer mit schmalen, kleinwüchsigen Thaimädchen Hand in Hand; diverse Goldgräberinnen auf der Suche nach Beute; Ladymen oder „Katoeys", die nach der Geschlechtsumwandlung schöner als die meisten „echten" Frauen aussehen; bärtige Scheichs mit farbigen Turbanen; Araber in der Djellaba und viele, viele Thai aller Schattierungen.

Dazwischen streunten Hunde und Katzen, an den Tischen bettelnd. Dazu rundeten der Krach und die verschiedensten Gerüche das Bild ab. An einem der Stände sah Kalle Hühnerleber, Hühnerherzen, Schischkebab und Schaschlik vom Holzkohlegrill, ein anderer fahrbarer Stand bot Schüsseln und Platten voll gerösteter Käfer, Heuschrecken und winziger Vögel. Anscheinend gibt es nichts, was man in Thailand nicht isst. Schlangenfleisch scheint ein begehrter Leckerbissen zu sein, den man auch in besseren Restaurants erhält. Dazu kommt alles, was aus dem Meer gefischt wird: Vom riesigen Schwertfisch bis zum kleinen Weißling, vom Hummer bis zu Pfahlmuscheln - alles wird angeboten und gekauft. Es ist sehr angenehm, zu wissen dass zumindest die thailändischen Lokale, ob sie nun groß und luxuriös oder nur aus Brettern zusammengezimmert wurden, den ganzen Tag über geöffnet sind, ohne irgendeine offizielle Mittagspause oder einen Ladenschluss anzuschreiben - man hält sich ohnehin im Lokal auf, und solange Gäste da sind, wird auch Essen serviert. Man hat den Eindruck, dass die Thai den ganzen Tag über ständig essen - aber warum sind die meisten dann so schlank? Der Abend war sehr anregend, aber auch sehr lebhaft gewesen und so sehnte Kalle sich nach etwas mehr Ruhe. Es war ihm sehr recht, als sich die Gruppe langsam auflöste, weil die einzelnen Bekannten noch unterschiedliche Absichten für die weitere Gestaltung des späten Abends und der folgenden Nacht hatten. Man vereinbarte, sich am nächsten Tag im Ressort wieder zu treffen und jeder ging seiner Wege.

Kalles Wege führten ihn mit einem kleinen Spaziergang an eine kleine Bar, die nicht allzu viel Betrieb hatte und bei gedämpfter Musik einen angenehmen Aufenthalt versprach. Die Mädchen begrüßten ihn verhalten, kümmerten sich aber doch in einer netten Art um ihn. Nach einigen Spielen und wenigen Gläsern war Kalle sich über den weiteren Verlauf des Abends noch nicht klar.

Er hatte nicht viel getrunken und so schien ihm, dass die angeregte Stimmung, in der er sich befand, nicht nur von den Getränken kommen konnte, sondern wohl auch durch das Umfeld, von der Atmosphäre des Urlaubsresorts verursacht war. Dieses aber hatte sich dadurch ausgezeichnet, dass sich hierin viele hübsche Mädchen befanden. Diese Erkenntnis änderte aber nichts daran, dass er weiterhin unschlüssig blieb. Man muss dem geschulten Personal an Pattaya's Bars aber zugutehalten, das es sich ernsthaft um seine Gäste bemüht, insbesondere, wenn diese unschlüssig sind. Und so konnte auch Kalle bald zu einem eindeutigen Entschluss geführt werden, den er bald traf, weil das Mädchen ihm Leid tat und weil er sich auch selbst Leid tat. Es war auch in der Tat wesentlich angenehmer, in netter Begleitung einen späten Imbiss einzunehmen. Es war nicht nur der Imbiss, der gemeinsam genossen wurde. Sondern auch die folgenden Nachtstunden. Kalle wurde in den nächsten Tagen in ständiger Begleitung gesehen, die er auch zu den Treffen mit seinen neuen Bekannten mitbrachte. Das anfänglich etwas unangenehme Gefühl, als alter Mann mit einem jungen Mädchen herumzulaufen und ganz offensichtlich befreundet zu sein, ebbte bald ab und machte dem viel erfreulicheren Gefühl Platz, sich in angenehmer

Gesellschaft zu finden. Hatte er befürchtet, dass er von den Menschen in seiner Umgebung schief angesehen wird, wie es in seiner Heimatstadt gewesen wäre, so bemerkte er bald, dass dieses Bild in den Straßen von Pattaya normal war und er weder irgendwelche Aufmerksamkeit erregte, noch überhaupt von jemand beachtet wurde, solange er sich nicht selbst an jemand wandte, um etwas zu kaufen oder etwas zu bestellen. Deshalb gewöhnte er sich bald an die ständige hübsche Begleitung an seiner Seite. Es war aber diese Gewohnheit, die es ihn schwerfallen ließ, seinen Urlaub zu beenden und die ihm nach seiner Ankunft in Deutschland sehr zu schaffen machte.

Hatte er sich nach dem Tod seiner Frau noch mit dem Unabänderlichen abgefunden und unter Einsamkeit gelitten, so hatte er nun erlebt, dass das Unabänderliche in Thailand abänderlich war. Es dauerte nicht lange, bis Kalle den Entschluss fasste, wieder gen Thailand zu ziehen. Zunächst einmal zur Probe. Er brachte einige Sachen mit, mit denen er sich beschäftigen konnte, mietete ein Apartment und suchte eine passende Begleiterin zur gemeinsamen Unterhaltung. Dann dauerte es nicht mehr lange, bis er beschloss, sich hier ganz niederzulassen.

Der Traum von einer Bar

Feinkost ist eine feine Sache, das besagt schon der Name. Wenn man sie aber jahrelang in Regale packt, beim Einkauf Ärger mit der Verderblichkeit und beim Verkauf Ärger mit den Kunden und anschließend deswegen Probleme mit dem Chef hat, dann ist das ganz und gar nicht fein, befand Franz eines Tages nach einem vollkommen ungeplanten Urlaub.

Mit achtzehn Jahren hatte er als Lagerarbeiter in der Firma angefangen und sich schon einige Jahre bemüht, um sich etwas hochzuarbeiten, was ihm erst nach vielen Jahren gelungen war. Jeden Morgen hatte er früh um sechs Uhr angefangen und da ist die Welt bekanntlich noch in Ordnung. Jahrelang hatte er sparsam gelebt, alle unnötigen Ausgaben vermieden und auf alle Bequemlichkeiten verzichtet. Er hatte Überstunden gemacht, sich den Urlaub auszahlen lassen und Geld beiseitegelegt, denn sein Traum war es gewesen, einmal einen gut gehenden Feinkostladen sein eigen zu nennen und andere Leute für sich arbeiten zu lassen, sie genau die Arbeiten machen zu lassen, die ihm jetzt überhaupt keine Freude bereiteten.

Diese Lebenseinstellung hatte er gepflegt und eisern durchgesetzt, bis Freddy, ein Kollege aus dem Kegelklub, ihm ein billiges Flugticket nach Pattaya anbot. Sein Bruder war bei einem Autounfall verletzt worden und konnte nicht fahren, und Freddy wollte absolut nicht alleine in Urlaub gehen, obwohl er dauernd von seinem Urlaubsziel schwärmte. Franz ließ sich nach einigen längeren Gesprächen überreden, und ohne dass es ihm bewusst wurde, ließ er schon auf dem Flugplatz ein Stück seiner Vergangenheit zurück, eine Gewohnheit, seine Abkapselung, die ihm Sicherheit geben sollte. Von nun an suchte er etwas Neues, seine Selbstständigkeit. Bisher war sein Leben in festen Bahnen verlaufen; alle Geschehnisse waren endlose Wiederholungen längst bekannter und eingeübter Abläufe, die den Gedanken an die eigene Person nur wenig Spielraum gaben und persönliche Entscheidungen kaum zuließen.

Dementsprechend groß war seine Unsicherheit auf dem Flughafen. Die Situation war nicht vorgesehen, nicht eingeübt worden. Hier kannte er sich nicht aus und brauchte Hilfe. Freddy war nur zu gerne bereit, ihm diese Hilfe zu geben, ihm auch die ungewohnten Entscheidungen abzunehmen. Und so entschied er, dass sie während der zwei Stunden, die sie noch bis zum Abflug ihrer Maschine warten mussten, erst einmal ein Bier trinken sollten. Das lockerte Franz auf, und schon nach der vierten Flasche verließ ihn seine Unsicherheit und machte einem erwartungsvollen Optimismus Platz. Er würde sich voll auf Freddy verlassen und das versprochene Paradies auf sich zukommen lassen. Da sie auch im Flugzeug Bier bestellen konnten, hielt sich diese Urlaubsstimmung zunächst einmal bis zum Flughafen von Bangkok.

Die etwas langwierige Prozedur der Einreiseformalitäten und die feuchte tropische Hitze, die ihnen beim Verlassen des Flughafengebäudes entgegenschlug, ernüchterte sie nur vorübergehend. Der erfahrene Freddy hatte in weiser Voraussicht von dem Hotel, in dem er regelmäßig abstieg, einen Wagen zum Flughafen kommen lassen, der neben den erforderlichen Sitzplätzen auch die erwünschten Flaschen voll thailändischer Spezialitäten und Gläser mit sich führte. Da dieser Bericht nach bestem Wissen von Franzens Erinnerungsvermögen abhängig ist, müssen wir ihm nun folgen und einen Sprung machen.

Wir vermuten, dass er nie erfahren wird, wie er in Pattaya in sein Hotelbett kam. Das Erwachen erfolgte noch rechtzeitig zur Mittagszeit des folgenden Tages und war durchaus nicht so schlimm, wie er es aus Erzählungen seiner Kollegen kannte. Vereinzelte Lichtstrahlen bahnten sich schüchtern ihren Weg durch die Schlitze der nur oberflächlich zugezogenen Gardinen in ein komfortabel eingerichtetes Hotelzimmer mit vielen Lampen und Spiegeln, um respektvoll vor Erreichen des Doppelbettes auf dem Boden zu verharren. Franz fand dies bedauerlich, denn direkt neben ihm war diese Lagerstätte von einer fast noch jugendlich zu nennenden

Schönheit bedeckt, die überaus wirkungsvoll „nur mit Wind bekleidet" war, wie es die thailändische Sprache so vornehm auszudrücken pflegt. Ihre dunkle Haut passte hervorragend zu den langen schwarzen Haaren und den großen Mandelaugen, meinte Franz und fand ihre Stupsnase besonders hübsch.

Kurz entschlossen fasste er seine Wunschträume, seinen Respekt vor anderen Menschen und seine höchste Kommunikationsebene zusammen und nannte sie „Pussy". Er war nicht nur von ihrem Körper begeistert, sondern auch von ihrer Person angenehm überrascht, denn sie las ihm alle Wünsche von den Augen ab. Sie legte ihm frische Wäsche aus seinem Koffer bereit, brachte ihm ein Handtuch, stellte ihm auf seinen besonderen Wunsch eine kühle Flasche Bier hin und einen Teller Obstsalat daneben. Als sie auch seinen letzten Wunsch noch erfüllt hatte, duschte sie sich, zog sich an und zeigte ihm, wo er sein Mittagessen bekam. Dort traf er auf Freddy, der in einer Ecke des Raumes bereits beim Essen saß. So ungefähr hatte sich Franz in seinen kühnsten Träumen das Paradies vorgestellt: In tropischer Umgebung mit allem versorgt von einer attraktiven Schönheit, die ihm auf seinen Lockruf hin umgehend zu Willen war. Freddy lachte zu Franzens begeistertem Redefluss, sah aber auch keinen Grund, seinen Paradies-Schwärmereien einen Dämpfer aufzusetzen.

Das Leben wie auch das Paradies sind immer nur in bestimmten Situationen wahrnehmbar, nur in diesen Situationen sind sie genießbar und es kommt sehr darauf an, was man daraus macht. Doch über das, was er nun hier in Pattaya und mit seiner Zukunft machen wollte, bildeten sich bei Franz aufgrund der ihm völlig ungewohnten Überraschungen und der Schönheiten dieses Landes bereits die ersten Vorstellungen. Noch etwas diffus faselte er Freddy am späten Nachmittag etwas davon vor, während sie gemeinsam am Schwimmbad saßen und sich vom Kellner und von Pussy verwöhnen ließen, die ansonsten geduldig bei ihnen saß und nicht störte. Nur einmal bat sie Franz um zwanzig Baht, um sich etwas Essbares zu holen, worauf er sich von Freddy erst den Wechselkurs geben ließ. Bei dieser Unterhaltung versuchte er mit Freddys Hilfe eine Rekonstruktion des vergangenen Abends, die aber nur teilweise gelang.

Enttäuscht war Franz allerdings durch Freddys Mitteilung, dass er ihm das Mädchen besorgt hätte und dass er dafür bezahlen muss. Franz hatte aus Freddys früheren Erzählungen zwar entnommen, dass ein Europäer in Pattaya jede Frau haben kann, der hatte aber nie gesagt, dass man dafür auch bezahlen muss. So war er eigentlich der Meinung gewesen, dass das Mädchen ihn als Liebhaber gesucht, als jungen, kräftigen und exotischen Ausländer ersehnt hatte, um seine Gunst gekämpft und mit ihm wegen seiner außerordentlichen Qualitäten mitgegangen war. Nach Hinweisen Freddys über die Armut der Menschen in diesem Land und vor allen Dingen über den geringen Preis, den er dafür zu bezahlen hatte, kam ihm diese Liebschaft denn doch wieder wie ein Geschenk vor und er gab sich zufrieden.

Als es zu Dunkeln begann, zogen sie sich kurz in ihre Zimmer zurück, um sich zu duschen und zum Abendessen zu treffen, nach dem sie noch durch einige Bars gingen, wobei Pussy sie begleiten durfte. Sie besprachen den ersten Tag und ihre nächsten Vorhaben. Franz meinte noch, das zum Abend verzehrte Eisbein wäre zwar gut gewesen und bei einem Preis von 260 Baht auch nicht zu teuer, aber das Sauerkraut hätte nicht den von ihm erwarteten Geschmack gehabt, wie er ihn aus Deutschland gewöhnt war. Deshalb würde er am nächsten Tag lieber ein T-Bone-Steak bestellen, wie Freddy es gehabt hatte, wobei er diesem gleichzeitig noch ein Kompliment für seine guten Landeskenntnisse und nützlichen Erfahrungen machte.

So tranken sie sich mit fortschreitendem Abend noch durch mehrere Bars und Franz begann, Pussy's Anwesenheit zu schätzen. Besonders, da sie nichts trank und keine Kosten verursachte, ihnen aber fleißig Bier nachschenkte, ihm hin und wieder den Schweiß von der Stirn wischte und die Zigaretten anzündete, während sie ansonsten still dabei saß und sich nicht rührte. Sie zeigte während des Abends das Persönlichkeitsbild einer untertänigen Frau, wie Franz es sich schon immer von einer Partnerin gewünscht hatte, und so störte es ihn noch nicht einmal, als sie ihn während des Abends nochmals um zwanzig Baht anbettelte, um etwas essen zu können. Schon nach wenigen Minuten kam sie wieder zurück und brachte beiden ein Bohnen-Eis mit, was Franz erzürnte. Wer isst denn Eis mit Bohnen? Er verlangte zunächst, dass sie das Eis gegen ein anderes Eis mit Erdbeeren umtauschen solle, konnte sich aber nicht verständlich machen, da Pussy das Wort Erdbeeren nicht verstand.

Dafür verstand sie bald das Wort „Dummkopf", das Franz ihr sorgsam beibrachte. Damit gab er Freddy aber auch die Gelegenheit, die unangenehme Situation mit Gelächter zu überspielen. Dadurch wurde der Abend gerettet, der sich nach ausführlichem Genuss des, aus Reis gebrannten, „Mekong" gegen 4 Uhr morgens dem Ende näherte und sich wieder einmal der näheren Kenntnis entzog. Der nächste Tag begann wie der vorhergehende zur Zufriedenheit der beiden Urlaubsreisenden und Pussy hatte nicht viel Erfolg mit ihrem Vorschlag, eine Erkundungsfahrt durch die Umgebung zu unternehmen. Erst als sie erwähnte, dass man dazu in Pattaya auch schwere Motorräder leihen könne, hatte sie einen Teilerfolg:

Franz wollte sich gleich am nächsten Tag solch ein schweres Motorrad mieten, dann könnte er damit ein paarmal über die Hauptstraßen donnern und hätte bessere Möglichkeiten, die passenden Bars zu suchen, die ja sicher nicht alle in unmittelbarer Nähe des Hotels lagen. Vor allen Dingen könnte er dann unbeobachtet von Pussy auch einmal einige Abstecher machen, denn trotz ihrer Attraktivität hatte er nicht vor, auf die vielfältigen Angebote anderer Frauen zu verzichten. Er fürchtete, dass Pussy ihm Ärger bereiten und einige Szenen machen könnte, wenn sie bemerkte, dass er mit anderen Frauen ins Bett ging, so brav und gehorsam sie auch sonst war, denn hier waren sich wohl die Frauen auf der ganzen Welt gleich. Seine ursprüngliche Absicht, ein Foto von sich mit Pussy auf einem Motorrad knipsen zu lassen und seinen Kollegen zu schicken, ließ er bald fallen, denn er arbeitete an einem Gedanken, der sich nur noch nicht in klare Formen fassen ließ.

Am zweiten Abend waren sie nämlich auch in einer Bar gewesen, die einem Ausländer gehörte, der schon mehrere Jahre in Pattaya lebte. Der war zwar in der vorgerückten Stunde auch schon etwas angetrunken gewesen, aber sie hatten feststellen können, dass die Bar ganz gut lief und dass der Inhaber selbst nicht mit Hand anzulegen brauchte; es lief praktisch alles von alleine. Vor allen Dingen aber hatten sie den Eindruck, dass es diesem Menschen ausgesprochen gut ging. Er hatte offensichtlich reichlich Geld in der Tasche, unterhielt sich angeregt mit seinen Gästen und alle paar Minuten schäkerte er mit einem der hübschen Mädchen in der Bar. In Franz keimte ganz vorsichtig der Gedanke, dass der Betrieb einer solchen Bar, die von alleine lief, wo man als Chef völlig ungebunden war, ein Garant für ein ausgefülltes, bequemes und vor allen Dingen angenehmes Leben sein müsste.

Man könnte im Klima ewiger Sonne dort bequem leben, wohin andere Leute nur in Urlaub fahren können. Auch die Rolle des Besitzers, der hier ein kleiner Gott zu sein schien, imponierte ihm und schließlich war ja auch Alkohol eine sehr feine Kost. Je länger er über diese Möglichkeit nachdachte, desto besser gefiel ihm der Plan. Er hatte auch schon Erkundigungen eingezogen und herausgefunden, dass man verschiedene von den vielen offenen Bars zu sehr günstigen Bedingungen kaufen konnte. Sie lagen oft eine neben der anderen, brauchten dadurch keine Wände und verursachten nur wenige Kosten. Sie bildeten aber zusammen ein ganzes Unterhaltungszentrum, das viele Gäste anzog. Mit nur zehn- bis zwanzigtausend Euro könnte er da schon seine eigene Bar haben, sein eigener Herr im Paradies sein.

Die Summe, die er sich bis heute angespart hatte, lag bereits am höheren Ende dieser Spanne, könnte also schon ausreichen, um ihm ein sorgloses Leben und einen ausgedehnten und gesicherten Lebensabend im Paradies zu bescheren, obwohl er ja noch recht jung war. Das ihm zur Verfügung stehende Kapital war wohl noch etwas knapp, aber er könnte ja auch noch etwas arbeiten gehen und vielleicht könnte er bei dieser Arbeit auch noch etwas drehen, um an Geld zu kommen. Auf jeden Fall wollte er umgehend damit beginnen, die Umsetzung dieses Planes vorzubereiten. Sicherlich würde Pussy ihm dabei helfen. Sie war ja bisher immer brav und sehr gehorsam gewesen, tat prompt, was er erwartete, und wenn sie sich etwas lockerer anziehen würde, dann könnte sie bestimmt eine Menge Kunden in die Bar locken, wenn er die bald eröffnen würde.

Ein Gespräch mit Pussy ergab sich auch schon von ganz alleine, als sie am nächsten Tag fragte, wie lange Franz in Thailand bleiben würde. Er erklärte, dass er diesmal nur drei Wochen hier sei, dass er aber bald wiederkommen werde. Pussy's offensichtliche Freude und ihre Frage, ob er dann wieder mit ihr zusammenleben wird, festigten seine Absichten. Er erklärte, dass er hier „arbeiten und Geschäfte machen" wolle, wenn er wiederkommt und dass er das zusammen mit Pussy machen wird. Sie sollte eine Schule suchen, wo sie richtig Englisch lernt und Pussy wusste auch schon, wo eine gute Sprachschule ist und was ein Kursus für drei Monate kostet. Franz konnte zwar selbst kein richtiges Englisch, aber wenn sie Thai und Englisch sprach und er Deutsch, dann würde das schon für eine Bar reichen. Und mit ihr hatte er sich bisher ja auch ganz gut verstanden, obwohl sie beide sprachlich nicht gerade gut ausgebildet waren. Franz eröffnete Pussy, dass er ihr das Geld für die Sprachschule gibt und in der Zeit bis zu seiner Rückkehr nach Thailand jeden Monat fünftausend Baht schicken wird. Sie soll dann aber nicht in einer Bar arbeiten, sondern nur Englisch lernen. Pussy fiel ihm vor Begeisterung um den Hals und Franz fühlte sich schon als Herr über Frauen, Urlauber und ein eigenes Reich im Land des Lächelns und der Sonne.

Eine kleine Störung ereignete sich beim nächsten Treffen mit Freddy, der über Franzens begeisterte Erzählung lachte und ganz respektlos meinte: „Alle Trottel, die das erste Mal nach Pattaya kommen, wollen eine Bar aufmachen. Du solltest dir das gründlich überlegen. Jetzt bist du hier im Urlaub, das ist etwas ganz anderes, als wenn du hier lebst und arbeitest! Außerdem brauchst du viel Kapital, wenn du hier leben und nicht vor die Hunde gehen willst!" Doch Franz hatte sich nach erstem Ärger bald wieder beruhigt. Wenn er erst einmal eine Bar hatte, dann lebte er hier sicher genauso, wie im Urlaub. Ausnahmsweise erlaubte er sogar Pussy, dass auch sie etwas zu dem Thema sagen durfte. Und außerdem konnte Freddy ja noch gar nicht wissen, dass er noch viel Geld beschaffen konnte.

Der weitere Urlaub von Franz und Freddy verlief genauso, wie er in den ersten Tagen begonnen hatte. Franz mietete sich eine 500-er Honda, benutzte sie aber nur zwei- oder dreimal zu einer „Spritztour" über die Pattaya Second und Third Road. Außerdem hatten sie an einer Fahrt zum „River Kwai" teilgenommen, diese zwei Tage jedoch vorwiegend dazu genutzt, den Rausch des vorigen Abends loszuwerden, was tiefere Eindrücke oder Erlebnisse erheblich erschwerte. Freddy hatte sich schließlich auch ein Mädchen genommen, und so verliefen die weiteren Tage zu aller Zufriedenheit zwischen Bett und Theke. Auch, wenn Freddy vermittels seines täglich vorgenommenen Austausches seiner Begleitungen deutlich erkennen ließ, dass er bereits in die Wechseljahre gekommen war. Nachdem alle Urlaubsziele erreicht waren und der häufige Genuss geistiger Getränke alle weiteren geistigen Betätigungen im Keime erstickte, fehlte ihnen zum Ende des Urlaubs eigentlich nichts, außer einige Wochen Urlaub.

Damit war vorläufig jedoch nicht zu rechnen und so hatte der kalte Alltag sie schon eingeholt, als sie den Köln Bonner Flughafen in ihren hübschen, bunten T-Shirts verließen und ein symbolträchtiger nasskalter Schauer sie begrüßte. Zuhause war gar nicht mehr das, was man früher darunter verstanden hatte. Kalt und ungemütlich war es,

Getränke und Begleitung fehlten und man musste zugeben, dass die derzeitigen Fernsehprogramme kein Ersatz für einen Urlaub in Pattaya sind. Der nächste Tag war einer von jenen des berühmten Morgen-Grauens; ein grauenhafter Arbeitstag. Die Mitarbeiter wunderten sich über Franzens blasse Hautfarbe und taten so, als wüssten sie nicht, dass Leuchtstoffröhren auch im Urlaub keine „gesunde Bräune" vermitteln. Auf die Frage nach dem Urlaubsort tat Franz kund, er sei in „Banglamung, nicht weit von der malaysischen Grenze" gewesen, was sehr relativ und damit nicht unbedingt gelogen war.

Der Tipp kam noch von dem erfahrenen Freddy. Aber ach, die Regale, die Bestandskartei, die Bestellformulare, die verdrießlichen Gesichter der verdrossenen Mitarbeiter und vor allen Dingen deren missbilligende Blicke auf eine einzige, umgehende Besserung versprechende Bierflasche auf seinem Tisch fielen Franz auf den Geist und er fühlte sich krank. Das wurde er denn in den nächsten Wochen auch in zunehmendem Maße, zumindest versuchte er, das der Betriebsleitung glaubhaft zu vermitteln. Doch er war sich selbst bewusst, dass dies nur für eine vorübergehende Zeitspanne glücken konnte, und so konzentrierte er sich zunehmend auf die Organisation des nächsten Urlaubs. Aber das graue Wetter, die langweiligen Abende vor dem Fernseher oder wahlweise der teuer erkaufte dicke Kopf am nächsten Morgen, die grauen, griesgrämigen Gesichter von Passanten, Freunden und Mitarbeitern, die unbedingt einzuhaltende Pünktlichkeit und die exakt durchzuführenden Bestellungen machten ihm das Leben zur Hölle. Jenes Leben, das er doch im Urlaub ganz anders kennengelernt hatte, viel lustiger, erfüllter und vergnügter. Nein, er hatte diese Zeit nicht vergessen und er schickte auch regelmäßig seine versprochenen Zahlungen an Pussy und in seinem oft viel zu stillen Kämmerlein überlegte er ständig, wie sich die Situation am schnellsten ändern ließe.

Er hatte da im Urlaub schon einmal ein paar Gedanken gehabt, von denen nichts in der Betriebsordnung stand. Sollte er wirklich seinen

Gefühlen folgen? Die Gedanken blieben nicht in seinem Kämmerlein, bald verfolgten sie ihn auch bei der Arbeit, wo sie sich bei dem anwachsenden Arbeitsaufkommen in der Vorweihnachtszeit als durchaus störend bemerkbar machten, was übrigens auch seine Vorgesetzten fanden. Er erhielt einige Rüffel und eine Verwarnung. Diese aber weckte seinen Trotz, brachte ihn seinem endgültigen Entschluss wieder näher - und auf einmal schien die Welt wieder in Ordnung: Er lächelte die griesgrämigen Gesichter an, kam pünktlich, machte sogar wieder Überstunden und erledigte seine Arbeit wie beschwingt. Im dicksten Weihnachtstrubel lächelte er und besorgte den Einkauf, arbeitete an den Festtagen und teilte sich auch bis zum Beginn des neuen Jahres die Zeit mit Überstunden und voller Arbeit ein. Er nahm sich sogar Arbeit mit nach Hause - und nicht nur Arbeit... Pussy hatte er schon ausführliche Arbeitsanweisungen geschrieben. Sie sollte sich nach einer preiswerten Bar in guter Lage umsehen, die er kaufen wollte. Vorsichtshalber legte er auch das nötige Geld für einen Übersetzer dazu und schloss mit der Bemerkung, dass sie ihm auf keinen Fall antworten solle, weil er bereits abfliegt und zu ihr unterwegs sei. Dann kaufte er ein Flugticket für die nächste Maschine nach Kuwait - one way.

In der Feinkostfirma begann das neue Jahr. Die Aufregung der Weihnachts- und auch der Neujahrskäufe ebbte ab und das normale Alltagsleben hätte nun Einzug halten können, wenn da nicht etwas gefehlt hätte, nämlich Franz. Nach dem ersten Wochenende im neuen Jahr wurde er vermisst. Und noch etwas fehlte: Die Kasse, genauer gesagt, ein Teil der sich aus den Einnahmen der Weihnachtstage und des Neujahrsfestes ergebenden Einzahlungen in Höhe von 48.000 Euro. Man glaubte nicht sehr lange an einen Zufall und brachte die Fehlenden miteinander in Verbindung. Nachforschungen zufolge hatte Franz Deutschland mit einem Flug nach Kuwait verlassen. Die Annahme, dass er sich mit der Betriebskasse zum Urlaub in Kuwait befindet, versprach auch keinen schnellen Fahndungserfolg, weil es mit Kuwait keine gegenseitigen Auslieferungsabkommen gibt und man sich dort um sogenannte

„Peanuts" nicht kümmert.

Inzwischen lag Franz nebst Peanuts und dem, was er selbst so gespart hatte, bei Pussy und ließ sich berichten. Sie hatte natürlich in den vergangenen Monaten nur an ihn gedacht und Englisch gelernt und keinen anderen Mann angesehen, wie sie ihm mit dem treuesten aller Augenaufschläge versicherte. Und sie hatte sich auch fleißig nach einer Bar umgesehen und ein äußerst günstiges Objekt in guter Lage gefunden. Eine offene Bar in einem größeren Komplex, die er noch im Januar für nur 25.000 Euro komplett kaufen und übernehmen konnte. Als vorsichtiger Geschäftsmann sah sich Franz diese Bar noch in der zweiten Woche des neuen Jahres an und beobachtete sie auch heimlich zu verschiedenen Tageszeiten, um ganz schnell zuzuschlagen, als er merkte, dass dort von morgens bis abends Gäste waren.

Sie schien eine echte Goldgrube zu sein, von der man bequem leben konnte. Pussy vereinbarte einen Termin mit dem Besitzer und einem vertrauenswürdigen Anwalt und sie übernahm auch die Übersetzungen. Franz war richtig stolz, dass sie in seiner Abwesenheit so gut Englisch gelernt hatte. So gab es auch keine großen Verhandlungen mehr. Franz legte 25.000 Euro auf den Tisch, unterschrieb mehrere Papiere, von denen er je eines erhielt, unterzeichnet auch vom Rechtsanwalt und abgestempelt, und damit war alles klar. Nun konnte das neue Leben beginnen. Pussy hatte in ihrer umsichtigen Art auch ein kleines Apartment gefunden, das ihm mit einem Preis von 600.000 Baht günstig erschien und für zwei Personen völlig ausreichte. Außerdem fand er ein gebrauchtes Motorrad, einen Schopper, den ein Farang günstig abgab, weil er wieder nach Hause wollte. Franz kaufte beides. Nun war er völlig unabhängig, hatte eine Bar, eine Wohnung und ein ideales Transportmittel im Lande der ewigen Sonne. So konnten kaum noch weitere Kosten auf ihn zukommen und damit ging es jetzt also ans Verdienen. Für die erforderlichen Einkäufe und eine kleine Renovierung der Bar reichte die Reserve auch noch, die er hatte, und nun wären ja endlich nur noch Einnahmen zu erwarten.

Die leichte Unruhe, die ihn mit dem schnellen Schwund der Finanzen beschlichen hatte, legte sich wieder, als Ende Januar und Anfang Februar die Einnahmen regelmäßig die Kasse füllten. Man konnte dabei doch ganz gut verdienen und so lebte er sich schnell wieder ein. Bald war es so, wie zu jener Zeit mit Freddy, nur dass er eben jetzt an der eigenen Bar saß und den Mekong genoss, was ja preismäßig viel günstiger war. Er brauchte auch nicht zu arbeiten, das erledigte alles Pussy. Sie sagte ihm sogar, er solle ja nicht hinter den Tresen in die Bar kommen und dort irgendetwas tun, weil er dazu eine Arbeitsgenehmigung brauchte, die er als Ausländer für eine Bar nicht erhalten kann. Er fand das zwar seltsam, aber andere, erfahrene, Farang bestätigten ihm das.

Im Grunde war es ihm auch ganz recht, wenn Pussy die Arbeit alleine erledigte und er sich auf das Trinken und auf die Unterhaltung konzentrieren konnte, denn Freddy fehlte ihm jetzt doch. Die Unterhaltung mit den Gästen war auch nicht immer das, was er sich so ersehnt hatte; viele erzählten ihm ihr ganzes Leben, was ihn herzlich wenig interessierte, andere waren betrunken, was ihm zwar regelrecht unangenehm war, aber viel Geld einbrachte, und wieder andere suchten Streit mit ihm. Neulich hatte er mit einem Hamburger diskutiert und um zu unterstreichen, dass er fachlich auf dem Laufenden war, gesagt, dass er Einzelhandelskaufmann wäre. Der hatte gelacht und ihm geantwortet: „Womit handelst du denn? Junge, du bist ein Zuhälter." Als er ihm darauf erklärte, dass er von den Mädchen ja nur Geld für den Arbeitsausfall erhält, wenn die mit einem Gast weggingen, und dass es ihn ja nichts angeht, was die in ihrer Freizeit machen, hat der wieder gelacht und gesagt: „Ich glaube, du lügst dir ganz schön was in die Tasche." Manchmal waren schon richtig blöde Heinis in seiner Bar, aber es war ja nicht immer so schlimm, wenn auch eine gute Unterhaltung recht selten war.

Ab Ende Februar ging der Umsatz dann merklich zurück und im

April kamen wesentlich weniger Gäste zu ihm, als nach der Eröffnung. Morgens und mittags gab es kaum noch Leute an den Bars. Das war aber an den anderen Bars in der Anlage genauso. Die nachbarlichen Barinhaber sagten, dass die Saison nun bald vorbei sei und dass bis zum Jahresende nicht mehr viele Gäste kommen. Der April war überhaupt ein schlimmer Monat. Er hatte zunehmend Ärger mit Pussy. Zum Teil war er ja selbst schuld daran, musste er sich eingestehen, denn sie war dahintergekommen, dass er zwischendurch schon mal mit einem der Mädchen aus seiner Bar verschwand. Aber er war schließlich auch nur ein Mann und wenn die Mädchen die ganze Zeit um einen herum waren, da konnte man schon Appetit kriegen. Und überhaupt, was wollte sie denn, Alles, was hier war, gehörte schließlich ihm, und alles, was sie war, hatte sie ihm zu verdanken. Wenn ihr also nicht passte, was er tat, dann konnte sie ja gehen. Er würde schnell eine andere Frau mit passender Figur finden, die mit Freuden an seiner Bar arbeiten würde, weil sie nichts zu essen hat.

Richtigen Krach gab es dann im August. Da war ein Ausländer auf Pussy zugestürzt und hatte sie umarmt. Pussy sprach zwar von einer Verwechslung, aber der Mann versuchte dauernd, Pussy zu überzeugen, dass er drei Monate mit ihr zusammengelebt habe. Das musste dann während der Zeit gewesen sein, die Franz in Deutschland war, die Zeit, in der sie so gut Englisch gelernt hatte. Der Mann sagte auch, dass er ihr doch laufend Geld geschickt habe. Franz war sauer und erbost. Der Mann konnte Pussy ebenso wenig überzeugen, dass er ihr Verlobter sei, wie sie ihn überzeugen konnte, dass sie ihn nicht kennt.

Und so dumm sah der Mann auch wieder nicht aus, dass er eine Frau nicht wiedererkannt hätte, mit der er noch bis vor kurzer Zeit drei Monate lang zusammengelebt hatte. Der Streit eskalierte, ein Wort gab das andere, und als Pussy schließlich Geld aus der Kasse nahm, ohne ihm genau zu sagen, wofür sie das brauchte, gab es ernsthaften Krach und er gab ihr eine Ohrfeige. Das führte zu einer Keilerei, bei der alle Mädchen versuchten, zu schlichten, womit sie schließlich einen teilweisen Erfolg hatten. Pussy fuhr mit ihm zusammen nach Hause. Aber dort fing der Streit von neuem an, bis er es leid war und zwei, drei Male kräftig zuschlug. Er würde eben eine andere hübsche Frau für seinen persönlichen Bedarf und als Managerin für seine Bar suchen. Mit diesen Gedanken fuhr er dann zum Leopold, einem Kollegen, bei dem er nach Feierabend öfter einmal zu Besuch war, um erst einmal Dampf abzulassen und einen Ratschlag zu holen.

Mit diesem Rat verließ er dann gegen fünf Uhr morgens dessen Bar. Er kam viel später nach Hause, als sonst. Pussy war nicht da. So fuhr er am nächsten Tag zum Mittagessen in ein Restaurant und wegen erforderlicher Ratschläge zum Leopold, was länger dauerte. Dann fuhr er voller guter Ratschläge und Getränke nach einem Umweg für weitere Ratschläge und Getränke zu seiner Bar, um Ordnung zu schaffen. Aber das erübrigte sich, weil dort nur noch ganz ordentlich leere Gestelle waren. Frauen, Hocker, Flaschen, Gläser, Fernseher, Video und die Stereoanlage mit allen Kassetten und CDs waren einfach weg. In der leeren Kasse lag ein Zettel: „Look for other pussy!" Franz rief die Polizei und erstellte Anzeige. Die Polizei kam und fragte, wie die Frau denn hieß. Franz sagte: „Pussy." Die Polizisten lachten und meinten, das wissen sie schon, aber nicht ihren Namen. Die Mädchen der benachbarten Bar halfen aus. Dann wollten die Polizisten wissen, wem die Bar gehört. Franz legte die Papiere vor, die er immer in der Brieftasche hatte. Mühsam erklärte die Polizei, dass die Bar einer Frau Preecha gehöre und dass ein Franz unterschrieben habe, dass er die Miete zahlt. Sie wollten jetzt wissen, gegen wen er die Anzeige erstatten will und weshalb. Wütend fuhr er nach Hause.

Dort fand er neuen Ärger. Sein Apartment war leergeräumt und befand sich in Renovation. Wieder kam die Polizei. Sie bestätigte, dass die Leute von einer Frau Preecha deren Apartment mit komplettem Inhalt für 400.000 Baht rechtmäßig gekauft haben. Voller Wut wollte Franz nun zu Leopold fahren, aber sein Motorrad war weg. Voller böser Ahnungen zog er die Fahrzeugpapiere aus der Tasche, zeigte sie einem der Polizisten, die noch am Ort waren, und fragte nur noch: „Preecha?" Der Polizist blickte nur kurz drauf, nickte und lächelte. Jetzt musste Leopold ihm helfen.

Der wusste immer Rat. Erst musste er sich ein Motorrad leihen, so ein kleines, billiges. Bei Leopold angekommen, klagte er erst einmal sein Leid. Aber Leopold gab nur guten Rat, nie gutes Geld. Er bedauerte sehr, dass Franz nur noch um die zweihundert Baht hatte, doch leihen konnte er ihm nichts. Dafür riet er ihm, er soll sich doch einen Job suchen, als Manager, schließlich sei er schon länger in Pattaya und habe Erfahrung und die meisten Ausländer, die durchhängen, suchen erst mal einen Job als Manager, meinte er. Das wollte Franz auch tun. Jetzt gleich. Er fuhr mit dem Motorrad los, schaute auf der Sukhumvit wie gewohnt nach links - und fuhr im thailändischen Linksverkehr betrunken in zwei Motorräder, die natürlich von rechts kamen. Er selbst hatte nur ein paar Abschürfungen.

Die Rechnung für den Unfall betrug vorläufig 220.000 Baht, vorbehaltlich weiterer Personenschäden, und wurde ihm im Polizeigefängnis überreicht, das er nun wegen eines abgelaufenen Visums bevölkerte. Erst einmal käme er jetzt nach Deutschland. Und dort würde er bereits erwartet, teilte man ihm mit. Franz war allerdings sehr clever. Er wusste genau, dass er wegen des lächerlichen Betrages, den er in Deutschland veruntreut hatte, nicht mit einem internationalen Haftbefehl gesucht würde. Er sagte also den Polizeibeamten, dass er nichts verbrochen habe und nichts mit der deutschen Botschaft zu tun haben wolle. Die hatten auch volles Verständnis dafür und teilten der Botschaft mit, dass hier ein Deutscher hinter Gittern sitze, der illegal in Thailand sei und mit der Botschaft nichts zu tun haben wollte. Als zwei Wochen später die endgültige Rechnung für die Begleichung des Unfallschadens und für die medizinische Behandlung der Unfallopfer kam, die erwartungsgemäß höher ausfiel, als veranschlagt, forderte die Polizei ihn auf, 340.000 Baht für den Unfall zu bezahlen. Außerdem ein Flugticket zu kaufen und weitere 10.000 Baht zu hinterlegen, damit man ihn in einem Polizeiwagen zwecks Deportation zum Flugplatz bringen könne.

Die zwei Wochen hinter thailändischen Gittern hatten Franz überzeugt, dass es wohl doch besser sei, mit der deutschen Botschaft Kontakt aufzunehmen, weil er fürchtete, dass er seinen Zwangsaufenthalt nicht lange überleben würde. Er sagte den Polizisten, sie sollten die Botschaft informieren, dass sie ihm ein Flugticket schicken soll. Doch nun schüttelten die Polizisten den Kopf und meinten, wenn er nicht zuvor die 340.000 Baht für den Unfall bezahlt, dann brauchte er vorläufig kein Flugticket, denn dann käme er erst einmal vor einen Richter. Vermutlich könnte er die Schulden mit einem Tagessatz von neunzig Baht absitzen, macht 3.778 Tage. Vielleicht könnte er auch das letzte Drittel hinter deutschen Gittern verbringen. Dafür dürfte er die deutsche Botschaft dann darum bitten, ihm einen Flugschein zu kreditieren, mit dem er in seine geliebte Heimat zurückfliegen könne

Thailand: Die 3 Jahreszeiten

Es gibt in Thailand nur drei Jahreszeiten. Man kommt von der heißen Jahreszeit in die Regenzeit und von dort aus direkt in die kalte Jahreszeit. Das sollten alle Leute wissen, die in Thailand ihren Frühling suchen. Es war kein Zufall, dass Arthur seinen Urlaub in Pattaya geplant hatte und ganz entgegen der Überzeugung der thailändischen Regierung, dass ausländische Touristen nur kommen, um Tempel, Nationalparks und Wasserfälle zu sehen, waren es auch nicht gerade diese Sehenswürdigkeiten gewesen, die Arthurs Blutdruck beim Gedanken an den Urlaub ansteigen ließen.

Die Ursache für seine Planung war sowohl eine Folge verzwickter Familienverhältnisse als auch die Tatsache, dass Arthur vor gar nicht langer Zeit seinen 60. Geburtstag und damit auch seine Pensionierung gefeiert hatte. Aber die Hauptschuld trug sicherlich seine Familie. Es war nun schon einige Jahre her, dass sein Sohn, den er gerne als „minderwertig" und frech bezeichnete, eine sehr entfernte Nichte seiner Frau kennenlernte, was zunächst zur Folge hatte, dass diese bald darauf gar nicht mehr so entfernt war, wie Arthur sie sich gewünscht hätte. Sie war ihm nie besonders sympathisch gewesen, wofür weniger ihr durchdringender Blick als vielmehr ihre durchdringende Stimme verantwortlich war. Nachdem sie diese einige Jahre an seinem Sohn trainiert hatte, bewies er ein offenes Herz wie auch eine offene Brieftasche, als der Sohn ihm erläuterte, dass er wegen Seh- und Hörschäden dringend zur Kur fahren müsse. Sein Sohn bettelte ihn wegen der zu erwartenden hohen Kosten unter dem Siegel der Verschwiegenheit um einen Zuschuss an. Als er seinen nicht gerade als arm bekannten Sohn fragte, wo er denn zur Kur gehen will, meinte dieser, er müsse in den Kurort Pattaya fahren. Leicht besorgt hatte Arthur ihn gefragt, ob das denn nicht etwas teuer wäre, aber sein Sohn hatte mit voller Inbrunst geantwortet, dass ihm für seine Gesundheit nichts zu teuer sei.

Arthur gab ihm eine gute Summe für seine Kur und auch den

väterlichen Rat, das Geld nicht für schöne Frauen auszugeben, was seinen Sohn schier zur Verzweiflung trieb: „Wenn ich kein Geld habe, kann ich keins für schöne Frauen ausgeben, wenn ich Geld von Dir habe, soll ich es auch nicht für schöne Frauen ausgeben. Wann soll ich denn Geld für schöne Mädchen ausgeben?" Zudem beklagte er sich auch noch bei seinem Vater, dass er ihn nie richtig verstanden hätte, wobei das doch in diesem Falle ganz leicht wäre; er brauche nur selbst nach Pattaya zur Kur zu fahren, um sich zu überzeugen, dass er nichts Unrechtes tue und sich nur der Lebensfreude widmete. Doch als Arthur sagte, er sei bisher nur in den Schwarzwald gefahren und seine entfernteste Urlaubsreise hatte ihn auch lediglich nur an den Bodensee geführt, nie aber in entfernte Gebiete, in fremde oder gar exotische Länder. Worauf sein Sohn, der die ständigen, zunehmenden Spannungen zwischen seinen alten Herrschaften nicht übersehen hatte, seinem Papa antwortete, er dürfe nicht vergessen, dass die meisten exotischen Frauen in exotischen Ländern leben und nicht gerade im Schwarzwald oder am Bodensee.

Was sich leicht überprüfen lässt, falls ihm das noch nicht aufgefallen sein sollte. Aber Arthur war ein vorsichtiger und bodenständiger Mensch, der schon lange verheiratet war. So fuhr Arthur auch dieses Jahr wieder brav in den Schwarzwald zur Kur und ließ sich nichts zuschulden kommen, während sein ungeratener Sohn, der ebenfalls Arthur hieß, nach Pattaya in Urlaub fuhr, der gesamten Familie jedoch mitteilte, dass er streng geheime Montageaufträge im Atommeiler bei Jülich durchzuführen habe, weshalb man ihn in den nächsten drei Wochen nicht erreichen kann.

Arthur Junior hatte indessen in Pattaya ein recht lockeres Leben geführt. Besorgt, dass nicht etwa eine Jungfrau durch ihn zu Schaden komme, beschäftigte er sich vornehmlich mit jenen Damen, in deren Berufsbeschreibung das Wort Jungfrau nicht erwähnt wird. So würde er sich bei der süßen Nit dafür verbürgen, dass sie keine Jungfrau ist und dass sie selbst schon dafür sorgte, dass sie nicht zu Schaden kommt. Auch bei der schlanken Oi, mit der er eine Woche nach

Phuket fuhr, hatte es sich bestimmt nicht um eine Jungfrau gehandelt. Sicher hatte der Bengel dies auch noch bei anderen Frauen überprüft, was man aber wohl nie herausbekommen wird. Aber diese zwei Mädchen müssen ihm besonders sympathisch gewesen sein, sonst hätte er ihnen sicher nicht seinen Namen und seine Anschrift gegeben. Um keinen Argwohn zu erregen, hatte er allerdings die Anschrift seines Vaters aufgeschrieben, der ihm die Briefe sicherlich weitergeben würde.

Doch dem war nicht so; Papa Arthur war nämlich noch auf Kur, als die Briefe dieser beiden Damen schon eintrafen und in die Hände seiner geliebten Frau Gemahlin fielen. Als Arthur aus dem Schwarzwald zurückkam, begrüßte sie in gleich, verstärkt durch die überhaupt nicht entfernte Nichte, mit den Worten: „Die Oi liegt jetzt ganz einsam im Bett und kann ohne dich nicht mehr schlafen und der Nit fehlen die gemeinsamen Nächte und sie braucht dringend Geld für die Operation deiner neuen Schwiegermutter, der du ja schon so ans Herz gewachsen bist." Das konnte nur etwas mit Arthur, dem Kleinen, zu tun haben, kam dem bestürzten Papa unvermittelt in den Sinn. Doch als er fragte, wo der ist, wurde ihm sofort beschieden, dass er gar nicht zu versuchen brauche, sich hinter seinem Sohn zu verstecken, denn der hat vor vier Tagen noch aus Jülich angerufen und Bescheid gesagt, dass die Montagearbeiten um zehn Tage verlängert werden mussten. Obwohl der Papa nun wohl eine gewisse Ahnung hatte, woran sein Filius gerade montiert, konnte er doch nichts sagen, um dessen „glückliche Ehe" nicht zu gefährden.

Die Beteuerung seiner Unschuld war vollkommen überflüssig und der Hinweis, man könnte doch sein Kurhaus im Schwarzwald anrufen, um sich von seiner Unschuld zu überzeugen, brachte ihm nur die Antwort: „Dann hast du denen also auch noch Geld gegeben, damit sie mich belügen." Die Situation war fatal. Das Gezänk und das Geschrei seiner Frau steigerte sich in den kommenden Tagen immer mehr und Arthur war schließlich beleidigt, dass sie ihm um keinen Preis glauben wollte. Bald kam er auf den Gedanken, dass es seine Frau eigentlich gar nichts anginge, wenn er mit einer anderen Frau ins Bett geht. Und irgendwann war er die Situation so leid, dass er eines Abends, kaum dass er zur Tür hereingekommen war, sich bei Ansichtig werden seiner schreienden Gemahlin auf den Absätzen umdrehte und das Haus wieder verließ. Seiner Frau sagte er dabei: „Schätzchen, du brauchst dir heute keine Sorgen um mich zu machen; ich tue nichts Gefährliches. Ich gehe nur mal nachschauen, ob es auch noch vernünftige Frauen gibt." Als er wiederkam, hatte seine Frau die Wohnung verlassen und am nächsten Tag reichte sie die Scheidung ein.

Von dem Tag an hatte Arthur seine lang ersehnte Ruhe. Die hatte er nun schon seit zwei Jahren, was ihn noch nicht einmal so gestört hatte. Er war im ersten Jahr wie gewohnt in den Schwarzwald gefahren und dann wollte er seine Pensionierung abwarten. In der Zwischenzeit waren es aber einige Unterhaltungen mit seinem Sohn gewesen, die ihn überzeugten, dass es vielleicht gar nicht so verkehrt ist, seine Ruhe im milden Klima Thailands zu suchen, bevorzugt in dem gesundheitsfördernden Klima des Badekurortes Pattaya mit Palmen am Meer und anderen sehr natürlichen Schönheiten, die nicht nur den Blutkreislauf, sondern auch die Gesundheit eines Pensionärs fördern könnten. Sein Sohn hatte ihm das sehr eindrücklich erklärt: „Papa, du sagst, mit Männern ins Bett zu gehen, ist kein guter Beruf für eine Frau. Toiletten und Fußböden putzen ist auch kein guter Beruf für eine Frau.

Aber wenn eine Frau keine besseren Möglichkeiten hat, ihren Lebensunterhalt zu verdienen und damit einverstanden ist, dann brauchst du ihr nur das vereinbarte Geld zu geben und sie wird die Toiletten und die Fußböden putzen. Und mit den Frauen in Thailand ist das überhaupt ganz anders, als hier. Du stehst da nicht in einer Schlange von Männern vor einem Bordell. Du gehst an eine Bar, und wenn eine Frau einverstanden ist, dann geht sie mit dir mit und sie ist deine Geliebte. Sie übernimmt diese Arbeit und sie macht sie gut. Du darfst nur nicht vergessen, dass sie diese Liebe nur für ihre Gage spielt, wie eine gute Schauspielerin. Du musst nicht glauben, dass zwanzigjährige Mädchen hysterische Anfälle kriegen und dir in heißer Liebe zu Füssen fallen, weil du so schön bist oder weil sie dich für einen berühmten Rockstar halten. Du spielst den Gönner und sie spielen die Geliebte. Das ist ein Geschäft, eine Art von gegenseitiger Versorgung. Mutter hätte dich auch nicht geliebt, wenn du sie nicht versorgt hättest." Das war starker Tobak, doch irgendwie hatte der Bengel wohl Recht. Aber wenn das so war, dann gab es eigentlich keinen Grund, diese Versorgung abzulehnen. Schließlich wurden die Mädchen in den Bars ja von niemand gezwungen. Sie kamen freiwillig, um Geld zu verdienen und er gab ihnen freiwillig das Geld, was ihn wenig störte. Es war wirklich ein Geschäft auf Gegenseitigkeit.

Und als er nach Thailand kam und sich dort umsah, dann schien das ein wirklich schönes Geschäft zu sein. Freilich konnte er das im Augenblick nur vom Taxi aus beurteilen, als der Wagen langsam über die Strandstraße zu seinem Hotel fuhr. Aber wenn er sich ausgeruht und geduscht hatte, dann würde er wohl etwas durch die Straßen spazieren und sich selbst einmal die Geschäftsangebote anschauen. Der kleine Arthur hatte ihm erzählt, dass es viele ältere Leute gibt, die in Thailand leben. Die haben sich da ein Häuschen gekauft, in dem sie mit einer mehr oder weniger sympathischen Frau leben, die sie mit allem versorgt, vom Essen über das Saubermachen bis zum Bett. Dafür haben die Frauen ihren Lebensunterhalt und sie erhalten Geld für die Ernährung ihrer Kinder oder ihrer Familie, was aber in Thailand nicht teuer ist. Da die Bezahlung dieser Frauen für thailändische Verhältnisse relativ gut ist, können viele etwas Geld für ihr Alter zurücklegen, was aber selten reicht, weil sie in diesem Beruf sehr schnell alt sind. Das Zusammenleben sei so, wie in einer Ehe, hatte sein Sohn gesagt, da wäre es ja auch nicht die himmelhoch jauchzende Liebe, sondern die gegenseitige Versorgung und das Gefühl, nicht allein zu sein, bestenfalls noch eine gewisse Sympathie, so, dass man auch zusammenleben kann, ohne dauernd miteinander zu streiten.

Nein, seine Ehe war nicht gerade die himmelhoch jauchzende Liebe gewesen. Es war auch sehr gut, dass er das recht früh erkannt hat. Er hatte immer sehr gut verdient, da er aber die enormen Versorgungsansprüche seiner Frau sehr früh bemerkte, hatte er sich auch sehr früh darauf eingestellt. Er hatte einen sehr guten Posten in einem großen Industriebetrieb gehabt, für den seine Frau sich wenig bis gar nicht interessierte. Und da Arthur nie an Minderwertigkeitsgefühlen litt, hat er seiner Frau immer gesagt, er wäre nur ein kleiner Angestellter und dann hatte er sein Gehalt, unter Berücksichtigung der Möglichkeit einer kostspieligen Scheidung, immer halbiert und von vornherein zum Monatsende immer nur die Hälfte von seinem Konto auf ein extra eingerichtetes Gehaltskonto überwiesen, dessen Bestände von seiner Frau gestreng kontrolliert wurden. Als dann der gemeinsame Besitz bei der Scheidung geteilt wurde, war Arthur gar nicht böse über das, was seine Frau zu bekommen hatte, denn schließlich hatte sie ja auch etwas getan und durch ihre Hausarbeit zum Erwerb beigetragen. Und auf Arthurs privatem Konto hatte sich im Laufe der vergangenen dreißig Jahre ein hübsches Sümmchen angehäuft, von dem er heute seinen Lebensabend recht großzügig gestalten konnte. Sein Sohn hatte gemeint, dass das Leben mit einer hübschen Haushälterin gar nicht so unangenehm sein muss und der Mangel an Verständigungsmöglichkeit garantierte, dass man sich nicht dauernd streiten kann.

Grinsend hatte der Flegel hinzugefügt, dass es dem Papa wohl nicht sehr schwerfallen wird, mit einer Frau ins Bett zu gehen, wenn die eben nur etwas nett zu ihm ist und ihn nicht wirklich liebt. Schließlich hätte er diese lobenswerte Fähigkeit ja sein ganzes Leben lang bewiesen. Es ist nicht so, dass der kleine Arthur etwas gegen seine Mutter gehabt hätte, aber ihre grundsätzliche Unzufriedenheit, die sich in ständigen Nörgeleien und unablässiger Streiterei äußerten, hatten dafür gesorgt, dass er an seinem 18. Geburtstag mit etwas heimlicher Unterstützung seines Vaters zuhause ausgezogen war und sich auch nicht allzu oft bei seinen Eltern sehen ließ. Nun hatte

Arthur eigentlich nicht vorgehabt, sich wieder eine Frau ins Haus zu holen. Nachdem er jetzt aber zwei Jahre alleine gelebt hatte, hielt er das gar nicht mehr für eine so schlechte Idee, wenn man notfalls in der Lage war, die Mitbewohnerin wieder loszuwerden, falls es Schwierigkeiten geben sollte. Und unter dieser Voraussetzung war er nun nach Thailand gekommen, um sich einmal umzusehen, wie es hier mit den Frauen war und mit der Überlegung, dass ein Leben mit einer friedlichen Gefährtin vielleicht angenehmer sein konnte, als mit einer streitsüchtigen Gemahlin oder ganz alleine zu leben. Dabei spielte sicherlich auch eine Rolle, dass er sich heute nicht so sehr als feuriger Liebhaber, sondern eher als gutmütiger Opa erlebte.

Mit diesen Gedanken erhob er sich von seinem Nachmittagsschlaf, den er nach der Flugreise genossen hatte, und stürzte sich ins Nachtleben. Auf dem Weg in die sogenannten Lasterhöhlen kam er auch an einem Restaurant vorbei, das in deutscher Sprache deutsche Speisen anbot und so zog er für den Augenblick Rindsrouladen dem Laster vor, mit dem er es nicht so eilig hatte. Als er sich schließlich nach dem Essen zu den Bars auf den Weg machte, wurde er bald freudig begrüßt: „Hello, handsome man", oder „Hello, darling, please, sit down!" Arthur fand das lustig und musste lachen. Wenn ein Ausländer vorbeikam, verhielten sich die Mädchen genauso, wie die Bauarbeiter in Deutschland, wenn ein junges Mädchen an ihrem Bau über die Straße geht. Arthur ließ sich lachend an eine Bar schleifen, an der etwa fünfzehn junge, hübsche Mädchen saßen und zwei ältere Ausländer, die sich mit zwei Mädchen unterhielten und sich dabei an einer Bierflasche festen Halt verschafften. Vier Mädchen kamen zu ihm, um die Bestellung aufzunehmen und zu erfahren, wo er herkommt, ob er verheiratet war oder ob er eine Frau sucht.

Während Arthur mit einem hübschen kleinen Mädchen eines der Brettspiele an der Theke spielte, bestellte er sich Sangthip, eine thailändische Art Brandy, mit Cola und kam sich gar nicht vor wie in einem Bordell, sondern eher wie auf dem Schulhof einer

Mädchenschule. Einige Mädchen versuchten vor der Bar, vorbeigehende Männer einzufangen, während andere gelangweilt in der Bar saßen und offensichtlich voll damit beschäftigt waren, auf bessere Zeiten zu warten. Ein kleines, lebhaftes Mädchen saß vor ihm und verteilte das Spielerglück, während ein anderes Mädchen dabei saß und ihm aufgeregt gute Ratschläge gab. Die Mädchen waren für die hiesigen Temperaturen normal gekleidet. Miniröcke, einen freien Bauchnabel oder freie Schultern konnte man im Sommer auch in Europa auf den Straßen sehen. Aber er sah hier kein Mädchen, das anstößig gekleidet war, er sah noch nicht einmal ein Mädchen, das unter der Bluse oder dem T-Shirt keinen Büstenhalter trug.

Sein erster Abend in einer der berüchtigten Lasterhöhlen von Pattaya mit Brettspielen und Erdnüssen unterschied sich kaum von einem Sommerabend, den er im Garten eines Nachbarn mit dessen Enkelkindern verbracht hätte. Es gab nur einen kleinen Unterschied: Als er meinte, genug getrunken und einen netten Abend erlebt zu haben, wollte er bezahlen und gehen. Darauf kam seine Spielkameradin, die kleine Ta, um die Theke geschossen, hängte sich bei ihm ein und sagte eifrig hüpfend: „I go with you". Als Arthur sie verblüfft anschaute, fügte sie noch hinzu: „Please!" und verstärkte ihr hoffnungsfrohes Hüpfen, was gar nicht den Eindruck machte, als ob ihr das befohlen worden wäre, oder dass man es zu einer unmoralischen Handlung zwingen würde. Arthur lachte. Er wäre nie auf den Gedanken gekommen, dass dieses Kindchen eine der so berüchtigten Prostituierten sein könnte. Er wäre auch nie auf den Gedanken gekommen, dass es mit ihm ins Bett gehen wollte. Nachdem das Mädchen aber den ganzen Abend mit ihm Spiele gespielt und sich nett um ihn gekümmert hatte und nun vor freudiger Erregung hüpfte wie eine Sechsjährige, der man ein Schokoladeneis verspricht, wollte er es nicht enttäuschen und zahlte die Auslösesumme von zweihundert Baht. Er kam sich etwas komisch vor, als er mit der Kleinen das Hotel betrat und auf sein Zimmer ging, aber hier schien das völlig normal zu sein; man schaute nicht einmal auf.

Als sie auf dem Zimmer waren, öffnete Arthur erst einmal den Kühlschrank und fragte Ta, ob sie etwas trinken will. Ta nahm eine Orangenlimonade und setzte sich zu ihm an einen kleinen Tisch. Dann wollte sie von ihm wissen, ob er Kinder hat und was die jetzt machen. Sie wollte auch wissen, was seine Frau jetzt macht. Arthur sagte noch einmal, dass sie sich vor zwei Jahren getrennt haben, dann musste er zugeben, dass er nicht weiß, wo sie jetzt lebt und wie sie lebt und er zögerte etwas, als er hinzufügte, dass ihn das auch nicht mehr interessiert, dass er das gar nicht wissen will, sondern froh ist, seine Ruhe zu haben. Ta stand danach auf und machte ein pflichtbewusstes Gesicht, als sie sagte: „I go shower", und sich unter die Dusche stellte. Als sie zurückkam, bemerkte Arthur schmunzelnd, dass sie Glück hatte, von kleinem Wuchs zu sein. Sie hatte sein Handtuch quer um sich gewickelt und es reichte gerade, um ihre Brüste und ihren Unterleib zu bedecken, aber es hätte sicherlich keine fünf Zentimeter schmäler sein dürfen. In dieser Aufmachung wirkte Ta reizend, aber nicht aufreizend. Sie fragte Arthur, auf welcher Bettseite er schlafen will und legte sich auf die andere, während Arthur sich unter die Dusche stellte.

Als er zurückkam, hatte er eine sportliche Unterhose an, die eher einer Badehose glich. Er legte sich auf seine Bettseite und drehte sich Ta zu. Er war einfach nicht fähig, sie als Frau zu betrachten, auch wenn sie gesagt hatte, sie wäre achtzehn Jahre alt. Sie machte auf ihn eher den Eindruck einer vierzehnjährigen Schülerin und es lag ihm näher, sie zu fragen, ob sie ihre Schularbeiten schon gemacht hat, als mit ihr ins Bett zu gehen. Ihm war klar, dass er sie eigentlich gar nicht ins Hotel hätte mitnehmen sollen, aber sie hatte sich doch so gefreut, so gefreut auf die paar hundert Baht, die sie offensichtlich nicht sehr oft bekam. Nun wollte er etwas über den Hintergrund wissen, warum sie das Geld brauchte und warum sie nach Pattaya gekommen war. Ohnehin fühlte er sich wohler, sich mit ihr zu unterhalten, statt mit ihr irgendwelche sexuellen Erlebnisse zu suchen. Es stellte sich aber heraus, dass Ta ihm nicht sehr viel über ihre Herkunft sagen konnte.

Ta war ein Ziehkind aus irgendeinem Dorf in der Provinz Petchabun, das Nachbarn aufgenommen hatten. Ihre Mutter war aus einem Nachbardorf gekommen. Sie soll sehr jung gewesen sein und ist bei ihrer Geburt gestorben. Ihr Vater, der vor nicht allzu langer Zeit zugewandert war, weil er von der Regierung ein Stück Land bekommen hatte, sah keine Möglichkeit, seine Tochter alleine zu versorgen und die Felder zu bestellen. Es hieß, dass er in einem Zustand war, in dem er wohl auch keinen Sinn mehr darin fand. So hatte er den Säugling bei Bekannten abgegeben und darum gebeten, ihn zu versorgen. Die Leute hatten Mitleid und nahmen das Mädchen bei sich auf, was für sie auch kein großer Umstand war, da sie selbst drei kleine Kinder hatten. Sie glaubten, dass der Vater seine Tochter bald wieder abholen würde, aber man hat ihn in dem Dorf nie wieder gesehen und Ta blieb bei den Nachbarn und wuchs mit deren Kindern auf.

Es war ihr in der Kindheit nicht schlecht gegangen und die Nachbarn hatten sie auch nicht schlechter behandelt, als ihre eigenen Kinder. Sie war sogar zusammen mit denen zur Schule geschickt worden und hatte, wie alle anderen Kinder in diesem Dorf, die Schule nach sechs Jahren verlassen. Aber je größer sie wurde, desto mehr bemerkte sie, was für eine Belastung sie war, denn die Familie war arm und das Essen eher kärglich. Es wurde zwar für alle gleichmäßig verteilt, aber wenn es wirklich einmal sehr wenig war, überlegte Ta, dass sie ja eigentlich nicht zur Familie gehörte und dass die Familienmitglieder mehr zu essen hätten, wenn sie nicht mitessen würde. Das Gefühl, wirklich dazuzugehören, hatte sie nie entwickelt. Sie hatte auch in der Schule keine Probleme gehabt, aber es hatte doch einige Situationen gegeben, die sie traurig und nachdenklich gestimmt hatten. Es waren sogar gut gemeinte Situationen dabei. Wenn etwa die Lehrerin ihr zu einem neuen Schuljahr neue Hefte und einen Kugelschreiber schenkte und dazu bemerkte, dass Ta diese Sachen bekommt, weil sie ihre Pflegeeltern nicht noch mehr belasten kann. Oder wenn die

Mädchen Turnsachen kaufen sollten, man Ta aber sagte, sie könne auch in anderen Sachen am Turnen teilnehmen. Weil ihre Pflegeeltern für sie schon genug Ausgaben zu tragen hätten könnten sie ihnen nicht noch weitere Kosten und unnötige Ausgaben zumuten. Je älter Ta wurde, desto bedrückender wurde die Situation trotz des herzlichen Verhältnisses zu den Pflegeeltern und deren Kindern.

Doch nach der Schulzeit erlebte Ta nach einer Dürre selbst, dass es nichts zu tun gab, dass die ganze Familie nur herumsaß, weil es auf den Feldern keine Arbeit gab. Dadurch gab es auch kein Einkommen und es störte Ta, dass sie auch nur tatenlos herumsaß und sich von den Pflegeeltern, die selbst nichts hatten, ernähren ließ. Als diese dann eines Tages sagten, dass sie nun bald etwas weniger essen müssten, weil auch die Reisvorräte zur Neige gingen und die Geldreserven schon aufgebraucht waren, hielt Ta es nicht mehr aus. Sie sagte ihren Pflegeeltern, dass sie mit ihren dreizehn Jahren in einer Stadt ganz bestimmt irgendeine Arbeit finden und sich selbst ernähren kann, statt nur herumzusitzen und gar nichts tun zu können, und darauf zu warten, dass ihr jemand Essen gibt. Es dauerte eine Weile, bis ihr Pflegevater sagte, er würde mit ihr in die Stadt fahren und einige Freunde besuchen. Er würde auch versuchen, für sie eine Arbeitsstelle zu finden. Wenn er aber keine Arbeitsstelle finden kann, dann müsste sie wieder ins Dorf zurückkommen, denn er würde nicht zulassen, dass sie alleine und ohne Arbeit in der Stadt bleibt.

Doch als sie bei Freunden waren, ergab sich ein langes Gespräch und schließlich wurden Nachbarn hinzugezogen. Es handelte sich um drei Familien, die kleine Kinder hatten und die Frauen konnten teils in dem kleinen Betrieb des Mannes nicht mitarbeiten, teils keine eigene Arbeit suchen, weil sie ihre Kinder nicht alleine lassen konnten. Man kam überein, dass Ta in Petchabun bleiben sollte, um die Kinder zu versorgen und sie würde auch ein kleines Gehalt dafür bekommen. Schließlich sagten die neuen Arbeitgeber zu Ta, dass es ihren

Pflegeeltern sehr schlecht geht und fragten, ob sie da etwas helfen möchte. Sie sagten, wenn sie verspricht, dass sie wenigstens vier Monate da bleibt, dann könnten sie ihr ein Gehalt von 800 Baht im Monat geben, aber sie würden sich freuen, wenn Ta zustimmt, dass sie ihrem Pflegevater eintausend Baht mitgeben und sie würden ihr dieses Geld mit 250 Baht monatlich von ihrem Gehalt abziehen. Selbstverständlich war Ta einverstanden und sie sagt, dass das ein sehr anständiges Angebot war, denn sie weiß heute, dass andere Mädchen in diesem Alter in ein Bordell verkauft wurden. Die Eltern erhielten dafür zehntausend Baht, die die Tochter dann in dem Bordell erst einmal „abarbeiten" musste.

Sie war mit ihrer Arbeit mit den Kindern sehr zufrieden. Sie hatte sich auch gerne um die Kinder gekümmert und war von deren Eltern wie eine eigene Tochter behandelt worden. Sie bekam später eintausend Baht im Monat und schickte regelmäßig fünfhundert Baht zu ihren Pflegeeltern. Aber die Kinder wurden größer und es kamen keine neuen Kinder in ihren privaten Kindergarten dazu. Nach drei Jahren kamen die letzten drei Kinder in eine Ganztagsschule. Ta brauchte sich nicht mehr um die Kinder zu kümmern und auch nicht mehr im Haushalt zu helfen, was bedeutete, dass sie auch keine Arbeit mehr hatte.

Aus dem Kreis der Eltern wurde sie als Kindermädchen an eine englische Familie vermittelt, die jemand zur Kinderbetreuung und als zusätzliche Hilfe für den Haushalt brauchen konnten, zumal die Kosten sehr gering waren. Bei den Engländern arbeitete sie fast zwei Jahre lang mit drei Kindern und half der Haushälterin nebenher bei ihrer Arbeit. Aber die Engländer gingen eines Tages zurück in ihre Heimat und Ta hatte wieder keine Arbeit und konnte in Petchabun auch keine Arbeit finden. Sie dachte, dass sie schon groß wäre, und ging deshalb nach Bangkok, weil es dort viel Arbeit geben sollte. Sie fühlte sich bestätigt, als sie gleich auf der Busstation von einer Frau und einem Mann angesprochen wurde, die dringend eine Bedienung für ein Restaurant suchten. Unterwegs wurde sie gefragt, ob jemand in Bangkok auf sie wartet und wem sie gesagt hat, dass sie nach Bangkok fährt.

Ahnungslos hatte sie erzählt, dass sie ihre Arbeitsstelle in Petchabun verloren hatte und weil sie dort auch niemand kennt, nach Bangkok gekommen ist, um Arbeit zu suchen. Nach längerer Fahrt durch den wirren Verkehr Bangkoks brachte man sie in ein kleines Restaurant, das man durchquerte, um in einem oberen Stockwerk mit dem Chef zu sprechen, doch hinter ihr wurde die Tür abgeschlossen. Es stellte sich heraus, dass sie mit Männern ins Bett gehen sollte. Ta weigerte sich, sie sagte, sie wäre noch nie mit einem Mann im Bett gewesen und sie wollte diese Arbeit nicht machen. Aber sie durfte nicht gehen. Sie wurde von mehreren Männern vergewaltigt und wurde nackend in ein vergittertes Zimmer eingeschlossen. Sie bekam jeden Tag Schläge und wurde jeden Tag aufs Neue vergewaltigt. Sie erhielt nichts zu essen und nichts zu trinken, bis sie sich „freiwillig" bereit erklärte, mit Männern ins Bett zu gehen und ihnen alle ihre Wünsche zu erfüllen. Es war eine schlimme Zeit. Meist saß sie mit einigen Mädchen zusammen in einem Raum. Hin und wieder wurde ein Mann in den Raum geführt, der sich dann eines der Mädchen aussuchte. Die meisten von ihnen hatten jeden Tag mit mehreren Männern mitzugehen und anschließend wurden sie wieder eingeschlossen. Eines Tages war es wohl einem Mädchen gelungen, einen Mann zu überzeugen, dass er die Polizei rufen soll, weil die Mädchen hier alle nicht freiwillig arbeiten, sondern gegen ihren Willen eingesperrt sind. Es gab eine große Polizeirazzia. Hierbei wurden auch ein illegales Spielkasino und viel Geld gefunden. Gleichzeitig waren die Mädchen befragt worden, die aussagten, man hätte sie einfach gefangen genommen und sie hätten nie Geld erhalten.

Ein besonders gutmütiger Polizeioffizier nahm einfach einen gefundenen Geldstapel und drückte jedem der Mädchen einige Geldscheine in die Hand, darauf hindeutend, dass sie darüber nicht zu reden hätten. Nachdem die Protokolle auf der Polizeistation geschrieben worden waren, konnten sie gehen, aber nur zwei von ihnen wollten nach Hause, die anderen wussten nicht, wo sie hingehen sollten. Das Geld, das sie vorher hatten, war ihnen von den Männern abgenommen worden und sie hatten für ihre Arbeit nie Geld bekommen. So waren sie dem Polizisten besonders dankbar, der ihnen das Geld zugesteckt hatte; jetzt hatte jede von ihnen dreitausend Baht, um etwas unternehmen zu können. Sonst hätten sie ohne einen einzigen Baht in Bangkok auf der Straße gestanden. Die Mädchen waren an den Busstationen aufgegriffen worden, als sie frisch nach Bangkok kamen, um Arbeit zu suchen, so, dass ihr Verschwinden nirgends auffiel. So verschwanden kleine Mädchen, die alleine waren und keine Freunde, ja oft noch nicht einmal eine Familie hatten, vor allem Mädchen von den Bergstämmen, aus Burma und Kambodscha, weil die nicht einmal mit ihren Kunden sprechen konnten und falls sie wegliefen, auch nicht zur Polizei gehen konnten. Sie wollten zwar alle keine Männer mehr sehen, aber noch schlimmer war für sie nach den Erfahrungen der letzten Monate, jetzt alleine dazustehen. So war es verständlich, dass sich unter den Mädchen einige Grüppchen bildeten, die nun zusammenbleiben wollten.

Einige wollten versuchen, in einer Textilfabrik Arbeit zu bekommen, nachdem ein Polizist ihnen eine neue Fabrik genannt hatte, die noch Arbeiterinnen sucht. Ein anderes Grüppchen entschloss sich, trotz oder wegen der vergangenen Monate in Nana Plaza eine Arbeitsstelle in einer der Bars zu suchen. Es war schon spät nachts, als Ta noch erzählte, wie sie mit zwei Kolleginnen von einer Bar an der Nana Plaza nach Pattaya gekommen war, wo sie erst seit kurzer Zeit arbeitet.

Als Arthur sie fragte, wie sie sich ihr weiteres Leben vorstellt, blieb sie die Antwort schuldig. Da Arthur ihr auch keine guten Ratschläge geben konnte, sagte er, dass es Zeit wäre, zu schlafen und drehte sich um. Ta fragte unsicher: „You no sleep with me?", worauf Arthur antwortete, dass er jetzt müde ist, dass er ihr aber morgen ihr Geld geben wird. Darauf streichelte Ta leicht seinen Oberarm und sagte leise: „You good man…", und nach einer kleinen Pause noch leiser: „Good night", womit sie sich auch umdrehte und zurecht legte. Als Arthur morgens aufwachte, war Ta schon aufgestanden und stand am Fenster. Sie gingen frühstücken, wobei Arthur sich überlegte, wie er sich Ta gegenüber verhalten sollte. Sie war ein liebes, nettes Kind, das ihm Leid tat.

Aber er war nicht gekommen, um liebe Kinder zu suchen. Er unterhielt sich noch eine Weile mit ihr über ihr Leben und über die Arbeit an der Bar. Auf die Frage, was sie von den Farang hält, antwortete sie nach einer Weile: „I don't know, every Farang so different", und fügte nach kurzer Überlegung hinzu: „But every bar girl different, too." Arthur nahm sie noch mit zum Essen, danach schaute er mit gespieltem Entsetzen auf seine Uhr und sagte, dass es schon viel zu spät sei, dass Ta noch arbeiten gehen könnte, um nach einem weiteren Augenblick mit dem geöffneten Portemonnaie vor sich zu sagen, dass er ohnehin kein passendes Wechselgeld hat und ihr zwei Tage bezahlte, weil es so spät geworden sei. Als Ta fragte, ab er sie am Abend nicht wieder abholen will, reichte er ihr die eintausend Baht, schüttelte den Kopf und erklärte, dass er schon alt ist und dass alte Leute nicht jeden Tag mit einem hübschen jungen Mädchen ins Bett gehen können und tat dabei gerade so, als wäre er mit ihr am Vorabend zusammen gewesen und hätte sich dabei verausgabt. Mit einem tiefen Wai steckte Ta das Geld ein und fragte Arthur, ob er vielleicht am nächsten Tag kommen wird, was er aber offen ließ, um sie nicht zu enttäuschen und sich nicht zu verpflichten.

Er ging ins Hotel und legte sich etwas hin, um sich auszuruhen. Nach einem anschließenden Spaziergang und einem Abendessen in einem kleinen Restaurant suchte er eine ruhigere Bar. Hier waren viele Mädchen, doch es saß kein einziger Gast an der Bar und es war sehr schön ruhig. Aber er hatte sich noch nicht richtig hingesetzt, als auch schon die Musik aufgedreht wurde und sich die Mädchen geradezu auf ihn stürzten. Er kam gar nicht dazu, ein Getränk zu bestellen. Sie wollten alle einen Ladydrink, drei Mädchen wollten Geld, um essen zu gehen und alle wollten mit ihm ins Hotel mitkommen. Nein, die Bars waren offensichtlich nicht alle gleich.

Es hatte gar keinen Sinn, hier zu sitzen, wo man offensichtlich nur auf dumme Ausländer wartete, die sich ausnehmen lassen. Statt auf die vielerlei Wünsche einzugehen, bestellte er ein Glas Grappa, wohl wissend, dass man dieses Getränk hier bestimmt nicht kennt. Nach dreimaligem Fragen kam dann auch prompt die Auskunft: „No have", was ihm die Möglichkeit gab, freundlich lächelnd „sorry" zu sagen und das Lokal zu verlassen. Nachdem Arthur nun wusste, warum kein Mensch an dieser Bar saß, suchte er eine Bar, an der schon einige Gäste saßen, und bestellte sich ein Glas Sangthip. Hier wurde er erst einmal gefragt, ob er nicht die Glocke läuten wollte, was bedeutete, dass er dann eine Lokalrunde zu bestellen hätte. Er lehnte ab und bestellte noch einmal seinen Sangthip. Er würde wohl auch hier nicht länger bleiben. Wenn man neuen Gästen sagt, sie müssten erst einmal die Glocke läuten, so war das ein sicheres Anzeichen dafür, dass man keine Gäste sucht, sondern dumme zum Ausnehmen. Hier kam es darauf an, aus einem Gast, der einmal kam, möglichst viel Geld herauszuholen mit Lokalrunden, Ladydrinks und überteuerten Getränken.

Dass man diesen Gast nicht wiedersah, war selbstverständlich, solche Bars haben ohnehin keine Stammgäste, sondern leben von Zufallsgästen, denen diese Bar und die ihr eigenen Geschäftspraktiken noch nicht bekannt sind. Also bemühte man sich dort, von diesen Zufallsgästen möglichst viel Geld zu kassieren, denn nichts Anderes zählte hier. Prompt wurde er auch auf die Ladydrinks angesprochen von den Mädchen, die mit ihm ins Hotel gehen wollten. Als er sein Glas halb geleert hatte, wurde er von einem Mädchen geradezu gefragt, ob er schon betrunken war: „Eh, Farang, kimao leo mai?" Er wusste zwar nicht, dass solch eine Frage äußerst unhöflich ist, aber die Worte „Farang" für den westlichen Ausländer und „kimao" für „betrunken" hatte er schon von seinem Sohn gehört und so wunderte er sich über die Frage, die man in Europa zumindest beim ersten Glas niemals einem Gast stellen würde.

Aber diesmal war es für ihn eine gute Vorlage. Er sagte „kimao", nickte mit dem Kopf und holte einige Geldscheine aus der Tasche. Nun war man erstaunt, dass er schon gehen will. War es denn nicht selbstverständlich, dass man geht, wenn man glaubte, dass man betrunken ist? Aber es gab ja viele Bars in Pattaya und so war es nicht schwer, sich eine Bar auszusuchen, wo man sich nicht gleich auf ihn stürzen würde. Nur einige Meter weiter fand er solch einen Platz. Vier Mädchen saßen an der Bar, die sich überhaupt nicht um die vorbeigehenden Männer kümmerten, es lief halblaute thailändische Musik, und so setzte er sich an die Theke. Jetzt sah er, dass die vier Mädchen mit einem Würfelspiel beschäftigt waren. Es schien ein sehr aufregendes Spiel zu sein, das gar kein Ende nahm. Er dachte schon, dass niemandem aufgefallen war, dass ein Gast gekommen war, als ein etwas pummeliges Mädchen unter die Theke griff und ohne hinzusehen einen Aschenbecher vor ihn stellte. Auf seinen Dank erhielt er keine Antwort. Er wartete höflich ab, bis ein Spiel beendet war, aber dann wurde sofort ein neues begonnen und so stand Arthur nach zehn Minuten auf und ging.

Nun waren die Mädchen sehr erstaunt: „You no Drink?" Etwas verärgert fragte er sich abwendend: „What Drink?", denn er hatte ja kein Getränk erhalten. Er hörte noch irgendeine Bemerkung über die Farang, die er aber nicht verstand. Einige Meter weiter wurde er schon von zwei Mädchen angerufen: „Hallo, Papa" und „Please, sit down", die sich auch prompt um ihn kümmerten und seinen Sangthip vor ihn hinstellten. Sie holten verschiedene Spiele unter der Theke hervor und fragten ihn, ob er etwas spielen möchte. Erfreut stellte er fest, dass er doch noch nicht verkalkt war und sich immer noch auf neue Situationen einstellen konnte.

Immerhin hatte er bemerkt, dass „Papa" eine ehrenhafte Anrede war und dass er sich gar nicht erst an eine Bar zu setzen brauchte, an der man ihn mit den Worten „Eh, Farang!" rief. Diese Anrede setzte voraus, dass man ihn für einen dummen Ausländer hielt, den es unbedingt und sofort auszunehmen galt. Während er sein zweites Glas trank und sich bei den Brettspielen fleißig im Verlieren übte, bemerkte er, dass er wohl etwas zu früh gekommen war, denn erst jetzt kamen nacheinander mehrere Mädchen zur Arbeit an der Bar. Er musste grinsen und fühlte sich gleich so zuhause, wie in seinem ehemaligen Betrieb bei den Sekretärinnen. Als die Mädchen hastig in die Bar kamen und sich bei der Kassiererin meldeten, wurden sie in eine Liste eingetragen. Dann bestellten einige der Mädchen sich erst einmal etwas zu essen und verschwanden hinter der Bar, während die anderen ihre Kosmetikbeutel und einen Spiegel hervorkramten und sich hingebungsvoll einer Verschönerungskur unterzogen, zu der einige sich auch noch anschließend von einer Kollegin die Haare machen ließen.

Unter dem Strom der Einreisenden befand sich auch ein etwas höher gewachsenes Mädchen mit braunen Haaren, das auf ihn zuging und ihm zur Begrüßung die Hand gab. Arthur wunderte sich und fragte sie, ob sie die Chefin war, worauf sie antwortete, dass sie nur hier arbeitet, dass er aber ein Gast war und dass sie ihn deshalb begrüßen muss. Das machte einen guten Eindruck auf Arthur, der bald darauf seine Spielzeit mit Holzklötzchen und Dominosteinen beendete, um sich von diesem Mädchen noch ein Glas Sangthip bringen zu lassen, wobei er ihm auch gleich ein Glas anbot. Das Mädchen setzte sich mit einem Glas Ananassaft ihm gegenüber und sagte, es würde von ihren Kolleginnen Mia gerufen. Mia kam nicht aus einem Dorf in der Provinz, sondern aus Bangkok.

Nach ihrer Geburt hatte ihre Mutter sie zu den Eltern aufs Land geschickt, doch als sie sechs Jahre alt wurde, hatte die Mutter sie zu sich nach Bangkok geholt. Dort ist sie zur Schule gegangen und hat mit der Mutter allein gelebt, die sich aber sehr um sie gekümmert hat. Die Mutter stammt aus Korat, hat dort aber keine Familie mehr, erläuterte Mia auf Arthurs Fragen. Der glaubte nun, eine gewisse

Vorstellung von Mias Vergangenheit zu haben. Er war sich sicher, dass ihre Mutter schon in einer Bar gearbeitet hatte und deshalb so ein ausländisch aussehendes Kind hatte.

Er sprach darüber mit einem Ausländer, der sich zwei Plätze weiter an die Bar gesetzt hatte. Der lebte schon länger in Thailand und war sich nicht sicher, ob Arthurs Vermutungen richtig waren. Er meinte, wahrscheinlich war sie das Ergebnis einer Zusammenkunft ihrer Mutter mit einem Ausländer, worauf der hohe Wuchs, die braunen Haare, die relativ kräftige, gerade Nase und die grünen Augen hinwiesen. Es ist aber gar nicht sicher, ob ihre Mutter schon in einer Bar gearbeitet hatte oder nicht. Aber sie war wohl nach der Geburt nicht in der Lage gewesen, ihr Kind selbst aufzuziehen und hatte es deshalb zu den Eltern gegeben. Vielleicht hatte sie auch erst deshalb in einer Bar eine Arbeitsstelle gesucht, um das Geld für ihre Unterbringung und das eigene Leben zu verdienen.

Dann aber war es immerhin bewundernswert, dass sie sich bemüht hatte, die Tochter zu sich nach Bangkok zu holen, um sich selbst um sie zu kümmern und ihr eine gute Schulbildung zu ermöglichen. Er meinte, Mias höfliches und dezentes Verhalten lässt einen Rückschluss darauf zu, dass die Mutter eine gewisse Bildung hatte, zumindest selbst ein höflicher Mensch sein musste. Als Arthur meinte, sie wäre aber auf jeden Fall nach Pattaya gekommen, um hier Geld zu machen, schüttelte der Farang den Kopf und sagte, er sei sich da nicht sicher, doch das könne man wohl nur von Mia selbst erfahren. Der Name Mia ist nicht thailändisch, meinte er, deshalb könnte man vermuten, dass sie eine neue Identität sucht, aber auch darüber könnte sie nur selbst Auskunft geben. Als hätte es dieser Anregung bedurft und als wollte Arthur nur herausfinden, aus welchem Grunde Mia in einer Bar arbeitet, fragte er sie, ob sie mit ihm mitgehen würde. Mia schaute ihn einen Augenblick wie abwesend an, dann nickte sie plötzlich mit dem Kopf und sagte: „Ja, sicher".

Arthur hatte das Gefühl, dass Mia irgendwie anders war, als die anderen Mädchen, auch wenn er sich im Moment noch nicht erklären konnte, was bei ihr anders war. Es war nicht einmal so sehr das Aussehen, das ihm aufgefallen war, sondern vielmehr ihr Verhalten. Sie war höflicher, ruhiger und zurückhaltender. Aber Arthur musste sich eingestehen, dass da auch noch andere ruhige und zurückhaltende Mädchen waren und glaubte, dass sie sich auch von denen unterschied. Vielleicht war es diese andere Wesensart, die Arthur veranlasste, sie nicht direkt ins Hotel mitzunehmen, sondern sie erst zum Essen einzuladen, nachdem er mit ihr noch etwas geplaudert und schließlich die Auslösesumme bezahlt hatte. Innerlich war Arthur gespannt, ob Mia sich ein europäisches oder thailändisches Abendessen bestellt, aber an dem gemischten Salat, den sie aß, war keine Nationalität zu erkennen. Um seine Zweifel zu beseitigen, fragte er schließlich geradeheraus, ob sie Ausländerin oder Thailänderin sei. Mia sah auf und fragte Arthur, was er denn glaubt. Der wollte sich verteidigen, weil er diese Frage gestellt hatte und antwortete, Thailänder wären klein von Wuchs und hätten schwarze Haare. Darauf meinte Mia, dass sie dann ja eine Ausländerin sein müsste, und wollte nun von ihm wissen: „Aus welchem Land komme ich denn?" Nun zuckte Arthur die Schultern, worauf Mia meinte: „Ich komme also aus keinem fremden Land, aber ich bin auch keine Thailänderin. Was bin ich denn nun?" Arthur schwieg. Hatte er hier bei Mia einen wunden Punkt getroffen? Wie konnte er die Situation jetzt lösen?

Nachdem ihm gar nichts einfiel, fragte er sie voller Mitgefühl mit einem leicht entschuldigenden Klang, ob sie vielleicht etwas trinken möchte. Mia musste lachen und sagte zu, wodurch sich der Aufenthalt im Restaurant noch etwas ausweitete. Arthur zog es vor, das Thema zu verschieben, um nicht übermäßig lange im Restaurant zu sitzen. Das Wesen und die Geschichte dieses Mädchens interessierten ihn jedoch, ohne es näher begründen zu können. Er würde sie später noch einmal darüber befragen. So unterhielten sie sich noch einige Minuten über das Leben an der Bar und gingen schließlich zusammen ins Hotel. Mia ging zuerst unter die Dusche und kam mit dem Handtuch bekleidet zurück, als wäre dies eine Tradition. Da Arthur auf einer Bettkante saß, legte sie sich mit dem Handtuch auf die andere Seite, während Arthur aufstand und sich unter die Dusche stellte. Etwas unsicher legte er sich auf seine Bettseite und wandte sich Mia zu, die ihm entgegenkam und seine Hand berührte. „Willst du mit mir schlafen?", fragte er, worauf sie meinte: „Du bezahlst mich nicht dafür, dass ich mit dir essen gehe."

Als Arthur wach wurde, erinnerte er sich an die vergangene Nacht. Als sie zusammen waren, hatte Mia eine verhaltene Zärtlichkeit gezeigt, was ihn erstaunte. Er hatte damit gerechnet, dass Barmädchen ihren Körper zur Verfügung stellen, oder dass sie sich vielleicht voll auf den sexuellen Akt konzentrieren. Aber diese Zärtlichkeit hatte nichts mit Sexualität zu tun gehabt, sie war weit eher eine persönliche Geste gewesen. Warum sie zärtlich gewesen war, verstand er allerdings nicht. Sie gingen gemeinsam frühstücken und Arthur nahm diese Gelegenheit wahr, um Mias Hintergrund besser zu verstehen. Da sie ein recht gutes Englisch sprach, war die Unterhaltung problemlos und Mia scheute nicht davor zurück, über ihre Vergangenheit zu sprechen, es schien eher so, als wollte sie sich selbst Klarheit verschaffen oder eine eigene Identität finden.

Über die Kindheit im Dorf bei den Großeltern wusste sie nicht mehr allzu viel zu berichten. Es waren ruhige und freundliche Leute gewesen, die ihr viel Zuneigung gegeben haben, wenn sie auch ihre Forderungen mit Bestimmtheit durchgesetzt hatten. Sie hatte in jener Zeit viel mit anderen Kindern gespielt, aber sie erinnerte sich daran, dass es in der letzten Zeit im Dorf doch öfter Auseinandersetzungen mit anderen Kindern gegeben hatte, weil sie anders aussah; man nannte sie auch oft die Farang und es gab Kinder, die nicht mit ihr zusammen spielen wollten. Nachdem sie dies gesagt hatte, schüttelte sie den Kopf und korrigierte sich: Es gab Eltern, die ihren Kindern verboten hatten, mit ihr zu spielen, so waren es nicht die Kinder gewesen, die sie abgelehnt hatten, aber als sie fünf Jahre alt war, hatte sie das nicht erkennen können. Als sie dann nach Bangkok kam, fühlte sie sich zuerst bei der Mutter sehr fremd, die in den vergangenen Jahren nur hin und wieder einmal zu Besuch gekommen war. Aber die Mutter war sanft gewesen, sie hatte sich in der ersten Zeit viel mit ihr beschäftigt und sehr um sie bemüht. In der Schule wurden dann die Schwierigkeiten mit den Klassenkameradinnen mit zunehmendem Alter größer. Es gab immer wieder Hänseleien und Anfeindungen und auch hier wurde sie oft die Farang genannt.

Während sie in den ersten Schuljahren doch noch viele Freundinnen gehabt hatte, wurden es in den höheren Klassen immer weniger. Als sie die Grundschule beendet hatte, schickte die Mutter sie auf die Secondary School. Zu dieser Zeit hatte die Mutter viel Arbeit. Sie war morgens nie zuhause, wenn sie zur Schule ging, aber sie kam abends gegen sechs Uhr und machte mit ihr zusammen die Schularbeiten. Später ging sie wieder. Nein, Mia wusste nicht, wohin. Sie meinte, es hätte sein können, dass sie irgendwo die Buchhaltung führt oder putzen geht, aber sie fügte leise hinzu, dass sie immer Angst gehabt hat, sie zu fragen. In der Schule wurden die Probleme immer größer, obwohl sie keine Schwierigkeiten mit dem Lernen hatte.

Die Zahl der Freundinnen, mit denen sie sich nach der Schule oder am Wochenende treffen konnte, nahm ständig ab und bald blieb sie alleine. Es waren ausgerechnet jene Mädchen, die den größten Wert auf ausländische Mode und den Besitz ausländischer Sachen legten, von denen sie am heftigsten angefeindet und abgelehnt wurde, weil sie eine Farang, eine Ausländerin war. Sie hatte einmal mit der Mutter darüber gesprochen, aber die hatte nachher geweint und gesagt, dass sie bestimmt keine Probleme hätte, wenn sie auf eine internationale Schule gehen könnte, sie hätte auch alles versucht, um mehr Geld zu verdienen, es reichte aber bei Weitem nicht für die sehr teuren internationalen Schulen.

Mia hat dann nie wieder mit der Mutter über ihre Probleme gesprochen, weil sie wusste, dass die Mutter ihr nicht helfen konnte und diese Probleme sie nur belasteten. Aber sie hat die Secondary School beendet und einen guten Abschluss gemacht. Sie hatte sich ganz besonders beim Englisch lernen viel Mühe gegeben, denn sie wollte nach ihrem Schulabschluss in einer ausländischen Firma Arbeit suchen, weil sie sicher war, dort akzeptiert zu werden. Die Mutter wollte zwar, dass sie ein Studium an einer Universität beginnt, aber Mia wusste, wie teuer das ist und sie konnte der Mutter die Kosten nicht zumuten, zumal sie auch merkte, dass es der Mutter gesundheitlich gar nicht gut ging. Sie war sich sicher, dass sie in einer ausländischen Firma nicht abgelehnt wird, weil sie wie eine Farang aussieht. Sie bekam auch bald eine Stelle in einer ausländischen Import- und Exportfirma, in der viele Ausländer arbeiteten, und fing voller Hoffnung und mit vielen Erwartungen für eine schöne Zusammenarbeit an.

Die Enttäuschung war besonders groß, als sie auch hier abgelehnt wurde. Man beklagte sich darüber, dass ihr Verhalten zu sehr typisch thailändisch sei, und sagte dazu, dass das bei ihr besonders schwer ins Gewicht fällt, weil sie ja keine typische Thailänderin ist. Nachdem sie in der Firma von den thailändischen Kollegen abgelehnt wurde, weil sie eine Farang ist und von den ausländischen Kollegen angefeindet wurde, weil sie eine Thai ist, hat sie die Arbeitsstelle schon nach wenigen Monaten aufgegeben. Doch, sie hatte auch schon Freunde gehabt, aber das hatte immer nur sehr kurz gedauert, sagte sie mit einem bitteren Lächeln. Es waren drei Jungen gewesen, die sich um ihre Freundschaft bemüht hatten. Zwei von ihnen hatten gedacht, dass sie reiche Eltern haben muss und viel Geld hat, weil sie eine Farang ist, und der Dritte betrachtete sie als ein exotisches Ausstellungsstück. Er schleifte sie zu Freunden und in Diskotheken mit, um überall zu sagen, dass er eine Farang zur Freundin hat, was immer damit endete, dass man sie fragte, was denn ihr Vater macht. Sie hat sich dann nicht mehr darum bemüht, Freunde zu finden.

Warum sie dann nach Pattaya gegangen ist, kann sie nicht genau sagen. Sie meint, es waren wohl verschiedene Illusionen. Erst einmal wollte sie weg aus der Firma, weg aus Bangkok. Sie hatte auch gedacht, dass sie hier genug Geld verdienen kann, um studieren zu können. Sie hatte gehört, dass die Studenten sich weniger daraus machen, wie ein Mensch aussieht. Aber sie hatte schnell gelernt, dass das Geld, das sie hier auf ehrliche Weise verdienen kann, nie zum Studium reichen wird. Es blieb die Hoffnung auf irgendeinen reichen Ausländer, der vielleicht zwei oder dreimal im Jahr kommt, für den sie dann da ist und der ihr vielleicht bei der Finanzierung des Studiums hilft. Aber sie hatte gelernt, dass dieser Gedanke nicht reell ist, die Chance nur theoretisch besteht. Als sie nach Pattaya ging, hatte sie auch gedacht, dass sie hier, wo Thailänder und Ausländer sich mischen, akzeptiert würde. Aber sie hatte gelernt, dass dieses scheinbare Miteinander von Thai und Farang nichts weiter als ein Schauspiel ist. Das relativiert sich nur dadurch, dass viele Menschen hierherkommen, die überhaupt keinen Menschen akzeptieren können, ganz gleich, wo er herkommt.

Die Gedankenwelt von Thailändern und Ausländern und ihre Gesellschaftskreise waren weit voneinander entfernt. Es gab keine wirkliche Gemeinsamkeit, es gab nur gemeinsame Geschäfte, gleichgültig, welcher Natur sie waren. Selbst die an den Bars geschlossenen Freundschaften und Liebschaften waren nichts weiter als Geschäfte auf Gegenseitigkeit, auch wenn es nicht so aussah. Dann aber hatte sie auch gelernt, dass es nicht nur an ihrer Herkunft lag, wenn sie von vielen Mädchen nicht akzeptiert wurde. Es lag nicht so sehr daran, wie sie aussah, sondern daran, wie sie war, wie sie sich verhielt. Sie war weder fähig, zu hüpfen, noch konnte sie laut „Hallo, darling" schreien. Sie konnte sich weder scherzhaft mit den Mädchen prügeln, noch konnte sie einem fremden Mann an die Hose gehen. Und sie konnte es auch nicht akzeptieren, wenn ein fremder Mann ihr an der Bar an die Brüste ging. Nachdenklich meinte sie: „Vielleicht habe ich selbst zu viel Angst vor den Menschen, habe mich selbst zu sehr zurückgezogen, dass selbst die Menschen, die mich sehen wollen, mich nicht finden können."

Arthur blieb noch fünf Tage mit Mia zusammen, während derer sie viele interessante Unterhaltungen hatten, doch er merkte, wie er selbst immer ernster wurde, seine Stimmung sank und ihm die Gesellschaft dieses ernsten, nachdenklichen Mädchens gar nicht gut tat. Ihm kam der Gedanke, dass es doch seltsam war, dass die kleine Ta, die monatelang eingesperrt, geschlagen und vergewaltigt worden war, immer noch fröhlich lachen und hüpfen konnte, während Mia, die weder geschlagen noch vergewaltigt wurde, dazu längst nicht mehr fähig war. Es drängte sich damit die Frage auf, ob die Ablehnung eines Menschen nicht auch eine Vergewaltigung ist. Ja vielleicht noch schlimmer, zeigt man doch bei einer Vergewaltigung, dass man etwas von diesem Menschen haben will, ihn braucht, während man ihn bei der Ablehnung als völlig unbrauchbar außerhalb der menschlichen Gemeinschaft stellt und ihm die Möglichkeit eines gemeinschaftlichen Lebens nimmt. Das geschieht oftmals aus einem bloßen Vorurteil heraus ohne nähere Kenntnis dieses Menschen. Nun war Arthur in einem Dilemma. Er war gekommen, um sich zu freuen und nette Erlebnisse zu haben, nun sprachen sie aber fortwährend über traurige Geschichten und eine allgemeine Gesellschaftsproblematik, wodurch Arthurs Stimmung in den Keller rutschte und er sich deprimiert fühlte.

Andererseits wollte er Mia aber nicht auch noch ablehnen, indem er sie wegschickte, zumal sie sich ja ansonsten auch sehr um ihn bemühte. So schien es eine günstige Fügung, als Mia nach fünf Tagen sagte, dass sie einen Brief von ihrer Mutter erhalten hat, in dem die Mutter sie bittet, sofort nach Bangkok zu kommen. Mia sagte, dass sie den Grund nicht weiß, es kann sein, dass die Mutter krank ist, es kann aber auch sein, dass sie eine neue Arbeitsstelle für sie gefunden hat. Das Schlimmste wäre, wenn ein Bekannter sie in einer Bar gesehen und der Mutter darüber berichtet hat. Auf jeden Fall aber muss sie sofort fahren. Arthur war darüber im Grunde froh. Er gab ihr zum Abschied eintausend Baht und bedankte sich für die viele Mühe, die sie sich um ihn gemacht hatte. Mia verabschiedete sich mit einem tiefen Wai und ging schnell weg. Arthur war froh. Das Geld war für Mia eine

Anerkennung, die sie dringend brauchte; es brachte ihr viel mehr, als ihn der Verlust schmerzen könnte. Nun war Arthur eigentlich frei, sich ein neues Mädchen zu suchen, denn er wollte doch wissen, ob er hier eine Frau findet, die ihn versorgen kann. Aber er war in diesen Tagen sehr nachdenklich geworden, grübelte viel über sein Leben nach und brauchte noch einen ganzen Tag, um diese Begegnung zu verarbeiten.

Den nächsten Tag verbummelte Arthur mit Spaziergängen durch die Stadt und über die Strandpromenade und er ärgerte sich etwas darüber, dass ihm die ernste Mia jetzt fehlte. So kam es, dass er wieder etwas zu früh an den Bars vorbeiging. Als ihm dies bewusst wurde, ging er erst einmal etwas essen und las dabei die Englischsprachige Nation, um sich die Zeit etwas zu vertreiben. Dort las er, dass die Regierung in ihrem heroischen Kampf gegen Prostitution und Drogenmissbrauch die Anzahl der Bars begrenzen und diese in Rotlichtviertel verlegen will. Arthur zweifelte daran, dass die Regierung weiß, was Prostitution ist, wenn sie die Bars als Bordelle betrachtet. Zumindest schien es sich um die Durchsetzung alter, rigider Moralvorstellungen zu handeln, ohne dabei andere oder bessere Lebensmöglichkeiten anbieten zu wollen. Außerdem hatte er hier in dem angeblichen „Zentrum des Drogenhandels" bisher noch nicht eine einzige Droge gesehen. Nach dem, was Mia ihm von der Schule erzählt hatte, werden die Drogen hauptsächlich an den Schulen verkauft und nach Mias Schilderung der Schulen und des Unterrichts wäre es sinnvoller, diese Schulen zu schließen, als die harmlosen Bars.

Es waren die Schulen und die Eltern, die den Kindern ernsthafte Schäden zufügten, nicht die Bars. Jugendliche, die in verständnisvollen Familien leben und in eine Schule gehen, die sich auf das Erlernen der Denkfähigkeit und der Befähigung zu einem gemeinschaftlichen Leben und einem Verständnis anderer Menschen konzentriert, haben kaum Bedürfnis, sich in einer Bar zu betäuben. Sie haben einen eigenen Freundeskreis mit eigenen Interessen und einem Gedankenaustausch. Als ihm bewusst wurde, dass er schon wieder an Mia und ihre Gesellschaftsanschauung dachte, brach er diese Gedanken ab, bezahlte und ging in eine Bar. Hier hatte der Betrieb schon angefangen. Zwei Ausländer saßen an der Theke und einige Mädchen waren noch damit beschäftigt, den Inhalt verschiedener Farbtöpfe gleichmäßig in ihrem Gesicht zu verteilen. Eine kräftig gebaute Frau, die aber keine Fettpolster zeigte und vielleicht knapp dreißig Jahre alt sein mochte, schaute ihm tief in die Augen und fragte nach einer Weile: „Papa, what you drink?", wodurch er bemerkte, dass er schon wieder in Gedanken versunken war. Nach seiner Bestellung brachte sie ihm sein Glas und zog gleich einige Spiele unter der Theke hervor. Arthur nickte und wählte aus.

Während sie spielten, fragte sie, wo er herkommt. Als er sagte, er kommt aus Deutschland, sagte sie in sehr gebrochenem Deutsch, dass sie drei Monate in Augsburg gewesen war. „Viel kalt", klagte sie, dann legte sie ihre rechte Hand dorthin, wo man hinter kräftigen Polstern ihr Herz vermuten durfte und fügte hinzu: „Hier auch. Und viel alleine." Sie war mit einem deutschen Arbeiter als eine Art „Ehefrau auf Probe" mitgegangen. Der Mann hatte gesagt, wenn sie miteinander gut auskommen, wird er sie heiraten. Aber dann ist er jeden Tag arbeiten gegangen und abends um 21 Uhr zurückgekommen. Wie sollte sie mit einem Mann gut auskommen, wenn er nie da war, wollte sie wissen. Sie betonte, dass es ein guter Mann war. Sie hatten auch nie Streit miteinander gehabt, es hatte auch keine Probleme mit dem Geld gegeben. Aber sie hatte sich wie in einer Einzelzelle gefühlt. Sie kannte keinen Menschen, sie konnte auch nicht aus dem Haus gehen, denn draußen war es sehr kalt und auf den Straßen lag Schnee. Sie konnte nicht einkaufen gehen, weil sie weder deutsch sprechen noch lesen kann. Sie hatte nichts zu tun und war nur immer alleine. Nur am Wochenende, wenn ihr Freund früher nach Hause kam und die Fußballspiele oder irgendwelche Filme im Fernsehen sah, dann ging es ihr besser. Am Sonntag sind sie auch manchmal ausgegangen und haben in einem thailändischen Restaurant gegessen. Das waren ihre schönsten Erinnerungen an Deutschland und ihren Freund. Als sie ihm sagte, dass sie nicht bei ihm bleibt, dass sie Heimweh hat und wieder nach Thailand geht, war er böse geworden und hatte ihr gesagt, sie will nur an der Bar mehr Geld verdienen. Er konnte nicht verstehen, dass sie sich nicht wohlfühlt, wenn sie immer nur alleine ist. Er meinte, eine Frau muss doch glücklich sein, wenn sie den ganzen Tag für sich hat und noch nicht einmal arbeiten gehen muss. Sie hieß Chuli und Arthur nahm sie mit ins Hotel.

Als sie im Hotel ankamen, bot Arthur aus dem Kühlschrank etwas zu trinken an und Chuli nahm ein Sodawasser. Er merkte, dass sie etwas Zeit brauchte, und begann eine belanglose Unterhaltung über die Bar. Er wollte kein schwieriges Thema nehmen, weil er merkte, dass Chuli zwar versuchte, mit ihm in Deutsch zu sprechen, aber doch nur einen sehr begrenzten Wortschatz hatte. Wohl um sich abzulenken, erzählte Chuli noch einige lustige Begebenheiten aus der Bar, von ihren Kolleginnen und aus ihrem eigenen Leben, bis sie sich schließlich aufraffte und duschen ging. Auch sie kam in der traditionellen Bekleidung des Badehandtuches zurück und legte sich aufs Bett. Arthur ging duschen und legte sich anschließend dazu. Die Gedanken, wie er sich Chuli annähern könnte, hätte er sich sparen können, denn Chuli war eine erfahrene Frau, die die besten Wege zum Zusammensein schon länger kannte und die Führung übernahm.

Ermattet legte Arthur sich später zufrieden zum Schlafen. Am frühen Morgen wachte er auf, als Chuli gerade damit beschäftigt war, das Hotelzimmer umzuräumen, damit es einen gemütlicheren Eindruck machte. Sie meinte, wenn alles so steif und rechtwinklig herumstand und er nicht einmal ans Fenster konnte, wäre es ja kein Wunder, dass er seine Urlaubszeit an der Bar verbringt. Aber das wäre sehr teuer und auch nicht immer ein Vergnügen. Voller Überzeugung teilte sie ihm mit, es wäre viel besser, wenn sie abends im Hotel blieben und sich unterhalten. Sie würde nach dem Frühstück einige Flaschen Bier holen und in den Kühlschrank stellen, dann könnte sie ihn am Abend mit kühlem Bier versorgen, was viel billiger sei, als das Bier, das im Kühlschrank des Hotels stand oder an den Bars erhältlich war. Nachdem er solchermaßen über seine Urlaubsplanung dieses Tages informiert worden war, fragte er nun scherzhaft, was sie am Nachmittag unternehmen würden. Und sie antwortete ohne nachzudenken, dass sie nach dem Essen zum Wat Yansangwararam fahren, das sehr schön ist, nicht sehr weit entfernt von Pattaya an einem See liegt. Es ist von einem sehr schönen Park umgeben, in dem man unter dem Schatten vieler Bäume wunderbar spazieren gehen kann.

Fast nur zum Spaß fragte Arthur nun, wo sie zu Mittag essen sollten und Chuli antwortete prompt, dass sie ins „Little duck" gehen, ein kleines, offenes Restaurant an der Pattaya Central Road, das nett eingerichtet ist und sehr preiswerte thailändische und internationale Speisen anbietet. Chuli hatte also in bester Absicht seinen Urlaubsplan schon voll unter Kontrolle genommen. Arthur erkannte, dass Chuli dabei nicht versuchte, Geld zu machen; sie hatte nichts angeboten, wobei sie etwa Kommissionen bekommen könnte. Deshalb freute er sich über ihre Aktivität. Andererseits fürchtete er, sich bald wie ein kleiner Junge zu fühlen, dem nur noch gesagt wird, was er zu tun hat. Aber diese Frage würde sich bestimmt innerhalb von zwei, drei Tagen klären lassen, noch bevor sie ihn übermuttert. Beim Frühstück versorgte Chuli ihn mit Salz und Pfeffer. Sie sorgte zudem für etwas Unterhaltung, wenn ihr Deutsch auch so fürchterlich gebrochen war, dass Arthur sie oft nicht verstehen konnte. Als er sich nach dem Frühstück erhob, bat sie ihn, auf dem Zimmer fünf Minuten auf sie zu warten, sie sei sofort wieder zurück. Chuli kam tatsächlich sehr schnell wieder und Arthur bemerkte, dass sie wohl schon sehr kräftige Biertrinker kennengelernt haben musste, denn sie brachte gleich zwölf Flaschen, die sie im Kühlschrank verstaute.

Aus dem Empfangsraum des Hotels hatte sie eine deutsche und eine englische Zeitung organisiert, die er nicht zu bezahlen brauchte. Für das gekaufte Bier hielt sie eine Quittung hin und auch gleich die Hand auf, was Arthur als korrekt empfand. Chuli zeigte sich überzeugt, dass Arthur sich jetzt mit seinen Zeitungen an den Swimmingpool setzen sollte, bis es Zeit zum Mittagessen sei. Sie schnappte sich einen Beutel mit verschiedenen Garnen und Sticknadeln und öffnete Arthur schon einmal die Tür, womit ihm seine Beschäftigungsmöglichkeiten deutlich gemacht wurden. Während Arthur seine Zeitungen las, stickte Chuli Deckchen. Auf die Frage, wozu sie die braucht, erklärte sie, dass sie es nicht liebt, einfach nur herumzusitzen, was aber in der Bar unumgänglich sei. Wenn sie nichts zu tun hat, stickt sie deshalb lieber Deckchen, die sie an einen Laden verkauft, womit sie sich einen kleinen Nebenverdienst verschafft. Erklärend fügte sie hinzu, dass Barfrauen in ihrem Alter nicht sehr oft ausgelöst werden, weil die meisten Ausländer ganz junge Mädchen bevorzugen, weshalb sie einen Nebenverdienst braucht.

Aber mit dem Monatslohn der Bar und dem Erlös der Deckchen hat sie genug zum Leben, weil sie keine Kinder hat und kein Geld nach Hause schicken muss. Verwundert fragte Arthur, weshalb sie denn dann in einer Bar arbeitet. Chuli erzählte, dass sie schon sehr lange von zuhause weggegangen ist. Ihre Eltern hatten keine eigenen Felder, sie arbeiteten fest für einen Bauern, der mehrere Felder hatte. Aber dort gab es nicht so viel Arbeit, dass Chuli hätte mitarbeiten können und so war sie in die Stadt gegangen. Sie hatte verschiedene Arbeitsstellen gehabt. Als Wäscherin, als Näherin und in einer Verpackungsfabrik. Die Arbeit war zwar sehr eintönig gewesen und sie hätte sich auch immer abhetzen müssen, doch das hätte sie noch nicht einmal so gestört. Aber ab 17 Uhr saß sie dann den Rest des Tages allein auf einem kleinen Zimmer, für das sie den größten Teil ihres Verdienstes abgeben musste.

Das Geld reichte nicht, um einmal ausgehen zu können, und so hatte sie auch keine Freunde. Auf der Arbeit herrschte nur ein Befehlston und sie hetzte sich ab, damit sie dann ab dem Nachmittag alleine war und auf den nächsten Tag wartete, an dem sie sich wieder zu den Befehlen abhetzen durfte. Das war kein Leben. Dann hatte sie einmal eine frühere Bekannte aus ihrem Dorf getroffen, die in Pattaya arbeitete. Die hatte ihr von dieser Arbeit erzählt und sie war gleich mitgegangen. Die Arbeit war viel angenehmer, viel freier, auch wenn sie hin und wieder einmal mit einem Mann mitgehen musste. Aber das war nicht schlimm, eigentlich mochte sie es, wenn sie einen Menschen zu versorgen hatte, dann hatte sie wenigstens eine Aufgabe. Sicher hatte sie sich manchmal gewünscht, einen Partner zu treffen, mit dem sie leben konnte, aber je mehr Männer sie kennenlernte, desto weniger glaubte sie, einen passenden Partner finden zu können.

Inzwischen war sie sich auch gar nicht mehr sicher, ob sie überhaupt noch einen Partner sucht, mit dem sie zusammenleben konnte, oder nicht besser ohne Probleme alleine blieb. Sie wohnte mit drei Mädchen auf einem Zimmer und dort gab es immer Unterhaltung dort war immer Leben ohne Streit und ohne Probleme. In der Bar waren auch immer irgendwelche Mädchen, mit denen man sich unterhalten konnte und so wurde es eigentlich nie langweilig. Und sie hatte nicht die Probleme, die sie immer wieder von verheirateten Frauen hörte, oder von den Kolleginnen, die mit einem Farang lebten. Probleme, die sie selbst nur hatte, wenn sie einmal längere Zeit mit einem Farang zusammen war. Arthur war überzeugt, dass sie sicherlich Recht hatte. Chuli selbst war wie eine professionelle Touristenführerin. Sie organisierte gemeinsame Ausflüge, natürlich rein geschäftsmäßig, inklusive der geschäftsmäßigen, zielstrebigen Bettzeiten.

Ihr Talent bewies sie mittags, als sie essen gingen und anschließend zum Wat Yansangwararam fuhren, sie war eine perfekte Führerin und Arthur hatte sicherlich bei dem Ausflug alles Wichtige gesehen und alle Bequemlichkeiten gehabt. Allerdings hätte er sich wohler gefühlt, wenn der Ausflug nicht ganz so geschäftsmäßig verlaufen wäre. Nach der Rückfahrt besuchten sie ein Restaurant, setzten sich an eine Bar und gingen ins Hotel, wo die Beschäftigungstherapie dieses Tages weitergeführt und schließlich im Bett beendet wurde. Drei Tage blieb Chuli bei Arthur, dann hielt er es nicht mehr aus. Sicher, es war alles sehr korrekt verlaufen, inklusive der Spaziergänge, Ausflüge, Mahlzeiten, Barbesuche und der nächtlichen Vergnügungen. Nur, dass nichts wirklich Vergnügen bereitete, inklusive der Vergnügungen.

Während alles reibungslos und termingerecht ablief, fühlte Arthur sich wie der einzige Teilnehmer bei einer amerikanischen Gruppenreise. Er bedankte sich bei Chuli für ihre aufreibende Tätigkeit (er fühlte sich nun wirklich sehr aufgerieben) und sagte, dass er verreisen müsse, um einen Freund zu suchen („look for a friend"), was alles bedeuten konnte. Irgendwie war er mit seiner Entscheidung selbst nicht ganz zufrieden, denn er musste sich eingestehen, dass Chuli alles für ihn getan hatte. Ihr einziger Fehler bestand darin, dass sie ehrlich war; sie hatte nicht die verliebte Geliebte gespielt und ihn dabei einwandfrei versorgt. Er fragte sich selbst, ob es ihm vielleicht lieber gewesen wäre, wenn irgendein anderes Mädchen ihn genauso versorgt, aber dabei auch noch dauernd Küsschen gegeben und „you very good man, I love you too much" gesagt hätte. Nein sicherlich nicht. Aber er beruhigte sein Gewissen mit dem Hinweis, dass er ja schließlich keine pflichtbewusste Gouvernante, sondern eine empfindungsfähige Frau für ein gemeinsames Leben suchte.

Es nimmt nicht wunder, dass Arthur wieder einen Tag mit sich alleine blieb und erst am nächsten Tag erneut auf die Suche ging. Er gestand sich selbst ein, dass er genau genommen gar nicht wusste, was er suchte. Aber er hatte noch gute Erinnerungen an seine Jugendzeit und wie er sich damals gefühlt hatte, wenn er einem Mädchen begegnet war, das ihm sympathisch erschien. Eigentlich suchte er dieses Gefühl und noch nicht einmal eine Frau mit einem bestimmten Aussehen oder einer bestimmten Figur. Er hatte einerseits gehofft, die richtige Frau an diesem Gefühl zu erkennen, aber andererseits war er auch wieder nicht sicher, ob dieses Gefühl dann richtig war. Denn schließlich hatte er dieses Gefühl auch gehabt, bevor er seine Frau geheiratet hatte.

Die Ehe war ein lang gezogenes Fiasko gewesen und er hatte dieses Gefühl nie wieder erlebt. So ging er denn los und nahm sich nichts weiter vor, als sich überraschen zu lassen. Arthur hatte gelernt, dass sich das Verhalten der Barmädchen sehr nach dem Verhalten und den Forderungen des Inhabers oder der „Mama Sang" richtete. Deshalb vermied er überlaute Bars, an denen sich die Mädchen gleich auf ihn stürzten, wenn er vorbeiging. Er ging davon aus, dass man es an diesen Bars darauf abgesehen hatte, die Zufallsgäste auszunehmen. Hier würde er es nur mit den Mädchen zu tun haben, die die stärksten Ellenbogen hatten und am lautesten waren. Die würden die zurückhaltenden Mädchen gar nicht erst zum Zuge kommen lassen. Er wollte in seinem Urlaub keinen Privatkrieg, sondern für sich lieber zurückhaltende Personen kennenlernen. So war ihm eine Bar recht, an der ein einzelner Ausländer saß, und die ihre Musik ausgeschaltet hatte, weil das von der nächsten Bar herüberschallende Spektakel laut genug war. Er bestellte seinen Sangthip-Coke und erhielt gleichzeitig ein Schälchen mit Erdnüssen, einen Aschenbecher und ein gekühltes Erfrischungstuch, ein Zeichen dafür, dass man sich an dieser Bar um die Gäste bemühte. Es setzte sich auch gleich ein Mädchen vor ihn an die Theke, das ihn aber in keiner Weise belästigte.

Es begann die übliche Konversation: „Where you come from?", „Where your wife?", „What Hotel you stay?" Die üblichen Fragen mit den üblichen Antworten. Das Gespräch war eintönig und verstummte bald. Darauf kam eine etwa 25-jährige Schönheit, die zunächst die gleichen Fragen stellte, dann aber wissen wollte, ob es Arthur in Thailand gefällt. Als er meinte, er finde das Land sehr interessant und sehr schön, fragte sie, warum er nicht hier lebt, denn es gäbe viele ältere Ausländer, die hier in Thailand leben und sehr zufrieden seien. Arthur sagte, dass er das schon weiß, dass er das Land aber noch nicht gut genug kennt, um zu wissen, ob er hier auch längere Zeit gut leben kann. Sie hieß Duang und kam aus einem größeren Dorf in der Provinz Udon Thani. Nachdem sie ihm viel von Udon vorgeschwärmt hatte, erzählte sie, dass ihre Familie einfach zu groß geworden war, größer als das Einkommen, das die Ernte erbrachte, denn davon mussten die Großeltern, die Eltern, eine ältere Tante und neun Kinder ernährt werden. Es gab aber keine Arbeit und nur eine kleine Ernte. Im Familienrat wurde deshalb beschlossen, dass zwei ihrer Brüder nach Bangkok gehen sollten, um dort eine Arbeit zu suchen.

Dann ist sie mitgegangen und die Eltern haben sie ziehen lassen, weil sie sicher waren, dass die Brüder gut auf sie aufpassen würden. Sie waren tagelang in Bangkok herumgelaufen und haben keine Arbeit gefunden. Sie wäre alleine schon irgendwo untergekommen, weil Mädchen als Putzhilfe, in Hotels, als Wäscherin, Näherin oder in Fabriken angenommen werden. Denn sie sind für solche Arbeiten geeigneter sind als Männer und bekommen weniger Lohn. Aber ihre Brüder wollten sie beaufsichtigen und beschützen und haben nicht zugelassen, dass sie alleine eine Arbeitsstelle annimmt. Als aber die Zeit verstrich und sie keine Arbeit finden und kein Geld verdienen konnten, haben sie sich mit Leuten aus einem Slum angefreundet, wo sie auch unterkommen konnten. Dann haben sie angefangen, mit ihren neuen Freunden Drogen zu nehmen.

Damit sie die Drogen kaufen konnten, sollte sie mit Männern ins Bett gehen, nur für die Drogen. Und sie sollte in eine kleine Hütte zu einem spindeldürren Mann mit Hautflecken ziehen, der sie dann auch „beschützen" und ihr Drogen geben sollte. Duang hatte zu der Zeit ihren ersten Freund. Der war bei diesem Gespräch auch dabei und sie sah das erste Mal, dass auch er Drogen nahm. Auch er sagte ihr, dass sie zu dem dürren Mann mit den Flecken ziehen solle, damit sie genug Geld für Essen und Drogen hätten. Für Duang brach eine Welt zusammen. Sie hatte an ihre Brüder geglaubt und sie hatte ihren

Freund geliebt. Er war der erste Mensch, der zu ihr nett und zärtlich gewesen war. Deshalb hatte sie gedacht, dass er sie liebt. Aber sie brauchte keine Brüder und keinen „Freund", die sie als Prostituierte zu einem Aidskranken „Beschützer" schickten, um gutes Essen und Drogen zu haben.

Am nächsten Abend schickten ihre Brüder sie mit ihrem Beutel voller Habseligkeiten los, um bei dem Mann, der nur 100 Meter weiter lebte, einzuziehen. Ihr Freund wollte sie sogar noch dorthin bringen, aber sie sagte ihm, dass es bestimmt nicht gut ist, wenn sie bei dem Mann, mit dem sie leben soll, mit einem Freund ankommt. Man ließ sie alleine gehen, aber als sie dort war, ging sie an der Hütte vorbei. Und dann ist sie zwei Stunden lang durch die Nacht gelaufen, bis sie nicht mehr konnte und sich nur noch langsam weiterschleppte, um einen Platz zu finden, an dem sie sich verstecken konnte. Am nächsten Tag hat sie Arbeit gesucht, aber sie hatte keinen Erfolg. Am vierten Tag hat sie in einem Kloster etwas zu essen bekommen, aber sie fand keine Arbeit. Sie meinte, dass wahrscheinlich der

Zustand ihrer Kleidung nicht mehr sehr vertrauenerweckend aussah. Am sechsten Tag war sie bleich und entkräftet an einigen Bars vorbeigegangen. Sie wusste, dass die meisten Mädchen dort aus dem Isan kommen. Sie ist dann zu diesen Mädchen gegangen, hat sie um ein Glas Wasser gebeten und ohne irgendeine Frage bekommen. Eine der Frauen brachte ihr ein Glas Wasser mit Eiswürfeln und fragte, woher sie kommt. Als sie sagte, dass sie aus der Provinz Udon kommt, meldete sich gleich eine Frau, die auch aus Udon kam. Sie hatten sich etwas unterhalten, bis die Frau etwas zu essen holte, genug für zwei Personen, und Duang aufforderte, mitzuessen. Dann fragte sie Duang, was sie in Bangkok gemacht hat und ob sie schon einmal mit einem Mann geschlafen hat. Als Duang ihre Geschichte erzählt hatte, nickte sie nur. So etwas war hier normal. Sie sagte Duang, sie könnte einige Tage bei ihr und zwei weiteren Mädchen schlafen. Und dann sagte sie, dass das Leben in der Bar gar nicht so schlecht ist. Und auch, dass sie nicht jeden Tag einen Mann hat, mit dem sie ins Bett gehen muss, aber sie hat jeden Tag etwas zu essen.

Es war nicht schwer, Duang zu überreden. Ihren letzten Baht hatte sie für ein Ei ausgegeben, das war jetzt schon sechs Tage her. Sie hatte seither im Kloster gegessen, keinen vernünftigen Schlafplatz gefunden, sah heruntergekommen aus, war schwach und ohne jede Hoffnung. Sie sah, dass es den Mädchen gut ging. Sie waren gut genährt und konnten lachen. Die Chefin wurde gebeten, ihr Arbeit zu geben und man erzählte ihr, Duang sei eine gute Freundin aus Ubon. Die Frau schaute zwar skeptisch, war aber einverstanden, doch sie fügte hinzu: „Aber nur frisch gebadet und nicht in dieser Aufmachung." Das wurde versprochen. Die Mädchen nahmen sie am Abend mit in ihr Zimmer und liehen ihr am nächsten Tag einige Sachen zum Anziehen, die sie selbst in der Bar nicht benutzten.

Am nächsten Tag bemühten sich alle Mädchen, Duang im wahrsten Sinne des Wortes „an den Mann" zu bringen. Sie erzählten jedem Gast, Duang sei gerade erst aus Udon gekommen, hatte noch nie in einer Bar gearbeitet und nichts zu essen. Duang war gerührt, dass sie hier bei den übel beleumundeten Prostituierten viel mehr Hilfe, Freundschaft und Wärme bekam, als von ihren Brüdern und ihrem Freund. Nach einem halben Jahr sah sie ihre Brüder wieder. Sie erschienen, um Drogen zu verkaufen. Als sie Duang sahen, wollten sie Geld haben und sie wollten sie auch gleich mitnehmen, aber das verhinderten die Mädchen der Bar. Duang wusste, dass sie jetzt in Gefahr war und sagte den Mädchen, dass sie sich verstecken und woanders arbeiten müsste. Die verstanden das und stimmten zu. Ihre Freundin aus Udon meinte, dass der Betrieb ohnehin sehr schlecht ist und sie schlug vor, dass sie zusammen nach Pattaya gehen. Dort ist Duang nun schon seit über fünf Jahren. Ihre Freundin ist mit einem Ausländer nach Europa gegangen, aber sie hat geschrieben, dass sie bald zurückkommen will. Duang hatte auch schon einmal mit einem Ausländer gelebt. Hier in Pattaya. Anfangs war er ganz nett gewesen, aber dann hat er immer mehr getrunken.

Nachher hat er mit ihr viel geschrien. Und als er noch anfing, sie zu schlagen, ist sie weggegangen, um wieder an einer Bar zu arbeiten. Hier hat sie keine Probleme. Sie war inzwischen öfter mit Ausländern für mehrere Tage und auch für mehrere Wochen zusammen. Aber sie ist nicht sicher, ob sie noch einmal versuchen würde, mit einem Ausländer zusammenzuleben, weil die so ganz anders sind und man sich nicht verstehen kann. Außerdem hat sie dauernd das Gefühl, dass sie für Ausländer immer nur eine Mischung aus einem dummen Dienstmädchen und einem Gebrauchsgegenstand ist. Dass die Ausländer glauben, das Maß aller Dinge zu sein, viel schreien, sich betrinken und dann noch glauben, es muss für eine Frau ein Vergnügen sein, mit einem Betrunkenen ins Bett zu gehen. Nur weil sie ja dafür etwas zu essen bekommt und ein besseres Zimmer hat, als sie vorher in ihrem Dorf bewohnt hat.

Arthur hatte ihr während der Erzählung, der er immer wieder durch Fragen nachhelfen musste, ein Getränk angeboten und Duang hatte eine Flasche Bier genommen, ein sicheres Zeichen dafür, dass sie schon längere Zeit an einer Bar arbeitet. Eine zweite Flasche wollte sie nicht mehr, weil sie so viel Bier nicht verträgt und schnell betrunken ist. Sie war noch ganz in Gedanken und sagte: „Ich habe damals wirklich schlimm ausgesehen." Als Arthur sie fragte, ob er sie auslösen darf, schaute sie ihn an und sagte: „Ja, gerne". Und dann fügte sie hinzu, dass er der erste Farang ist, der sie bis jetzt an der Bar nach ihrem Leben gefragt hat. „Die meisten Farang glauben, dass wir hier an der Bar stehen, weil wir zu faul zum Arbeiten sind und dass wir hier das schnelle Geld machen." Er durfte also davon ausgehen, dass sie hauptsächlich wegen ihrer Schönheit und ihrer schlanken Figur für eine ersehnte Liebesnacht mitgenommen worden ist, dass aber kaum jemand an ihrer Person Interesse gezeigt hatte. Da Arthur selbst noch nicht zu Abend gegessen hatte, lud er Duang erst einmal zum Essen ein, was Duang verwunderte. Sie meinte, die Leute, von denen sie sonst ausgelöst wird, haben es immer sehr eilig, mit ihr von der Bar so schnell wie möglich ins Bett zu kommen. Nein, Arthur hatte es nicht so nötig und so hatten sie noch einen gemütlichen

Abend, zu dessen Abschluss Duang doch noch ein Bier trank. Dann gingen sie ins Hotel und Arthur war gespannt, wie Duang sich verhalten würde.

Sie ging duschen und kam mit dem traditionellen Handtuch zurück. Duang zeigte keine heiße Liebe, sie ließ sich nur bereitwillig gebrauchen. Doch Arthur hatte dafür volles Verständnis, obwohl er nicht gerade eine Frau suchte, die sich auszieht und ihren Bauch hinhält. Aber er war sich noch immer nicht darüber klar, was er nun eigentlich suchte und was er erwarten konnte. Duang war nett gewesen. Sie hatte mit ihm offen über ihr Leben gesprochen, sie hatte versucht, freundlich zu sein und hatte ihren Körper nicht gesperrt. Er konnte nicht mehr verlangen. Aber, was hatte er eigentlich gehofft und was erwartete er von einer Frau? So wie sich Duang am Abend hatte gebrauchen lassen, so ließ sie sich auch am nächsten Tag gebrauchen. Sie wartete auf die Erwartungen und die Wünsche von Arthur, um dann bereitwillig darauf einzugehen, fast das perfekte Gegenteil ihrer gouvernantischen Vorgängerin. Sie machte alles mit, aber sie hatte keine eigenen Vorschläge, was sie unternehmen könnten und man konnte mit ihr praktisch nur über sie selbst sprechen.

Ein Gespräch über die Regierung, den Tourismus oder die Erziehung in Thailand war nicht möglich, aber sie konnte über Freundinnen oder über das Verhalten von Ausländern sprechen, über das Leben im Dorf. Sie hatte keine Vorstellung, was aus ihr einmal werden sollte, es reichte ihr zu wissen, dass es ihr jetzt besser ging, als jemals zuvor. Sie schien aber über verschiedene Angelegenheiten eine eigene Meinung zu haben. Sie schickte ihren Eltern regelmäßig Geld, lehnte es aber ab, auch ihren Brüdern, die seit drei Jahren im Gefängnis sind, etwas zu schicken. Sie meinte, sie hätte es sicherlich trotz der Erfahrungen im Slum noch getan, wenn sie nicht später versucht hätten, ihr in der Bar in Bangkok ihr Geld abzunehmen und sie in den Slum mitzunehmen. Wo sie als Prostituierte vermietet werden sollte, um aus ihr Kapital zu schlagen und Drogen zu haben. Aber

Arthur war sich auch hier bald sicher, dass sie nicht die Frau war, die er suchte.

Wenn er nun meinte, dass Duang ihm zu passiv und farblos erschien, so sollte er noch eine Steigerung erleben, als er Lek kennenlernte. Sie war ein junges und bildhübsches Mädchen, das ihn gleich in den Arm nahm, ja, sich geradezu an ihn klammerte, als er sich an eine Bar setzte. Sie freute sich, als er sie nicht abwehrte und fragte, ob sie sich neben ihn setzen dürfe. Dann streichelte sie zärtlich seinen behaarten Unterarm. Diese Zärtlichkeit verwunderte Arthur, denn sie schien etwas spielerisch und doch gleichzeitig echt zu sein und nicht auf sexuelle Anmache oder Geldgewinn gerichtet zu sein. Als Arthur ihr einen Ladydrink anbot, wollte sie nur ein Glas Wasser. Man brachte auf Arthurs Bestellung eine Flasche Sodawasser mit einem Glas, berechnete aber keinen Ladydrink. Lek blieb mit ihrer Hand auf Arthurs Unterarm sitzen und lehnte sich ganz leicht an ihn, als er mit zwei Mädchen aus der Bar Domino spielte. Sie entschuldigte sich, als sie auf die Toilette wollte, fragte aber nicht nach Geld. Zwanzig Baht, die Arthur ihr für das Toilettengeld anbot, lehnte sie ab und zeigte drei Baht, die sie in der Hand hielt. Arthur löste sie an der Bar aus und Lek streichelte ihn dankbar. Weil sie aber bisher so ruhig gewesen war, wollte er noch etwas über sie erfahren, um ihr etwas näher zu kommen und bat ein Mädchen, zu übersetzen, weil er meinte, Lek würde bestimmt nur deshalb nichts sagen, weil sie kein Englisch versteht.

Ihre Mutter hatte Lek kaum kennengelernt. Sie hatte noch einen Bruder, der bei der Mutter blieb, als der Vater mit ihr von zuhause wegging und mit einer anderen Frau lebte. Als sie sechs Jahre alt wurde, verschwand der Vater. Ihre Stiefmutter ging mit ihr zu den Mönchen im Tempel und wollte sie dort abgeben, damit die Mönche sie in ein Frauenkloster bringen. Sie sprach sehr lange mit einem Mönch und dann gingen sie wieder zusammen nach Hause. Es gab zwar keinen weiteren Klosterbesuch, um sie loszuwerden und sie kam auch nicht in ein Frauenkloster, aber das Zusammenleben änderte sich auch nicht. Ihre Stiefmutter mochte sie nicht. Sie war sehr streng und sie bekam viele Schläge und Vorwürfe, sie sei genau wie ihr Vater. Sie ging zur Schule, die nicht weit entfernt und zu Fuß erreichbar war. Aber sie durfte nicht mit anderen Kindern spielen und sie durfte das Haus nach der Schule nicht verlassen. Als sie mit zwölf Jahren aus der Schule kam, brachte ihre Stiefmutter zu einem entfernten Verwandten, der in einer kleinen Stadt ein Restaurant betrieb. Dort ging es auch sehr streng zu. Sie durfte das Haus nicht verlassen und hatte viel Arbeit. Der Inhaber beklagte sich laufend, dass sie zu dumm und zu nichts nütze sei. Als sie vierzehn wurde, vergewaltigte er sie und ging dann immer wieder mit ihr ins Bett, wenn seine Frau nicht da war.

Als sie siebzehn war, kam eines Tages die Frau dazu und erwischte sie im Bett. Es gab Streit. Man warf ihr vor, sie hätte den Mann verführt und sie musste sofort das Haus verlassen. Der Mann gab sie einem Lastwagenfahrer mit nach Bangkok, der sie unterwegs auch vergewaltigte und an eine Bar verkaufen wollte. Man wollte ihm kein Geld geben und es gab Streit. Er wollte sie wieder mitnehmen und sie hatte Angst. Sie heulte und sagte, sie will nicht wieder von dem Mann vergewaltigt werden. Als der Mann laut und handgreiflich wurde, ließ die Inhaberin die Polizei rufen. Der Mann flüchtete und Lek blieb in der Bar. Die Inhaberin sprach mit ihr sehr lange und erklärte dann, sie selbst wäre mit zwölf Jahren in ein Bordell verkauft worden. Dann sagte sie aber auch, Lek müsste sich jetzt Mühe geben, ihr Leben selbst in die Hand zu nehmen. Doch es dauerte nicht lange, bis die Bar wegen eines Neubaus abgerissen wurde. Die Inhaberin nahm sie und zwei weitere Mädchen mit, als sie nach Pattaya fuhr, um eine andere Bar zu suchen. Sie brachte sie bei einer Bekannten in der Bar unter, in der sie jetzt arbeitet und nur knapp ihren Lebensunterhalt verdient.

Arthur trank noch einen Sangthip und ging dann mit Lek ins Hotel. Auf dem Zimmer bot Arthur ihr etwas aus dem Kühlschrank an, und sie sagte schließlich bei einem Orangensaft zu. Arthur versuchte, mit

Lek zu sprechen, was sehr schwierig wurde. Nicht nur, weil sie kaum Englisch sprach, sondern auch deshalb, weil sie auf alle Fragen vorwiegend mit einem „Ja" oder „Nein" antwortete und ansonsten kaum etwas sagte. Als es Arthur zu mühsam wurde, knöpfte er sein Hemd auf und schickte sie unter die Dusche. Lek stand sofort auf und kam bald mit dem Handtuch bekleidet zurück. Als Arthur sich zu ihr legte, lächelte sie. Sie war nicht verkrampft und streichelte seinen Arm, aber da war nichts von Erotik oder Sexualität zu spüren, vielmehr vermittelte sie ihm das Gefühl eines hilflosen, kleinen Mädchens, das sich freut, etwas für ihn tun zu können. Er konnte mit ihr machen, was er wollte und Lek lächelte. Arthur war sich sicher, dass sie nichts davon hatte, dass es ihr unangenehm war, aber sie lächelte und streichelte ihn. Als Arthur aufwachte, lag Lek mit offenen Augen im Bett. Arthur stand auf, ging duschen und als er fertig angezogen war, lag Lek noch im Bett und schaute ihn groß an. Erst als er ihr sagte, dass sie aufstehen soll, sprang sie auf und ging unter die Dusche. Als er zum Frühstück ging, reichte es nicht, ihr das zu sagen; er machte die Tür auf und sie bewegte sich nicht. Arthur hatte das Gefühl, er müsste sie erst anschieben, damit sie in Schwung kam. Beim Frühstück bat sie um einen Teller Reissuppe, saß dort wie ein hilfloses Kleinkind und sagte kein Wort.

Lek war im wahrsten Sinne des Wortes eine Begleiterscheinung. Sie war immer dabei und machte immer mit, aber jede Art von Eigeninitiative war ihr fremd. Sie nahmen am nächsten Tag an einem Tagesausflug nach Kanchanaburi teil. Als die Leute aus dem Minibus ausstiegen, blieb Lek sitzen. Erst als Arthur sie bat, aufzustehen, weil er sonst nicht an ihr vorbei konnte, stand sie auf und stieg aus. Er musste sie anschließend auch auffordern, wieder einzusteigen, sonst wäre sie sicher vor dem abfahrenden Minibus stehengeblieben. Arthur konnte nach dieser Fahrt noch besser verstehen, warum Lek unmöglich eine Arbeitsstelle finden und warum sie unmöglich alleine leben konnte. Sie brauchte die Mädchen in der Bar, sie brauchte jemand, der ihr ständig sagte, was sie tun soll.

Sie war zu einer völligen Unselbstständigkeit erzogen worden, die Folge einer Erziehung, die absoluten Gehorsam fordert und keinen eigenen Willen zulässt, eine Erziehung, die als Dressur zu verstehen ist. Arthur fiel auf, dass er in Thailand vielen solcher Personen begegnet war, denen ein eigener Wille völlig fremd war. Es gab auch viele Menschen, die nicht in der Lage waren, andere Menschen zu sehen. Es war ihm öfter passiert, dass er an Leuten vorbei wollte, die auf dem Bürgersteig standen und sich unterhielten oder einen Durchgang versperrten und ihn groß ansahen, wenn er vor ihnen stand. Erst wenn er darauf hinwies, dass sie ihn vorbeilassen möchten, kamen sie in Bewegung, entschuldigten sich und machten Platz. Arthur ging davon aus, dass dies die Folge einer Erziehung ist, in der die Kinder als eine Art Versicherung erzogen werden, damit sie nur dafür leben, ihre alt werdenden Eltern und eventuell ihre Geschwister zu ernähren. Das führte auch dazu, dass Mädchen sich als Prostituierte verdingten, nicht nur, weil sie nichts anderes tun konnten, sondern auch, weil ihr andressierter Lebensinhalt darin bestand, die Eltern oder die Familie zu versorgen. Als wenn er Bestätigung für seine Gedanken suchte, fragte er Lek nach ihren Eltern und den anderen Familienmitgliedern. Lek sagte, dass sie Geld nach Hause schickt, für die Eltern, einen Bruder und zwei Schwestern, die noch zur Schule gehen und unterstützt werden müssen. Solch ein Mensch, der nichts aus eigenem Willen tun kann, hat kaum eine Möglichkeit, in der Stadt zu überleben. Auf dem Lande, wo man das Leben auswendig lernen konnte, weil sich alles wiederholt, war solch eine Frau sicher sehr beliebt, weil sie durch die Unfähigkeit zu eigenen Entscheidungen immer ihrem Mann gehorchte, immer tat, was er sagte. In einer Bar war auch klar, was sie zu tun hatte; man würde ihr alles sagen, was sie zu tun hat. Arthur meinte, dass das sicher auch die Frau ist, die von vielen Ausländern gesucht wird, eine Frau, die nicht diskutiert, nichts fordert, sondern einfach immer nur gehorsam ist.

Er verstand nun auch, warum Lek zärtlich gewesen ist; sie liebte ihn wirklich. Aber es war die Liebe eines hilflosen Kleinkindes, die hilflose Liebe eines Menschen, der glücklich ist, wenn jemand in seiner Nähe ist und ihn mag, weil er alleine lebensunfähig ist. In solch einer Situation liebt man jeden Menschen, der nur etwas nett ist und einen nicht alleine lässt, eine Liebe, die reine Bedürftigkeit ist. Aber der Nachteil ist, dass solche eine Frau keine eigene Meinung hat und dass man ihr immer alles sagen muss. Europäische Männer suchen dagegen eine Frau, die ihnen in Thailand behilflich ist, die selbstständig handeln, den Haushalt ebenso wie alle Behördenangelegenheiten erledigen kann, die selbstständig die Wünsche ihres Mannes errät – und darüber hinaus willenlos und gehorsam ist. Das widerspricht sich. Es ist für Europäer vollkommen unverständlich, wenn sie ihrer Frau ständig sagen müssen, dass sie die Kühlschranktür auch wieder schließen muss, dass sie das Geschirr nach dem Essen vom Tisch nehmen und spülen kann, dass sie sich etwas Vernünftiges anzieht, wenn man gemeinsam in ein Restaurant geht, dass sie das Licht und die Klimaanlage ausschalten soll, wenn sie das Hotelzimmer verlässt.

Der in vielen Fällen zu bemerkende Grad vollkommener Unselbstständigkeit ist bei städtischen Europäern einfach nicht vorstellbar und wird deshalb leicht als extreme Dummheit interpretiert. In Wirklichkeit handelt es sich um zerbrochene Menschen, die in einer Form von Apathie, einer fast vollständigen Gleichgültigkeit leben, und es muss schon etwas ganz Außergewöhnliches, etwas Lebensbedrohendes geschehen, damit sie von sich aus aktiv werden. Lek bemühte sich, alles zu tun, was Arthur sagte, aber sie brachte ihn glatt zur Verzweiflung. Wenn sie ausgingen, musste er ihr sagen, wann sie sich hinsetzen und wann sie aufstehen sollte. Es würde Jahre dauern, ihr normale Verhaltensweisen beizubringen und ihr etwas Selbstständigkeit zu vermitteln. Arthur beschloss, dass das keine Aufgabe war, die er in seinem Urlaub bewältigen konnte und dass er sich besser eine andere Frau suchte. Je länger er Lek erlaubte, sich an ihn zu klammern, desto schlimmer würde es für sie, wenn er sie wieder verließ, auch wenn sie wahrscheinlich von ihren nächsten Kunden nur als dumm beschimpft würde. Er fand es gut, dass er hier in Pattaya eine reiche Auswahl an äußerst unterschiedlichen Frauen finden konnte und dass praktisch alle Frauen an den Bars bereit waren, mit ihm mitzugehen. Dann aber stellte er sich die Frage, was für eine Frau er denn tatsächlich auswählen konnte und ob die Auswahl nicht doch begrenzt war. Aber er hatte ja noch Zeit, er konnte es ja weiterhin versuchen und zog nicht ganz ohne Hoffnung los.

Die Frauen, die er jetzt kennengelernt hatte, waren so verschieden, dass er dabei auch eine Chance sah, eine Frau zu finden, die zu ihm passte. Noi hieß dieses Mal die Auserwählte, die er auch wieder an einer etwas ruhigeren Bar kennenlernte. Er hatte darauf geachtet, dass er sich eine Frau aussuchte, die etwas lebendig war und auch etwas von sich aus unternahm. Noi war dreiundzwanzig Jahre alt, aber auch schon seit mehreren Jahren in Pattaya. Das Hotel, in dem er abgestiegen war, kannte sie und meinte, das wäre gut, aber teuer und die Leute, die dort wohnen, haben viel Geld. Deswegen verlangte sie auch gleich einen Ladydrink und zehn Minuten später eine Runde Obst für die Mädchen, hinzufügend, dass ihn das nur einhundert Baht kosten würde.

Sie kam auch um die Bar und nahm Arthur liebevoll in den Arm, wobei sie gekonnt ihre Brüste an ihn drückte. Arthur löste sie aus, weil sie so aktiv war und eine ganz neue Variante im Kreise seiner Bekanntschaften in Pattaya darstellte. Sie bestimmte nicht über ihn, fragte aber ständig, ob er vielleicht ein Erfrischungstuch wollte, ob sie ihm ein Fleischspießchen holen sollte, ob er Paranüsse mag etc. Unterwegs zum Hotel überfiel sie ein unbändiger Hunger und sie musste unbedingt noch etwas essen, schlug aber ein kleines, billiges Straßenrestaurant vor, das auch einige Speisen anbot, die Ausländer genießen konnten. Im Hotel angekommen, bewies Noi, dass sie tatsächlich eine Ausnahme war. Sie stürzte sich förmlich unter die Dusche und missachtete das traditionelle Badetuch. Vielmehr erschien sie verführerisch tänzelnd mit hoch über den Kopf erhobenen Armen, nur „bekleidet mit Wind", wie Thailänder diese

Erscheinung zu nennen pflegen. Arthur war verblüfft. Als er aus der Dusche kam, zog sie ihn ins Bett und begann, Liebesspiele zu inszenieren. Arthur fragte sich, ob es vielleicht das war, was er suchte. Aber dann lag sie da, wie ein Brett, und Arthur verstand, dass die Sexy Show, die sie an diesem Abend durchgeführt hatte, wirklich nur eine Show war, ein Schauspiel, wohl weil sie glaubte, ‚die Farang wollen das so'. Doch am Morgen, als er die Augen aufschlug, ging die Show weiter. Noi tanzte nackt und verführerisch vor seinem Bett herum, erreichte aber nicht ganz die Wirkung, die sie erwartet hatte. Arthur dachte bei ihrem Tanz vielmehr an Speck und ihm fiel dabei ein, dass er heute ein Spiegelei mit Speck zum Frühstück nehmen könnte.

Noi bestellte sich nach langer Überlegung ein Omelette, das sie mit etwas Salat aß. Sie hatten beim Frühstück eine angeregte Unterhaltung. Noi kam aus einer sogenannten guten Familie aus Khon Kaen. Sie hatte noch zwei jüngere Brüder und auch zwei Eltern, die sich allerdings kaum je zuhause sehen ließen, da sie zu sehr mit Geldverdienen beschäftigt waren. So war es bald Noi's Aufgabe gewesen, sich um die kleinen Brüder zu kümmern und sie zu versorgen, während die Eltern Geld verdienten. Noi ging zur Schule und sie begann sogar mit der Secondary School, einer Art Gymnasium. Die Eltern sagten, dass sie zwar nie hervorragende Leistungen erbracht hat, dass sie es aber als eine moralische Verpflichtung ansehen, ihre Tochter auf eine höhere Schule zu schicken (was würden sonst die Nachbarn sagen!). Diese Schule koste sie aber außerordentlich viel Geld, und es wäre nun bei diesen enormen Ausgaben eine moralische Verpflichtung für Noi, einen vorbildlichen Lebenswandel zu führen, gut zu lernen und einen guten Abschluss zu machen. Noi besuchte die ersten Klassen mit einem recht durchschnittlichen Erfolg. Doch je älter sie wurde, desto lieber wurde ihr die Schule. Besonders an den Nachmittagen, an denen sie nicht hinging, sondern sich mit einer Clique traf, die das nächste Shopping Center bevölkerte und sich durch viel Vergnügen und modische Kleidung auszeichnete.

Dort traf sie auch ihren ersten Freund, der ihr sofort durch seine blond gefärbten, hochgekämmten Haare, ein rot-grün gestreiftes Hemd und ständige Bewegung auffiel. Sie fand ihn sehr attraktiv und es gelang ihr, ihn zu erobern. Als er bemängelte, dass sie keine wirklich modische Kleidung trug, ja, noch nicht einmal ein Mobiltelefon besaß und auch kein Geld hatte, war es ein günstiger Zufall, dass eine Klassenkollegin ihre Geschäftsleute vermittelte, die viel dafür bezahlten, mit einer Schülerin ins Bett zu gehen. Von nun an hatte sie Geld und konnte auch an den Partys ihrer Clique teilnehmen, die mit „Yaba", der preiswerten thailändischen Version von Ecstasy, in Diskotheken oder im Freien abgehalten wurden. In dieser Zeit hatte sie viel Geld und es ging ihr sehr gut. Mit modischer Kleidung stand sie oft im Zentrum der Aufmerksamkeit ihrer Clique.

Aber ihr Freund hatte bald eine neue Freundin, die einen Ring in der Nase hatte und Minishorts trug, die noch kürzer waren, als ein Minirock. Das änderte jedoch nichts daran, dass sie schwanger wurde. Ihre Bekanntschaft mit dem bunten Jungen hatte sich indes herumgesprochen. Auch Noi's Lehrer wurden darüber offensichtlich ausführlich informiert. In der Schule war man sehr aufgeregt, als berichtet wurde, man hätte die Beiden zusammen im Grünen in eindeutiger Position gesehen. Als Noi das abstritt, forderte man ein ärztliches Attest, dass sie noch Jungfrau war und alle Ärzte, die sie besuchte, weigerten sich, ein derartiges Attest auszustellen. Der Junge wurde in der Schule verhört und gab seine „Missetat" stolz als eine seiner Eroberungen zu.

Die Lehrerin sprach mit den Eltern und Lek wurde aus der Schule ausgeschlossen. Die Eltern waren außer sich, wo sie doch alles für ihre Tochter getan hatten. Sie hatten die Schule bezahlt und ihrer Tochter jeden Monat zweihundert Baht Taschengeld gegeben. Und nun hatte sie mit einem Freund sexuellen Verkehr gehabt, dazu noch im Grünen, in der Öffentlichkeit, wo sie von anderen Menschen gesehen worden war, was sie auch noch leugnete. Sie durfte nicht mehr zur Schule gehen und ihr wurde verboten, das Haus zu verlassen. Die Eltern nahmen ihr die Kleidung ab und sie musste in Unterwäsche herumlaufen, damit sie das Haus nicht verließ. Sie wurde von ihrem Vater verprügelt. Wie er sagte, weil er sie liebte und weil sie ohne seine Genehmigung ein sexuelles Verhältnis mit einem Freund gehabt hatte. Sie erhielt sinnlose Strafarbeiten. Sie sollte zur Strafe dafür, dass sie einen Freund gehabt hatte, den Holzfußboden mit einem Küchenmesser abschleifen und einen großen Block aus Hartholz in zentimeterkleine Stücke sägen. Angeblich, um sich schon einmal an die Arbeiten zu gewöhnen, die Leute verrichten müssen, die keine abgeschlossene Schulbildung haben. Aber in Wirklichkeit war es nur eine Art Rache dafür, dass die Tochter ihnen nicht gehorcht hatte und sich anders verhalten hatte, als sie das von einer Tochter erwartet hatten. Aber die Eltern hatten ihr Mobiltelefon nicht entdeckt.

Sie rief nach drei Tagen eine Freundin an, die ihr Kleidung brachte. Und dann fuhr sie nach Pattaya. Hier wollte sie das tun, was ihre Eltern immer getan hatten, nämlich Geld machen, um möglichst reich und einflussreich zu werden. Sie wollte dann auch ein Geschäft aufmachen und einen Mercedes fahren, so wie ihr Vater. Sie wollte ihm zeigen, dass sie ihn nicht brauchte. Womit sie das Gegenteil bewies, denn sonst hätte sie sich überlegt, was sie selbst will, und hätte nicht etwas getan, was ihrem Vater imponieren sollte.

Nach dem Frühstück bewies sie Arthur, dass sie wirklich nur Geld wollte. Vor jedem Bekleidungsgeschäft wollte sie von ihm Blusen, Hemden, Röcke oder Kleider haben, vor jedem Juwelierladen versuchte sie, ihn zu überreden, ihr eine Goldkette oder doch wenigstens goldene Armbänder oder Ringe zu kaufen. Sie sprach den ganzen Tag lang nur über Geld und erwartete Geschenke. Wenn er ihr eine besonders schöne Goldkette kaufte, dann dürfte er von ihr auch pornografische Fotos machen, versprach sie Arthur, den dieses Angebot aber anwiderte und abstieß. Sie ging ihm mit ihren Forderungen nach Geschenken und Geld dermaßen auf die Nerven, dass er ihr zwei Tage bezahlte und sagte, er fühle sich nicht wohl und wolle sich allein im Hotel schlafen legen. Und dann suchte er, um eine weitere Erfahrung reicher, eine neue Traumfrau.

Auch Chadah lernte er in einer ruhigeren Bar kennen. Sie war weder besonders jung noch war sie besonders schön. Sie sprach auch etwas Englisch, was bei einer „Barlady" fast immer bedeutet, dass sie schon viele Ausländer kennengelernt hat. Chadah lächelte und fragte nicht, wo er herkommt, sondern, ob er Erdnüsse und ein Erfrischungstuch will und ob es ihm gut geht. Sie setzte sich zu ihm an die Theke, lächelte und war ruhig. Aber sie antwortete bereitwillig, als Arthur fragte. Sie kam aus der Provinz, war früher einmal glücklich verheiratet und hat zwei Kinder. Nun lebt sie allein. Ihre Kinder sind bei ihrer Schwester in Bangkok, sie sind fünfzehn und siebzehn Jahre alt und gehen zur Schule. Chadah schickt ihrer Schwester regelmäßig das Geld für Unterbringung und Schule. Arthur unterhielt sich eine Weile mit Chadah und löste sie aus. Er war zwar sicher, dass Chadah nicht seine Traumfrau war, da er aber immer noch keine Vorstellung hatte, wie seine Traumfrau sein müsste und Chadah einen ruhigen, sympathischen Eindruck machte, meinte er, es lohnte sich auf jeden Fall, sie kennenzulernen. Zumindest wusste er, dass sie keine völlig zerrütte Kindheit gehabt hatte und dadurch auch keine völlig zerstörte

Persönlichkeit. Chadah war auf dem Lande in einer Familie mit sieben Kindern aufgewachsen und war vier Jahre zur Schule gegangen, wie es damals üblich war. Sie hatte im Alter von achtzehn Jahren mit dem Einverständnis ihres Vaters einen jungen Mann aus einem größeren Nachbardorf geheiratet. Als die Ernte nicht zum Leben reichte, ging er weg und versprach, schnell Geld zu machen und wiederzukommen. Einen Monat später schickte er zehntausend Baht. Er schrieb nicht, was er machte, er schrieb nur, dass er keine feste Anschrift hat, aber viel Geld verdient.

Chadah hatte ein sehr ungutes Gefühl, auch als er nach einigen Monaten wieder zehntausend Baht schickte. Einige Monate später bekam sie dann die Nachricht, dass er als Drogenhändler inhaftiert worden war. Drei Jahre später starb er an einer Lungenentzündung. Nach der Mitteilung über die Verhaftung betrachteten die Leute im Dorf Chadah, als wäre sie eine Kriminelle und hätte selbst mit Drogen gehandelt. Aber es war für sie ohnehin nicht denkbar, im Dorf zu bleiben und mit zwei Kleinkindern die Felder zu bestellen. Und es war auch nicht denkbar, sich einfach bei den Eltern durchfüttern zu lassen. Weil Ernte und Einkommen nicht für alle reichten, hatten schon vier Geschwister das Dorf verlassen. Sie würde die Eltern also nur belasten. Außerdem wollte sie auch nicht, dass ihre Kinder im Dorf aufwachsen. Zwar war das Dorfleben ruhig und man lebte in einer Gemeinschaft. Aber es war eine Gemeinschaft, die arm war und Hunger hatte.

Viele Leute verließen damals das Dorf, weil sie dort nicht mehr leben konnten und nichts zu essen hatten. Leute, die im Dorf aufgewachsen waren, hatten aber später kaum eine Chance, in einer Stadt Arbeit zu finden und mit dem Stadtleben fertig zu werden. Chadah wollte nicht, dass ihre Kinder arm und hoffnungslos aufwuchsen. Sie sollten in einer Stadt groß werden und etwas lernen, sie sollten ihre Bildungschancen haben. Chadah selbst hatte nichts gelernt, sie konnte also nicht einfach in die Stadt ziehen, Arbeit suchen und dabei noch zwei Kleinkinder großziehen. Aber eine ältere Schwester hatte nach Bangkok geheiratet. Sie war Hausfrau und hatte selbst zwei Kleinkinder. Die Schwester nahm die Kinder auf, Chadah ging nach Pattaya und schickt ihrer Schwester Geld für die Unterbringung und die Ausbildung der Kinder. Oft fährt sie am Wochenende auch selbst nach Bangkok, um ihre Kinder und ihre Schwester zu besuchen. Nein, sie kann sich keinen Luxus erlauben, aber sie ist froh, dass ihr Verdienst für die Ausbildung ihrer Kinder reicht. Sie sollen es einmal besser haben als sie, und sie ist stolz, dass ihre Kinder in einer guten Schule und sehr gute Schüler sind. Sie sollen später einmal studieren. Einer ihrer Söhne will Arzt werden. Arthur nahm sie aus der Bar mit und lud sie zum Essen ein. Dort drehte Chadah den Spieß um und fragte ihn nach seinem Leben.

Arthur merkte, dass sie zwar ein einfacher Mensch war, der nie viel gelernt hatte, aber er merkte auch, dass es ihm sehr schwer fiel, ihre Fragen zu beantworten.

Sie wollte wissen, warum er damals seine Frau geheiratet hat. Er wusste es im Grunde selbst nicht. Sie war hübsch, aber nicht gerade eine Schönheit gewesen. Sie kam auch nicht aus einer reichen Familie. Er hatte sie im Frühling kennengelernt und an nichts Anderes gedacht, als an sie. Er hatte eine Woche lang darauf gewartet, sie sehen zu können, dann gingen sie vielleicht zusammen spazieren oder ins Kino. Während der Woche hatte er sich dann vorgestellt, wie ein Leben mit ihr wäre, was sie machen und wie sie miteinander leben würden. Es hatte lange gedauert bis zur ersten Umarmung, und noch viel länger, bis sie sich sexuell näher kamen. Es war in dieser Zeit immer ein großes Erlebnis und eine große Freude gewesen, wenn sie sich treffen konnten. Nachdem sie geheiratet hatten, ließ dieses Gefühl bald nach.

Das Leben wurde Gewohnheit und bestand bald nur noch aus Wiederholungen. Seine Frau wollte immer mehr Geld, mehr Schmuck und teure Kleidung, und sie „liebte" ihn praktisch nur noch, wenn sie etwas erhielt. Er musste erkennen, dass das, was er bei seiner Frau für Liebe gehalten hatte, nur die Hoffnung auf eine gesicherte Versorgung war. Und er erkannte nun, dass seine Verliebtheit in der Erwartung bestanden hatte, dass eine hübsche Frau sich um ihn kümmern und ihn versorgen würde. Sicher, sie hatten sich geliebt, genauer gesagt, jeder von ihnen hatte sich selbst geliebt. Und der Andere wurde als sympathisch und wertvoll, da nützlich empfunden, solange er die Erwartungen des Partners zu erfüllen schien. In dieser Situation hatten sie gesagt: „Ich liebe dich", weil man das halt so sagt. Es ist üblich und man macht sich nicht viele Gedanken darüber. Die Spanier verhalten sich auch nicht anders, aber sie sagen dann: „Te quiero", „ich will dich haben", was viel ehrlicher ist, aber auch nicht besser verstanden wird.

Die Träume aus der Zeit des Verliebt seins zerbrachen mit der Enttäuschung der gegenseitigen Erwartungen. Als die Kinder auf die Welt kamen, dauerte es nicht mehr lange, bis er erkannte, dass die Träume, die er in seiner ersten großen Liebe, im Frühling seines Lebens, gehegt hatte, die Träume eines glücklichen Zusammenlebens, bald einer Erkenntnis wichen. Nämlich dass dieses Zusammenleben nicht in gemeinsamen Empfindungen bestand, sondern nur räumlich stattfand und nur noch aus einer unerfreulichen, aber unumgänglichen Notwendigkeit bestand, aus der sich das ergab, was er dann sein Leben nannte. Er hatte murrend seine Pflicht erfüllt, bis seine Kinder das Haus verlassen hatten und auch seine Frau gegangen war. Und er glaubte, dass er jetzt das Anrecht auf einen neuen Frühling hatte, der noch besser werden sollte, als in seiner Jugend. Jetzt hatte er keine Verpflichtungen mehr, er hatte Zeit und er hatte genug Geld, um bequem und sorglos leben zu können. Und er hatte jetzt viel mehr Möglichkeiten, sich eine passende Frau zu suchen, insbesondere hier, wo Männer gesucht wurden. Er hatte einen neuen Frühling vor sich; er hatte genug Geld und die ganze Welt stand ihm offen.

Auf der Suche nach dieser Welt und dem neuen Leben ging er mit Chadah ins Hotel, wo sie sich in der Dusche auszog, mit dem Handtuch zurückkam und sich aufs Bett legte. Er ging duschen und legte sich dazu. Chadah war nett, aber sehr passiv. Arthur schlief schnell ein, aber er wachte bald wieder auf und grübelte noch längere Zeit über sein Leben und konnte nicht einschlafen. Am nächsten Morgen gingen sie zusammen frühstücken. Es war, als ob Chadah eine gewisse Unsicherheit spürte, die ihn ergriffen hatte, die er aber selbst noch nicht klar erkennen, geschweige denn, erklären konnte. Unerwünscht hilfreich war hier Chadah, als sie ihn fragte, warum er nach Pattaya gekommen sei.

Er merkte selbst nicht, dass er der Frage auswich, als er antwortete, er wolle sich ausruhen und vergnügen. Chadah tat recht ahnungslos, als sie ihn fragte, was denn in seinem Leben sein größtes Vergnügen, seine größte Freude gewesen war. Nun kam Arthur etwas durcheinander. Es war schon richtig, dass Vergnügen Freude bereitet, aber sein größtes Vergnügen war nicht seine größte Freude gewesen. Die gelungenen Eroberungen einiger hübscher Mädchen in seiner Jugendzeit waren die größten Vergnügungen gewesen, wie auch einige Partys und verschiedene Feiern. Aber die größten Freuden waren es, wenn er das Gefühl hatte, sich mit einem Menschen zu verstehen, Gemeinsamkeiten entdeckte, Zuneigung und vielleicht auch Zärtlichkeit bekam, wenn er merkte, dass man ihn mochte, so wie er ist. Warum schien es ihm auf einmal so, als wenn Freude und Vergnügen etwas völlig Unterschiedliches waren?

Es gelang ihm nicht ganz, seine Gedanken zu ordnen, als er versuchte, Chadah zu antworten. Am liebsten wäre er vor den Gedanken und der Antwort weggelaufen, so wie er es sein ganzes Leben gemacht hatte. Er hätte jetzt einfach sagen können: „Das ist doch alles Unsinn, unnötige Grübeleien, mir geht es doch gut, was soll ich da noch groß überlegen?" Aber Chadah hatte auf seine Fragen doch auch ehrlich geantwortet. Es wäre jetzt nicht fair, ihr auf diese Art zu sagen, dass sie den Mund halten soll. Da traf ihn auch schon Chadahs nächste Frage, welche Freuden er denn schon in Pattaya gehabt hat und was er dafür tut, um diese Freuden zu erleben. Er hätte jetzt sagen können, dass er schon mit mehreren Frauen im Bett war, aber das waren nicht die großen Freuden gewesen, das war oft noch nicht einmal ein richtiges Vergnügen gewesen, nur die Befriedigung einer biologischen Notwendigkeit.

Es war geradeso, wenn er sich ein Butterbrot geschmiert hatte, weil er Hunger hatte, als er alleine lebte, die Befriedigung einer biologischen Notwendigkeit. Aber das Butterbrot war keine große Freude und auch kein Vergnügen gewesen. Es schien ihm nun so, als wenn man Vergnügen nur gemeinsam mit anderen Menschen haben konnte, und zwar nur dann, wenn diese Menschen an diesem Vergnügen innerlich beteiligt waren, wenn man sich gemeinsam vergnügen konnte, dabei eine Gemeinsamkeit erlebte. Die großen

Freuden waren ein Kennenlernen, das Warten auf ein Wiedersehen, eine erste Zärtlichkeit und vielleicht die Hoffnung auf eine gemeinsame Nacht, manchmal auch die Hoffnung auf ein gemeinsames Leben gewesen. Und jetzt sollte er sagen, welche großen Freuden er in Pattaya erlebt hatte und was er dafür getan hat? Er sollte also sagen, wie er seinen neuen Frühling gestaltet, in den er so viel Hoffnung gesetzt hatte. Arthur musste lachen.

Nein, er hatte nichts getan, er hatte geträumt. Er war gekommen, um den Frühling seiner Jugend zu wiederholen. Jene Momente, in denen er himmelhochjauchzend nach Hause kam, weil eine Angebetete mit ihm ein Treffen vereinbart hatte. Momente, in denen er über eine Berührung, eine Zärtlichkeit, einen ersten Kuss glücklich war. Und dann war er in Bars gegangen, hatte ein paar Geldscheine auf den Tresen gelegt, sich eine Frau ausgesucht, die ihm gerade passte, hatte sie ins Hotel mitgenommen und ihr gesagt, dass sie sich ausziehen solle. Und hatte sich gewundert, dass es nie das große Glück, die große Freude gewesen war. Nein, das hatte nichts mit Frühling zu tun, das war ein Geschäft. Arthur musste sich eingestehen, dass er gar nicht mehr in der Lage war, die gleiche Freude über ein Wiedersehen, eine erste Berührung oder einen ersten Kuss zu erleben, wie das in seiner Jugend gewesen war.

Der Frühling war vorbei, dann war er in eine Regenzeit geraten und befand sich jetzt in der Zeit der Kälte. Er hatte keinen Frühling mehr. Er war nach Pattaya gekommen, um den Frühling zu suchen, weil viele schöne Frauen nach Pattaya kamen. Aber sie kamen, um Geld zu verdienen oder jemand zu finden, der sie versorgt. Und er war gekommen, um die große Freude zu kaufen. Nur hatte er nicht daran gedacht, dass man wohl Körper kaufen konnte, aber keine Liebe, auch wenn die Mädchen die Geliebten spielten. In Wirklichkeit war es nichts anderes, als wenn er Geld in einen Zigarettenautomaten steckt und dann Zigaretten bekommt. Es ist ein selbstverständliches Geschäft, eine erwartete Gegenleistung, auch wenn er sich vielleicht freut, die Zigaretten zu haben. Die großen Freuden, das Gefühl des

Glücks, jenes Gefühl des Lebens, in dem man die ganze Welt umarmen könnte, stellen sich aber nur in zwischenmenschlichen Situationen ein, die man nicht erwartet hat, die keine Wiederholungen und nicht selbstverständlich sind.

Es ist nicht die Freude darüber, dass man genug Geld in der Tasche hat, um 1 Stück Frau zur späteren Benutzung auslösen zu können, und es ist nicht das Gefühl, einem Ausländer seinen Bauch hinzuhalten, um dafür weitere zehn Tage überleben zu können. Das mögen vielleicht Geschäftserfolge sein. Aber alle Leute, die nach Thailand kommen und in irgendeine Bar gehen, um hier glücklich zu werden, merken früher oder später: Es gibt in Thailand keinen Frühling. Sie selbst haben ihren Frühling längst hinter sich, eine Wiederholung ist nicht möglich und es gibt auch in Thailand keinen neuen Frühling. Wer die große Liebe erwartet, wird immer enttäuscht, denn Liebe ist das, was wir einem Menschen geben und nicht das, was wir von ihm erwarten.

Sie ist die Achtung, die Zuneigung und die Hilfe, die wir einem Menschen entgegenbringen. Der Versuch, ihm zu helfen, das zu tun, was er aus sich heraus will. Die Erwartung steht nicht nur im Gegensatz zur Liebe, die Erwartung tötet die Liebe. Für uns, die wir nach Thailand kommen, aber nichts erwarten und vielleicht einen Partner finden, den wir für nett oder sympathisch halten, ist nicht auszuschließen, dass er bereit ist, mit uns zu leben, vorausgesetzt, dass wir ihn leben lassen. Wenn wir ihn so akzeptieren, wie er ist, wenn wir ihn in Ruhe lassen, so leben lassen, wie er will und ihm Zuneigung geben, dann werden wir bald merken, ob dieser Partner mit uns leben will - oder gegen uns. Aber erst dann, wenn wir ihn in Ruhe leben lassen, geben wir ihm die Möglichkeit, mit uns zu leben. Sicherlich wird das in den meisten Fällen über längere Zeit eine gegenseitige Versorgung sein. Aber Liebe, als Achtung vor einem Menschen und Zuneigung, stellt sich kaum jemals auf den ersten Blick ein, wie etwa eine erotische Anziehung. Sie kann sich aus dem Gefühl des Vertrauens oder der Dankbarkeit entwickeln, niemals aus der Erwartung.

Und dort, wo die Erwartung herrscht, selbst wenn finanzielle Sicherheit garantiert scheint, kann sich keine Liebe entwickeln, sondern nur ein gemeinsamer Geschäftssinn. Wenn wir längere Zeit mit einem Menschen zu tun haben, den wir achten und dem wir Zuneigung geben, dann kann sich daraus eine Gemeinsamkeit entwickeln und vielleicht auch Liebe. Die Liebe reifer Menschen und nicht die Liebe der Hilflosigkeit, der Abhängigkeit, die Liebe zur Benutzung eines anderen Geschlechts, sondern einfach die Liebe zu einem Menschen, den wir schätzen und der uns schätzt. Aber diese Liebe ist Aktivität, nicht Erwartung, also müssen wir auch etwas für den Partner tun, ihm die Zuneigung entgegenbringen, nicht nur einen Geldschein. Aber die Zeit der ersten großen Liebe, der Frühling des Lebens mit allen Hoffnungen und Wünschen, mit den grenzenlosen Bemühungen für einen Menschen, ist für alle, die nach Pattaya kommen, um einen Partner zu finden, vorbei. Sie ist vorbei für die Frauen, die hier ihren Unterhalt verdienen wollen, und sie ist schon lange vorbei für die Ausländer, gleichgültig, ob sie ihren eigenen Frühling in einer berauschenden Nacht suchen, oder eine neue große Liebe. Es gibt in Thailand keinen Frühling.

Es war Arthur, als jagte er Erinnerungen nach, die er wieder beleben wollte. Nannte man die Frauen hier nicht auch die „Butterflys", die Schmetterlinge? So schien es ihm nun, als sei er gekommen, um die bunten Schmetterlinge seiner Träume und Fantasien zu jagen, um sie exakt zu bestimmen und in seiner privaten Sammlung lebloser Wesen als farbenfrohe Kleckse einer Vergangenheit zu verewigen. Arthur musste sich jetzt eingestehen, dass er zu viel erwartet hatte. Er wollte seiner Einsamkeit entfliehen, dabei aber gleichzeitig seine triste Vergangenheit mit einer jugendlichen Liebe nachbessert, derer er gar nicht mehr fähig war. Die Zeit des verliebten Herzklopfens war genauso vorbei, wie die Zeit der wilden Nächte.

Arthur blieb noch einige Tage mit Chadah zusammen. Er freute sich, wenn sie in seiner Nähe war, wenn sie versuchte, ihm das Leben angenehm und bequem zu gestalten. Wenn sie ihn fragte, ob er einen Kaffee oder ein Bier trinken möchte, ihm zwischendurch ein Tellerchen mit thailändischen Süßigkeiten hinstellte. Nein, sie liebte ihn nicht. Sie kannten sich auch erst wenige Tage. Aber sie gab sich alle erdenkliche Mühe, für ihn da zu sein und ihm eine Freude zu bereiten. Und sie freute sich, wenn er ihr zeigte, dass er das bemerkte und sich darüber freute. Das zeigte ihr, dass es einen Sinn hatte, was sie hier tat, jenseits des Geldes, das sie dafür erhielt. Zwischen Arthur und Chadah entwickelte sich mehr als eine bloße Bekanntschaft. Nein, es war keine Liebe, es war nur gegenseitiges Verständnis und eine gewisse Zuneigung. Als Arthur seinen Urlaub beendet hatte, wusste er, dass er wiederkommen wird. Er fand hier ein warmes und preiswertes Land, in dem er gut leben konnte. Dann würde er sich einen Menschen suchen, der ihm eine angenehme Gesellschaft bot und sich bemühte, ihn zu versorgen. Aber er würde nicht wieder versuchen, eine Vergangenheit zu reparieren, er würde nicht wiederkommen, um den Frühling zu suchen, den es nicht mehr gab.

Glaube an das Glück im Alter

Es war nur ein einziger Besuch im Land des Lächelns gewesen. Das erste Mal, seit seine Frau vor 12 Jahren verstarb, hatte er näheren Kontakt mit einer Frau aufgenommen und dabei eine Frau gefunden, die ihn sicher liebte, denn sie war zärtlich, tat für ihn alles und lächelte.

Werner hatte sein Leben als Lehrer verbracht und war schon lange im Ruhestand. Viel zu lange, fand er. Seine drei Kinder hatten das Haus schon viele Jahre verlassen und sich ziemlich gleichmäßig über die Bundesrepublik verteilt. Der jüngste Sohn war ihm am nächsten, in 250 Kilometern Entfernung. Es hatte durchaus Verständnis dafür, dass er seine Kinder nur selten sah, denn die waren alle verheiratet und einfach zu weit weg, um schnell einmal vorbeizukommen. Nur ganz heimlich gestand Werner sich ein, dass sie in einer anderen Welt lebten und wohl auch nicht viel Interesse an einem Besuch haben würden, zumal die Gemeinsamkeiten sich doch stark reduziert hatten. So schrieben sie denn Grußkarten zu den großen Feiertagen und zu besonderen Ereignissen.

Seine Frau hatte sich darüber immer aufgeregt, aber auch das war jetzt schon zwölf Jahre her und seitdem war es um ihn sehr ruhig geworden, eben viel zu ruhig. Früher hatte er sich auf diese Zeit gefreut, eine Zeit, von der er glaubte, in der Nähe seiner Frau, die auch Lehrerin gewesen war, zuhause im Lehnstuhl zu sitzen, Musik zu hören und Bücher zu lesen. Sich vielleicht um die Enkel zu kümmern, die wohl zumindest einer seiner Söhne zuhause haben würde, denn sein Haus war groß genug, dass selbst drei Familien darin hätten leben können. Doch nun war alles anders gekommen. Das Haus war dasselbe geblieben, aber jetzt waren die meisten Zimmer verschlossen; er wollte sie nicht mehr betreten, nicht mehr sehen, um nicht in Erinnerungen und Selbstmitleid zu versinken. Das Haus hatte seine Bedeutung verloren. Es war kein „Zuhause" mehr. So war er auf Urlaub nach Mallorca gefahren, das „fest in deutscher

Hand" war und einem riesigen Rummelplatz glich, der Tag und Nacht geöffnet hatte. Doch er war dort wie in einer gläsernen Glocke durch den Rummel gegangen und hatte nichts weiter, als nur den störenden Lärm erlebt. Dann war er in den Schwarzwald gefahren, aber das war ihm wieder zu ruhig, richtig etwas für alte Leute. „Ja, das war es wohl", dachte er sich, richtig für alte Leute, aber nicht für einen einzelnen alten Mann. Als er merkte, dass er begann, eine ganz neue Liebe zur Natur und zum Selbstmitleid zu pflegen, fuhr er wieder nach Hause.

Die Lektüre wahllos gegriffener Reiseprospekte führte dazu, dass Werner nach Indonesien fahren wollte, er wurde jedoch unsicher, nachdem er die Nachrichten gehört hatte, in denen man von Unruhen sprach. Also ließ er den Plan wieder fallen, wodurch seine Langeweile aber nur noch länger wurde. Diese Ruhe war ja nicht zum Aushalten, fand er. Als dann aber direkt hinter seinem „Häuschen" der Bau eines großen Geschäftshauses begann, war der Lärm einfach nicht mehr zum Aushalten, zumal er auch überhaupt nicht sehen konnte, was dort geschah. Werner ging wieder zu seinem Reisebüro, erzählte, dass er eigentlich nach Indonesien gewollt, aber von Unruhen gehört hätte und nun nicht wüsste, ob er dorthin fahren sollte. Der neue Mann im Reisebüro war offensichtlich gut ausgebildet, denn er fragte sofort, was denn Werners Frau zu seinen Urlaubsplänen gesagt hätte.

Als Werner erklärte, seine Frau sei schon vor zwölf Jahren verstorben, bedauerte der Reiseberater mit todernstem Gesicht und verzog auch keine Miene, als er Werner vorschlug: „Fahren Sie doch einmal nach Thailand, das ist ganz in der Nähe, Indonesien sehr ähnlich und Sie brauchen dort nicht mit Unruhen zu rechnen, wenn sie nicht gerade an die malaysische Grenze fahren." Werner überlegte, was er von Thailand gehört hatte und sagte nach einer Weile: „Das soll aber doch so verrufen sein", worauf der Reiseberater mit leichtem Lächeln antwortete: „Wir haben aber noch von keinem unserer Kunden gehört, dass er dort angefallen oder vergewaltigt worden wäre." Werner musste lachen. Der Mann hatte im Grunde Recht, denn es lag ja an ihm, was dort er machte. Den heimlichen Gedanken „und warum eigentlich nicht?", unterdrückte er anstandshalber und bat den Berater, ihm dann ein ruhiges Plätzchen in Thailand zu empfehlen.

Wieder verzog dieser keine Miene, als er meinte: „Ich würde Ihnen Pattaya empfehlen, das liegt direkt am Meer und dort kommen Sie auch mit Deutsch und Englisch zurecht." Zwar hatte Werner schon einmal etwas von Pattaya gehört, aber wenn der Berater ihm das empfahl, so könnte er es ja zumindest versuchen. Um sicher zu sein, buchte er den Flug mit offener Rückreise und ließ sich ein Hotel empfehlen, das er aber nur für eine Woche buchte, um dort notfalls ein anderes Hotel oder einen anderen Urlaubsort zu suchen, falls ihn etwas stören sollte. In der kurzen Zeit bis zu seiner Abreise versuchte Werner, sich über Thailand und über Pattaya zu informieren, fand aber nur einen kleinen Reiseführer, in dem über Pattaya nicht viel mehr stand, als dass es ein internationales Urlaubsressort an der Ostküste des Landes sei. Werner wollte auch keinen großen Reiseführer bestellen, denn die Grundinformationen über Thailand reichten ihm und Pattaya würde er ja selbst bald sehen, um sich ein eigenes Urteil zu bilden. Es war ein Non Stopp Flug, der Werner ohne besondere Zwischenfälle nach Bangkok brachte, wo er mit leichtem Gepäck nach der Passkontrolle das Flughafengebäude verließ - und vor eine Wand dickflüssiger, heißer Luft prallte, die ihm das Atmen schwer machte.

Doch noch bevor er seinen Schock überwunden und eine erste Orientierung vorgenommen hatte, stand schon ein Mann vor ihm: „Taxi, sir, where you go, sir?" Für „nur" 1.800 Baht kam Werner im klimatisierten Taxi nach Pattaya und fand die Landschaft so interessant, dass er noch während der ersten Kilometer einschlief und vor seinem Hotel in Pattaya vom Fahrer geweckt werden musste. Es war ein Luxushotel und Werner hatte zunächst den Eindruck, als sei er der einzige Gast. Zwei Pagen kümmerten sich um sein Gepäck, während eine züchtig bekleidete Anstandsdame ihn streng an mehreren hübsch aussehenden Mädchen vorbei zum Empfangstresen führte, wo er bereits gefragt wurde, ob er Mr. Werner sei, während ein besonders hübsches Mädchen ihm lächelnd einen Willkommens-Aperitif auf Einladung des Hauses brachte. Als die wenigen Formalitäten erledigt waren, brachten ihn Anstandsdame, Lift Boy und Page mit Gepäck auf sein Zimmer, schalteten die Klimaanlage auf Tiefkühlkost und ließen ihn nach Erhalt des Trinkgeldes, einem Wai und einigen Verbeugungen allein. Werner genoss der Reihenfolge nach den schönen Ausblick aus dem vierten Stock, die Dusche und das Bett. Als er wach wurde, meinte er, es müsste tief in der Nacht sein, denn es war draußen bereits dunkel. Ein Blick auf seine Uhr belehrte ihn, dass es erst kurz nach 18 Uhr war und erinnerte ihn daran, dass es in diesen Breitengraden früher dunkel wurde, als in Europa. Nachdem er die Klimaanlage von 16 auf 23 Grad gedreht hatte, wurde er von einer heißen Dusche wiederbelebt und auf seinen Abendausgang vorbereitet.

Da sein Hotel ziemlich im Zentrum lag, schlenderte Werner die Straße entlang und fand auch bald ein gut aussehendes Restaurant, das ihn sogar mit einer Speisekarte beglückte, in der auch Deutsch enthalten war. Auf der Suche nach dem Restaurant hatte er auch schon einige dieser berüchtigten Bars gesehen, wo Mädchen und Frauen waren, die sich mit unanständigen Absichten auf Ausländer stürzen sollten. Als Werner sich näherte, stürzten sie tatsächlich, aber sie vergewaltigten ihn nicht, sondern riefen nur: „Hello, sexy man", „Please, sit down". Trotzdem fühlte er sich wie verhaftet, als zwei Miniladys ihn am Arm an die Bar führten. Damit war ihre Aufgabe offensichtlich beendet und sie drehten sich wieder um.

Aber nun stürzten sich die Ladies auf ihn, die hinter der Theke waren: „What you drink?", „Where you come from?", „Where your hotel?", „Where your wife?", „How long you stay?", „Have you children?". Schon als er den Namen seines Hotels nannte und erklärte, dass er alleine hier sei, entbrannte eine Lady ganz zufällig in heißer Liebe zu ihm und machte sich dabei an seinem Rücken zu schaffen, indem sie seine Nackenmuskeln massierte. Dann kämpfte sie sich um seine Seite, bis es ihr gelang, ihre Wertschätzung auch seinem Bauch zu erweisen, der allerdings eher schmächtig war. Nichtsdestotrotz hauchte die Lady: „Pai duai, I go with you!" Bei dieser Lady war er sich nicht einmal sicher, ob sie überhaupt schon sechzehn war. Er hatte zwar schon gehört, dass die Thailänderinnen oft viel jünger aussehen, als sie in Wirklichkeit sind, aber diese Lady kam ihm dennoch wie ein kleines Kind vor, und er meinte, dass er damit seinen 66 Jahren sicherlich am falschen Platz war. Aber auch die anderen Mädchen sahen hier alle sehr jung aus. So sagte er, dass er heute erst angekommen und müde sei, bezahlte bald und suchte eine andere Bar, weil er sicher war, dass sich hier auch erwachsene Frauen finden ließen. Schon nach wenigen Metern fand er eine Bar, in der auch hübsche Mädchen waren, die nicht ganz so klein und mit Sicherheit schon über zwanzig Jahre alt waren. Er unterhielt sich mit ihnen eine Weile, ging auch noch in zwei weitere Bars, um sich einen kleinen Überblick zu verschaffen, befand dann aber nach dem fünften Orangensaft, dass er wirklich müde sei und ganz bestimmt keinen Orangensaft mehr trinken wollte. Er machte sich auf den Weg nach Hause.

Werner war auch schon nicht mehr weit von seinem Hotel entfernt, als er an einer Bar vorbei kam, an der ein hübsches, schlankes und hochgewachsenes Mädchen stand und ihn halblaut aufforderte: „Please, sir, have a seat." Es war nicht das bessere Englisch, was ihn reizte, sondern vielmehr die weichere Stimme, und dass das Mädchen relativ groß war. Er hatte das Geschrei der kleinen Kinder gar nicht anreizend gefunden und so ließ er sich jetzt gerne überreden, etwas zu trinken. Da er wirklich keinen Orangensaft mehr mochte, nahm er einen Martini und bot auch seiner Lady gleich von sich aus einen Drink an. Sie hieß Goi und verhielt sich sehr dezent. Auch in seinem Hotel, wo sie vier Martini und eine Stunde später landeten, war sie sehr dezent, erschien nach der Dusche als Handtuch verkleidet und bestand darauf, dass das Licht gelöscht werden müsste.

Das war Werner zwar nicht ganz recht, doch er schien nur die Auswahl zu haben, entweder eine beleuchtete Lady mit Handtuch oder eine Lady im Dunkeln ohne Handtuch genießen zu können. Er zog Letzteres vor und sollte es auch nicht bereuen. Goi bereitete ihm alle Freuden und war eher etwas zu wild dabei. Als er sich in seine Kissen zurücklehnte und noch etwas schnaufte, kam Goi auch schon wieder in ihr Handtuch gewickelt aus dem Badezimmer zurück. Es dauerte nicht lange, bis Werner eingeschlafen war - und es dauerte auch gar nicht lange, bis er wieder wach wurde. Zwar entsann er sich, dass man ihn nie leicht wach bekommen hatte, aber man hatte es früher auch nicht mit Faustschlägen und Schwingern versucht. Während er noch verblüfft auf Goi schaute, erhielt er einen Tritt und stellte voller Bestürzung fest, dass er es hier offensichtlich mit einer Spezialistin im Thai-Boxen zu tun hatte, die ihre Schlafenszeit zum Training benutzte. Während der ganzen Nacht schlug und trat Goi um sich und so war es wirklich kein Wunder, dass Werner am nächsten Morgen recht zerschlagen, müde und missmutig war. Als er Goi darauf ansprach, meinte sie traurig: „I know. When I sleep, next day I have no man. And when I have no man I cannot sleep. "

Sie hatten Beide etwas Mitleid miteinander, als sie gemeinsam frühstücken gingen. Werner stellte fest, dass der Umgang mit Goi am Tage sehr angenehm war, aber er war ja schließlich nicht als Punching-Ball nach Thailand gekommen. Nach dem Mittagessen gab er Goi eine reichlich bemessene Summe und die Trennung geschah problemlos. Nach dem Mittagessen holte er allen Schlaf nach, den er diese Nacht versäumt hatte. Als er dann wie am Vortage wach wurde, sich duschte und angezogen hatte, bemerkte er, dass heute wirklich schon Mitternacht vorbei war. Er hatte zehn Stunden an einem Stück geschlafen und meinte, dass nicht nur seine Lady, sondern auch die Klimaumstellung etwas damit zu tun hatte.

Erstaunlicherweise war er nicht hungrig. Da Werner aber auch nicht müde war, verließ er dennoch das Hotel, denn er hörte, dass draußen noch Musik gespielt wurde, also würde es auch noch offene Bars geben. Schon nach fünfzig Metern fand er eine Bar, die ihm geeignet schien, und er war erstaunt, wie schnell dort seine Zeit verging. Als er schließlich nach einigen Gläsern Orangensaft und einigen Martinis in sein Hotel ging, sah er bereits das erste Schimmern des neuen Tages. Er war zufrieden, heute allein schlafen zu können und wachte auch gerade noch rechtzeitig zum Frühstück auf.

Als Werner kurz nach zehn Uhr in den Frühstücksraum kam, schritt eine schlanke, elegante Schönheit auf ihn zu. Werner wollte schon bei ihr sein Frühstück bestellen, als sie ihn anlächelte und fragte, ob sie sich zu ihm setzen könne. Werner war etwas erstaunt, denn in dem großen Frühstücksraum waren nur zwei Gäste und fast alle Tische frei. Doch schon lächelte die Dame wieder und stellte sich vor. Sie hieße Thong, sie würde gerne mit Ausländern sprechen. Und da sie gesehen habe, dass er ein stattlicher und gebildeter Mann sei und alleine sitzt, hätte sie die Gelegenheit wahrgenommen, ihn anzusprechen, um sich mit ihm zu unterhalten. Wenn es ihn aber stören sollte, so würde sie selbstverständlich sofort wieder gehen, da sie ihn keinesfalls belästigen wolle. Thong machte auf Werner einen außerordentlichen Eindruck, zudem glaubte er, dass Thong außer Englisch zu sprechen auch noch andere Fähigkeiten besitzen könnte und so lud er sie zum Frühstück ein. Sie nahm nur einen Kaffee, aber die Unterhaltung war rege und interessant.

Sie unternahmen gemeinsam einen kleinen Spaziergang, bis Thong sich verabschiedete. Werner war froh, dass es ihm noch gelungen war, mit Thong ein Treffen zum Abendessen um 20 Uhr vereinbart zu haben. Nach dem Mittagessen ging Werner in sein Hotel, wobei er unterwegs für die nötige Bettschwere noch ein Bier trank. Doch als er im Bett lag, wachte er fortwährend auf. Er musste sich eingestehen, dass er nervös und unruhig war und befürchtete, seinen Termin um 20 Uhr mit Thong zu verschlafen. So stand er denn schon gegen 18 Uhr wieder auf, duschte und kleidete sich an. Er fragte sich, was ihn so nervös machte, dass er einem Treffen mit einem Mädchen entgegen zitterte. So, als wäre er ein Pennäler und musste sich eingestehen, dass es wohl dasselbe Gefühl der Unwahrscheinlichkeit war, ja der ängstlichen Frage, ob solch ein Wesen mit ihm eine nähere Verbindung eingehen würde. Nach einem Spaziergang, bei dem er mehr auf die langsamen Fortschritte seiner Uhr achtete, als auf seine Umgebung, erschien er fünf Minuten zu früh in dem vereinbarten Lokal und suchte sich einen Platz, von dem aus er den Eingang im Auge behalten konnte.

Darauf konzentrierte er sich so sehr, dass er erschrak, als er nach seinen Wünschen gefragt wurde. Er bestellte ein Bier und sagte, er warte auf jemand und würde später essen. Und dann bestellte er noch ein Bier, als die erste halbe Stunde verstrichen war. Er glaubte schon nicht mehr daran, dass Thong kommen würde, und war sehr enttäuscht. Er würde noch zehn Minuten warten, sich dann etwas zu essen bestellen und anschließend würde er in eine Bar gehen, ohne eigentlich rechte Lust zu haben, nach einer Frau zu suchen. Werner rief endlich nach der Bedienung und wieder erschrak er, als sie kam. Diesmal allerdings, weil zur selben Zeit die Tür aufging und die erwartete Thong erschien. Allerdings in Begleitung einer kleinen, schmuddelig und nachlässig gekleideten, älteren Frau, deren verkniffenes Gesicht ihm mit ihrem stechenden Blick ebenso unangenehm auffiel, wie ein Geier zum Diner. Die beiden Frauen setzten sich zu ihm und Thong stellte die ältere Frau als ihre Mutter vor, was sie Werner aber nicht sympathischer machte.

Da nun die Speisekarten gebracht wurden, versuchte Werner seinen Unmut durch einen intensiven Blick in die aufgeschlagene Mappe zu verstecken. Thong wartete, bis Werner bestellte und nahm einfachheitshalber dasselbe. Die kleine, dunkle Frau, die Thongs Mutter sein sollte, hatte schon als Erste bestellt. Nach einem raschen, zweimaligen Durchblättern der Karte bestellte sie sich ein Gedeck für zwei Personen, indem sie mit ihrem Finger, dessen schwarzer Nagel hierfür gut geeignet schien, auf den höchsten Preis zeigte, den sie in der Karte hatte entdecken können. Als die Bedienung nach den Getränken fragte, war Werner sicher, dass sie nach einem Blick auf die Preise Champagner oder eine Flasche alten Weines bestellen würde, doch sie bestellte nur ein Glas Wasser.

Das Essen war vorzüglich und hätte Werner auch sicherlich gut geschmeckt, wären da nicht zwei Hinderungsgründe gewesen. Einmal war das die ältere Frau, die das Gedeck für Zwei vor sich aufgebaut hatte, das Besteck missbilligend ignorierte und nun mit allen zehn Krallen eine mundgerechte Aufteilung vornahm. Wobei sie jedes Stück mit den Fingern in eine Soße tunkte, wie sie es auch mit den Beilagen und den Kartoffeln tat, um dann jedes Stück zur weiteren Verarbeitung in den Mund zu stecken. Dort versuchte sie erfolglos, die Finger zu säubern, wonach sie unter Schlürfen und Schmatzen sowie leichter Missbilligung ihr Diner fortsetzte. Werner empfand den Anblick nicht gerade als appetitanregend. Der zweite Grund bestand nicht darin, dass die lang erwartete Thong ihm währenddessen jede Bewegung zur Einnahme des Diners abschaute und dann mit etwas weniger Erfolg nachahmte, sondern darin, dass sie ihm währenddessen das schlimmste Familiendrama erzählte, das man sich gerade eben noch vorstellen konnte. Die Leidensgeschichten der entfernteren Verwandten dauerten nur zwanzig Minuten, bis dann die engere Familie an die Reihe kam.

Der Bruder wurde überfahren und sitzt jetzt hinter Gittern, die Schwester hat geheiratet, wurde vergewaltigt und ist seit zwei Jahren im Krankenhaus, der Vater war alt, rauchte zu viel, hatte ein schwaches Herz sowie einen Motorradunfall. Er ist auch schon seit einem Jahr im Krankenhaus, die Mutter war viermal operiert worden, darunter offensichtlich leider nicht an den Fingernägeln und braucht teure Medikamente, weshalb alles Land an die Bank verpfändet wurde, die jetzt das Land und das Haus verkaufen will. Zu dem großen Unglück, das Thong selbst getroffen hat, gehört auch jenes, dass sie in einem Hotel arbeitet, wo sie kaum etwas verdient und nur zwei Wochen Urlaub hat, nach deren Ablauf sie wieder zurück muss, um diese seltene Stelle in einer Zeit der großen Arbeitslosigkeit nicht zu verlieren und fürderhin arbeitslos zu sein. Nach der Schilderung des Unglücks der Familie ging sie ohne Unterbrechung zu Werners Unglück über. Sie diagnostizierte, Werner sei alt und habe ein gutes Herz und nur deshalb sei sie bereit, die zwei Urlaubswochen, die sie habe, ausnahmsweise mit ihm zu verbringen, wozu sie allerdings wegen des großen Unglücks ihrer Familie dringend achtzigtausend Baht braucht. Und wenn Werner die sofort zahlte, dann würde die Mutter auch keine Einwendungen gegen ein intimes Verhältnis äußern, sofort nach Hause fahren und sie könnte umgehend mit ihm auf sein Hotelzimmer gehen und ihm zwei glückliche Wochen bescheren.

In Werner, der durch die vielen Unglücksfälle auf das tragische Ende der Geschichte sorgfältig vorbereitet worden war, erwachte eine gewisse Boshaftigkeit, geboren aus der Enttäuschung, dass die „feine Dame" nichts weiter war, als eine Prostituierte mit einer besonderen Masche, Ausländer auszunehmen. Er machte ein ganz ernstes Gesicht, als er sich von der Bedienung ein Stück Papier bringen ließ. Darauf kritzelte er besorgten Gesichtes einige Zahlen, um dann mit schüttelndem Kopf Thong tief in die Augen zu blicken und zu sagen: „Für achtzigtausend Baht kann ich meinen ganzen Urlaub lang jeden Tag mit acht Frauen ins Bett gehen, die nicht mit einer erfundenen Mutter und Unglücksfällen ankommen." Es erhob sich ein lautes Geschrei über die bösen reichen Ausländer, die die armen Thai ausnutzen und über Leichen gehen… Doch wie auf Bestellung kamen aus der Küche zwei Männer und Thong und die „Mutter" standen schnell auf und packten alles ein, wobei Letztere nicht vergaß, auch schnell noch das Gewürzkörbchen in ihre Tasche zu stecken, was Werner nur mit offenem Mund quittierte.

Doch als sie zum Ausgang kamen, stand dort bereits einer der Männer und zeigte mit ausgestrecktem Arm auf den Tisch, worauf die „Mutter" das Gewürzkörbchen schimpfend wieder zurückbrachte. Auf Werners Frage an den Mann: „How did you know…?", antwortete der lächelnd, dass man sich kenne und dass die Damen nicht zum ersten Mal hier gewesen seien. Nun wusste Werner nicht, ob er lachen oder weinen sollte, deshalb beschloss er zur weiteren Klärung erst einmal, eine Flasche Bier zu bestellen. Er wusste nicht recht, was er mit sich anfangen sollte und brauchte offensichtlich noch längere Zeit, seinen Schock zu verarbeiten. Er beschloss, dies in einigen Bars zu tun und dabei zur Feier des Tages auf seinen Orangensaft zu verzichten. Den Gedanken, eine „Lady" für sein Hotelzimmer zu suchen, verschob er zunächst auf später, bis er gegen fünf Uhr morgens entschied, dass seine Gedanken gegenüber seinen Empfindungen schon nicht mehr mehrheitsfähig waren. Und so ging er ins Hotel, wo er gerade noch rechtzeitig zum Mittagessen aufwachte. Zwar schüttelte er während des Essens noch hin und wieder seinen Kopf, doch war er guter Stimmung und schon fast neugierig auf weitere Abenteuer.

Ein Spaziergang am Strand entlang zeigte ihm ein weiteres Stück von Pattaya und verführte ihn zu einem weiteren Bier an der Beach Road, wo er Verkehr und Passanten beobachtete, ohne allzu viel Interesse an den kleinen Mädchen zu zeigen, die gerade in der Bar waren. Auf dem Rückweg wurde er zwar von einigen Mädchen angesprochen: „Hello, Papa, where you go?", aber er konnte sich schon denken, dass dies freischaffende Künstlerinnen waren und mit denen wollte er nichts zu tun haben. Da war einmal der Verdacht, dass sie vielleicht nicht mehr in einer Bar arbeiteten, weil sie kein Gesundheitszeugnis vorlegen konnten, zum anderen der Gedanke, dass sie mit seiner Brieftasche verschwinden könnten und er könnte noch nicht einmal einen Namen angeben. Wogegen die Mädchen in einer Bar nicht nur in gewissen Abständen ein Gesundheitszeugnis, sondern auch alle eine Kopie ihrer ,Identity Card' abgeben müssen und folglich im Falle eines Falles schnell identifiziert und von der Polizei gefunden werden können. Werner ging ins Hotel, um sich vor seinem Abendausgang noch etwas hinzulegen. Dabei überlegte er sich, warum er hier eigentlich dauernd an Frauen dachte. Es war nicht einmal so sehr der Sex, den er suchte, obwohl er ihn auch nicht ablehnte. Doch nachdem er zwölf Jahre allein gelebt hatte und seit seiner Pensionierung so gut wie keine Gesellschaft hatte und nur noch allein gewesen war, suchte er eine Partnerin. Irgendeinen sympathischen Menschen, der um ihn herum war, mehr zur Unterhaltung und zur Gesellschaft, denn zu sexuellen Erlebnissen.

Als er wach wurde, war es bereits Zeit zum Abendessen, das er in einem kleinen, mittelprächtigen Restaurant einnahm. Es waren nur wenige Gäste da und die Bedienung nahm sich Zeit, sich etwas mit ihm zu unterhalten. Es handelte sich dabei um eine junge Frau von guter Statur, die ihn nicht nur perfekt bediente, sondern auch ganz gut Englisch sprach und gute Manieren hatte. Als sie ihm die Rechnung brachte, sprach er mit ihr noch etwas und erfuhr, dass sie Noi heißt und aus Korat kommt. Er gab ihr ein gutes Trinkgeld und verabschiedete sich. Am besten hatte ihm gefallen, dass sie ihm nicht angeboten hatte, für einige Zigtausend Baht seine Begleiterin für die nächsten vierzehn Tage zu werden. Als Werner eine passende Bar gefunden hatte, war er fast schon wieder fröhlich und verzichtete auf seinen Orangensaft. Entsprechend seiner Stimmung hatte er auch eine gute Unterhaltung mit den Mädchen, denen er als einziger Gast diente, die Langeweile zu vertreiben.

Er blieb fast bis Mitternacht und ließ sich dann doch noch überreden, eine junge Frau mitzunehmen, die ihm bei der Unterhaltung sympathisch geworden war. Eigentlich hatte er ja nicht wollen, aber nun, na ja, halb zog sie ihn, halb schob er sie und sie hatten wohl ein gemeinsames Ziel. Im Hotel ging sie erst unter die Dusche und bald stellte er fest, dass das Handtuchritual zur hiesigen Tradition gehören musste. Nein, das Licht musste nicht gelöscht werden, dafür hatte er seine liebe Mühe, sie aus dem Handtuch auszuwickeln. Dabei bemerkte er, dass wohl die wie ausgedörrte Erde mit Furchen durchzogene geplatzte Bauchdecke die Ursache dafür sein mochte. Doch als er fragte, wie viele Kinder sie habe, erklärte sie fast empört, dass sie keine Kinder hat und erläuterte, dass sie als Kind sehr dick gewesen sei und dass sie daher, seit sie wegen der Farang abnehmen musste, die Hautrisse auf der Bauchdecke habe.

Werner konstatierte, dass es hier wohl auch zur Tradition gehört, Ausländer für außerordentlich dumm zu halten. Es kostete ihn zwar viel Mühe, das Mädchen zu seiner sozialen Aktion zu erwärmen, doch hatte er nur wenig Erfolg. Ihre Aktivität erschöpfte sich darin, auf dem Rücken zu liegen und an die Decke zu starren. Werner fühlte sich betrogen, war leicht verärgert, drehte sich bald auf die Seite und schlief. Als er morgens wach wurde und sich an die vergangene Nacht erinnerte, richtete er sich auf, um nachzusehen, was mit der Frau geschehen war. Sie lag tatsächlich noch genauso da, wie in der Nacht, nur, dass sie inzwischen die Augen geschlossen hatte. Als Werner aufgestanden war und ihr das übliche Entgelt gab, protestierte sie nur schwach mit dem Hinweis, dass er doch noch länger hierbliebe und sie könnte doch die ganze Zeit, solange er in Pattaya bleibt... Als Werner darauf erwiderte, dass er schon alt sei und nicht jeden Tag mit einer Frau ins Bett gehen kann, nickte sie verständnisvoll und verließ ihn schließlich mit den Worten: „Next time I go with you", was er als Drohung empfand. Werner frühstückte, fuhr anschließend nach Jomthien und legte sich an den Strand, denn dafür hatte er ja extra seinen Urlaub in einem Baderessort gebucht und seine Badehose mitgebracht. Er beobachtete die Wellen, einige Schiffe und Badegäste, die um die Mittagszeit auftauchten.

Nach zwei Flaschen Orangensaft fuhr er nach Pattaya und aß in dem kleinen Restaurant, wo er Noi getroffen hatte. Er wechselte wieder einige Worte mit ihr und bat sie um Auskunft darüber, wie er die nächsten Tage verbringen könnte und was es in Pattaya und Umgebung zu sehen gäbe. Sie gab sich Mühe und unterbreitete Werner eine Reihe unterschiedlicher Vorschläge, wobei sie Ausflüge, kleine Wanderungen und diverse Einkaufsbummel beschrieb, viele Tempel aber keine Bar erwähnte. So machte er an den nächsten Tagen einige Ausflüge zu den Märkten Pattaya's und buchte bei verschiedenen Reisebüros Halbtages- und Tagestouren in die Umgebung, fuhr nach Chantaburi, nach Bang Saen, nach Bangkok und nach Chachoengsao. Er fand die Touren sehr interessant. Noch interessanter fand er allerdings das Abendessen, das er nun regelmäßig in dem kleinen Restaurant einnahm, in dem Noi arbeitete. Er berichtete ihr von seinen Fahrten und sie gab ihm weitere Anregungen.

Anschließend ging er dann wieder in zwei oder drei Bars, um rechtzeitig genug in sein Hotel zu kommen, damit er am nächsten Tag ausgeruht auf die nächste Tour gehen konnte. Er dachte zwar einmal daran, ein Mädchen auf eine Tour mitzunehmen. Das aber meinte, dass es nach einer Tagestour ja nicht arbeiten kann, weil es dann sicher müde sei, Werner also zweimal Auslöse und zweimal das Mädchen bezahlen müsste, und natürlich auch die Tour. Damit würde ihn also die Begleitung für einen Tag insgesamt fast dreitausend Baht kosten, was er für zu teuer befand, da er eigentlich kein großes Interesse an einem Mädchen hatte. Das lag allerdings hauptsächlich daran, dass er zu viel an Noi dachte. So beschloss er, Noi zu einem Abendessen einzuladen, was sie für den kommenden Montag, ihrem freien Tag, akzeptierte.

Werner wartete wieder einmal auf ein Mädchen, das er um 20 Uhr in einem Restaurant treffen wollte. Dank seiner früheren Erfahrungen wartete er mit sehr gemischten Gefühlen. Gewohnheitsgemäß war er etwas zu früh gekommen und hatte einen Platz mit guter Übersicht und freiem Blick zur Tür gewählt. Doch er brauchte nicht lange zu warten, bis Noi erschien und direkt auf seinen Tisch zukam. Sie war dezent und nicht zu elegant gekleidet, wählte ein bescheidenes Menu und nahm ein Glas Orangensaft. Was Werner an Noi neben ihrer Figur besonders gefiel, war ihr Gesicht, das eher ernst war, nur hin und wieder leicht lächelte, und dessen Ausdruck immer ihre Worte begleitete, ohne in einem konstanten Lächeln zu erstarren, wie er es schon öfter beobachtet hatte. Nach einer kurzen Schilderung seiner letzten Ausflüge wurde das Gespräch etwas persönlicher und Werner erzählte auf Befragung auch seine abendlichen Erlebnisse in Pattaya, sagte, dass seine Frau vor zwölf Jahren verstorben sei und dass er eigentlich nach Pattaya gekommen sei, um seine Ruhe zu haben.

Nachdem er aber das Leben in Pattaya gesehen habe, hätte er nicht widerstehen können, sich Gesellschaft zu suchen, ohne allerdings die Gesellschaft gefunden zu haben, die er sich eigentlich wünschte.

Nach einem Gespräch über die Lebensmöglichkeiten in Thailand, bei dem Werner erwähnte, dass er vielleicht interessiert wäre, in Pattaya zu leben und dafür die nötigen finanziellen Mittel hat, begann Noi über ihr Leben zu erzählen. Sie war bei den Großeltern aufgewachsen und hatte ihre Mutter kaum gesehen. Über ihren Vater wusste sie gar nichts zu berichten, sie hatte über ihn nichts erfahren. Seine Erwähnung war bei den Großeltern nie positiv aufgenommen worden und Fragen wurden weder von ihnen, noch von der Mutter jemals beantwortet. Noi hatte nach sechs Jahren die Schule abgeschlossen und später im Haushalt gearbeitet, bis sie eine Haushaltsstelle bei einer Familie direkt in Korat bekam, die ein kleines Restaurant hatte, wo sie gelegentlich auch im Restaurant aushelfen musste. Da man dort mit ihrer Arbeit zufrieden war, begann sie im Alter von 17 Jahren voll in dem Restaurant zu arbeiten, als eines der Mädchen heiratete und seine Arbeit kündigte. So hatte Noi die Gelegenheit genutzt, Kochen zu lernen und sich um das Geschäft zu kümmern. Sie hatte auch Gelegenheit gehabt, einige Kurse zu besuchen und hatte Schreibmaschine und Buchhaltung gelernt und dann einen Englischkursus begonnen, eigentlich mehr, weil sie die Abwechslung der Kurse liebte und nicht weil sie glaubte, dass Englisch wichtig sei, denn sie hatte bis dahin kaum einmal Ausländer gesehen. Doch da sie gern lernte, hatte sie auch im Englischkurs gute Fortschritte gemacht.

Die Arbeit in dem kleinen Restaurant hatte ihr Spaß gemacht, bis die Eigentümer ein weiteres Familienmitglied einstellten und es seither häufig zu Streitereien kam, die keine sachliche Grundlage hatten. Eines Tages kam eine kleine Gruppe thailändischer Geschäftsleute, die einen guten Vertragsabschluss feierten und über die niedrigen Preise und die gute Bedienung überrascht waren. Sie stellten Noi viele Fragen, wollten wissen, was sie in dem Restaurant alles mache und fragten auch nach ihrem Gehalt. Als sie sagte, sie bekäme 1.600 Baht im Monat, lachte einer der Männer und sagte, sie könne sofort bei ihm in seinem Restaurant in Pattaya anfangen und bekäme das Doppelte. Noi war etwas verwirrt, denn Pattaya hatte einen sehr schlechten Ruf, allerdings hatte sie schon gehört, dass viele Leute in Pattaya gutes Geld verdienen. Dann hatte sie aber auch gehört, dass die Mädchen in Pattaya mit Ausländern ins Bett gehen mussten.

Andererseits war sie aber auch die ständigen Streitereien im Hause leid. Sie war sich auch nicht sicher, ob der Mann das Angebot ernst meinte, oder ob es ein Scherz war. Als Noi nach kurzer Überlegung sagte, dass sie nicht nach Pattaya geht, weil sie nicht mit Männern ins Bett gehen will, lachte der Mann, der ihr das Angebot gemacht hatte, wieder und erklärte ihr, wie das mit den Mädchen dort läuft. Die meisten Mädchen in den Bars arbeiten dort, weil sie nichts anderes tun können und weil sie Geld verdienen wollen. Für die weitaus meisten wäre klar, dass sie versuchen würden, mit Ausländern ins Bett zu gehen, weil sie dabei gutes Geld verdienen.

Je nach Saison und Schönheit des Mädchens bekämen sie zwischen 500 und 900 Baht. Viele der Mädchen gingen auch in eine Bar, weil sie sich erhofften, dort einen Versorger oder vielleicht sogar einen Ehemann zu finden, der sie versorgt und den sie dann vielleicht sogar noch beerben können. Bei den Restaurants aber wäre das anders. Die Inhaber wären gar nicht froh, wenn ein Mädchen mit einem Gast mitgeht. Andererseits haben sie Angst, ihre Kunden zu verlieren, wenn sie den Kunden sagen, dass ein Mädchen nicht mitgehen darf. So etwas können sich nur sehr gute, teure und bekannte Restaurants erlauben. Bei den Restaurants der unteren oder mittleren Klasse wäre es letztlich Angelegenheit der Mädchen, ob sie bei einem Angebot mitgehen oder nicht.

Kein Mädchen suche deswegen Arbeit in einem Restaurant und die Angebote seien auch recht selten, aber wenn sie für einen Abend auf leichte Weise so viel Geld verdienen könnten, wie sie sonst in fast einer Woche verdienten, würden doch viele Mädchen zusagen und der Inhaber mache dann auch kaum Einwendungen. Wenn aber ein Mädchen da sei, das grundsätzlich mit keinem Mann mitgeht, dann könne er das auch entschuldigend und fröhlichen Herzens den Gästen sagen. Er erklärte, dass er gar nicht will, dass die Mädchen mit Männern mitgehen, weil er nur wenig Personal hat und keine Lust, um Mitternacht alleine zu arbeiten. Noi war wankelmütig und ließ sich noch einmal die Arbeitszeit sagen und versichern, dass sie nicht mit Gästen mitgehen müsste. Der Mann sah seine Chance gekommen, gutes Personal anzuheuern und gab Noi 500 Baht. Er erklärte, die könne sie behalten, aber er würde ihr dieses Geld geben, damit sie Gelegenheit hat, einmal nach Pattaya zu fahren und sich sein Restaurant anzusehen, damit sie sich dann entscheiden kann.

Dazu gab er ihr seine Visitenkarte und zeichnete ihr auf der Rückseite auf, wie sie sein Restaurant am leichtesten finden kann. Dazu schrieb er die Zeiten, zu denen er dort mit Sicherheit zu erreichen ist. Der nächste Streit in ihrem Restaurant ließ nicht lange auf sich warten, und als er hitzig und laut wurde, zog Noi ihre Schürze aus und ging. Schließlich war es erst kurz nach Monatsanfang und sie hatte ihr Gehalt gerade bekommen, würde also kaum etwas verlieren, wenn sie jetzt nach Pattaya ginge. Ihr war zwar nicht ganz wohl bei der Sache, aber sie war jetzt 19 Jahre alt, hatte in dem kleinen Restaurant Erfahrung gesammelt und glaubte schon, dass sie mit ihrer Erfahrung in Pattaya Arbeit finden kann. Wenn nicht bei dem Mann, der ihr Arbeit angeboten hatte, dann sicher in irgendeinem anderen Restaurant.

Nun war Noi vier Jahre in Pattaya, aber sie war gar nicht zufrieden. Sicher, sie würde hier das Doppelte bekommen, aber das Leben in Pattaya war auch doppelt so teuer und sie hätte viel Arbeit und der Umgang mit den Farang sei manchmal sehr schwer. Noi brachte nun eine Reihe von Klagen, die darauf hinwiesen, dass sie mit ihrer Arbeit doch recht unzufrieden war und sicherlich an einer anderen Stelle interessiert ist. Auf Werners Frage, ob sie einen Freund habe oder verheiratet sei, erklärte sie, dass sie eine Zeit lang einen Freund gehabt habe und dass sie sich verlobt hatten und heiraten wollten, aber das habe sich zerschlagen. Noi klagte weiter über die Männer im Allgemeinen und ihren ehemaligen Verlobten im Besonderen und zeichnete schließlich insgesamt ein so miserables Bild von ihrem Leben, dass es Werner nicht mehr schwerfiel, ihr ein Angebot zu machen.

Er erklärte, dass er sich freuen würde, wenn Noi mit ihm leben würde, und versicherte sofort, dass er sich in diesem Falle natürlich ein Haus in Thailand kaufen würde, dass sie viel Gelegenheit haben würde, etwas zu lernen und ließ sich's nicht nehmen, ihr in allen schillernden Farben blumenreich auszumalen, welche Vorteile das für sie hätte. Werner bemühte sich auch, alle ihre Bedenken zu zerstreuen und als Noi ihm erklärte, dass sie wegen besonderer personeller und vertraglicher Umstände das Restaurants erst in etwa vier Monaten verlassen und zu ihm kommen könnte, oder sofort bei ihm einziehen müsste, entschied Werner sich freudig für das „Sofort". Als Werner später wieder in seinem Hotel war, musste er sich eingestehen, dass er gar nicht sicher war, ob Noi nicht die Bekanntschaft und das Gespräch mit ihm dahin gesteuert hatte, dass er ihr dieses Angebot machte. Aber schließlich war ihm das gleichgültig, denn er wollte ja, dass sie mit ihm lebt. Etwas verwirrt und etwas unsicher räumte er nun sein Hotelzimmer auf, denn Noi wollte nur noch einige Sachen holen, um bei ihm einzuziehen und Werner überlegte sich etwas sorgenvoll, wie wohl die erste Nacht verlaufen würde. Ihm kam der Gedanke, dass seine Entscheidung vielleicht doch etwas überstürzt gekommen war, aber für eine Korrektur war es zu spät und er musste abwarten, was weiter geschieht.

Es dauerte auch gar nicht lange, bis Noi mit zwei großen Taschen ankam, noch einmal das Hotelzimmer aufräumte und ihre Sachen einsortierte. Danach gingen sie an die Hotelbar, wo Werner zur Vorbereitung auf die erste Nacht einige Martinis konsumierte, während Noi nur Orangensaft nahm. Als sie wieder im Hotelzimmer waren, nahm Noi eine sehr abwartende Haltung ein, worauf Werner unter die Dusche ging. Erst anschließend ging Noi und sie schien ein sehr sauberer Mensch zu sein, da sie schier unendlich duschte. Als sie fertig war, kam sie in einem riesigen dunkelblauen Badelaken aus der Dusche und glich eher einer Muslim, die einkaufen ging, als einem Mädchen, das zu ihm ins Bett wollte. Sie löschte das Licht und erklärte, dass sie sich noch zu wenige kennen würden, und dass es ihr zu schwer fiele, gleich am ersten Tag mit ihm gemeinsam zu schlafen und ließ sich auch durch Werners Hinweis, dass sie sich doch schon eine ganze Zeit kennen würden, nicht beeindrucken.

Noi schlief sehr tief und ruhig, ganz im Gegensatz zu Werner, der gar nicht schlief und sehr unruhig lag, zumal ihr Badelaken verrutscht war und den weitaus größten Teil ihrer langen, schlanken Beine zeigte. Erst am dritten Tag, als Werner bereits begann, nervös zu werden, erschien Noi nach ihrer gewohnt langen Duschzeit nicht mehr als Muslim verkleidet, sondern in Reizwäsche, was Werner den Gedanken verfolgen ließ, dass sie vielleicht doch mehr sexuelle Erfahrung besaß, als er zunächst angenommen hatte. Nachdem er jedoch diese Nacht zu seiner äußersten Zufriedenheit verbrachte und den Rest tief und ruhig schlief, verfolgte er diesen Gedanken nicht weiter, um seine lang ersehnte und gerade erreichte Zufriedenheit nicht weiter zu gefährden.

Nach einigen Exkursionen und einer ganzen Woche Glückseligkeit, die hauptsächlich darin bestand, dass Werner erzählte und Noi aufmerksam zuhörte, beschlossen sie, erst einmal ein Häuschen zu mieten, und sich wohnlich einzurichten. Dann würde Werner nach Deutschland fliegen, seinen Haushalt auflösen und dort alles regeln, um baldmöglichst wieder nach Thailand zu kommen, wo er dann seinen Lebensabend, sprich seinen dritten Frühling, zu verleben gedachte. Das Anmieten eines Häuschens, die Renovierung und die Einrichtung brachten eine Zeit mit sich, in der beide munter zusammenarbeiteten und voll beschäftigt waren. Noi beschwerte sich hierbei nur, dass Werner keine klaren Anweisungen gab, was getan werden musste, sondern ihr die meisten Entscheidungen überließ, wo sie doch in ihrem Leben bisher kaum Entscheidungen zu fällen gehabt hatte. Andererseits gefiel es ihr, dass sie so viel Freiheit hatte und sie gab sich alle Mühe, die Einrichtung so zu gestalten, dass alle beide darin bequem und zufrieden leben konnten. In ihrer Freizeit lernte Noi weiter Englisch und las Bücher über Europa und europäische Lebensweisen.

Da Werner rustikale Möbel und landwirtschaftliche Dekoration bevorzugte, waren einige Fahrten in die Provinzen erforderlich, um die benötigten Sachen zu beschaffen. Werner war damit ganz zufrieden, denn immerhin hatte er dabei fast zwei Monate Zeit, um sich zu versichern, dass Noi nicht stehlen oder betrügen würde. Sie waren meistens zusammen und Noi bemühte sich, Werner das Leben so angenehm wie möglich zu machen, ohne selbst zu viele Forderungen oder

Erwartungen zu haben. Erst viel später sollte Werner sich überlegen, dass diese Zeit wohl die beste war, die sie gemeinsam verbrachten. Dass sie aber auch die Illusion aufbaute, dass sie ständig gemeinsam mit irgendetwas beschäftigt sein würden, was aber eben nur der Fall war, während sie das Haus dekorierten und einrichteten. Er konzentrierte sich mehr darauf, aufzupassen, wie viel Geld Noi verbrauchte und ob sie möglicherweise für sich Kommissionen abzweigte, ob sie auch Preise verglich, um das vernünftigste Angebot auszusuchen. Erfreut bemerkte er, dass sie für sich keine finanziellen Forderungen stellte und auch kein Geld für ihre Familie forderte. Er kam insgesamt zu dem Eindruck, dass sie tatsächlich mit ihm leben wollte und nicht nur zu ihm gekommen war, um Geld zu verdienen. Er ließ ihr dafür auch alle Freiheit und spornte sie an, etwas zu tun, was ihr Spaß machte und wunderte sich, dass sie darauf immer nur fragte, was sie denn tun sollte, was er denn will, was sie machen soll. Er aber meinte, das müsse sie selbst herausfinden und war es zufrieden, dass sie weiter Englisch lernte und Bücher über

Deutschland und über das Leben in Deutschland las. Dann eines Tages war es soweit, dass Werner abflog, um in Deutschland alles zu regeln, um bald wieder nach Thailand zu kommen, wo er seine Noi wohl heiraten würde, wie sie es gemeinsam besprochen hatten.

Nach seinem Abflug fühlten sie sich beide sehr alleine. Werner löste seinen Haushalt auf und suchte einen Käufer für das Haus, in dem er geboren worden war und sein ganzes Leben lang gelebt hatte. Es tat ihm weh, fast alle Sachen weggehen zu sehen, die sein Leben ausgemacht hatten. Andererseits dachte er an Thailand und vor allen Dingen an Noi. Solange er mit ihr zusammen gewesen war, hatte ihm ja auch nichts gefehlt, woran er früher gehangen hatte und so dachte er jetzt mehr an Noi als an seinen Besitz und beeilte sich mit dem Verkauf seiner Sachen, von denen er viele zu Spottpreisen abgab und viele verschenkte, um die Abwicklung schnell hinter sich zu bringen. Auch das Haus verkaufte er zu einem Spottpreis, weil die Käufer sich über den dahinter stattfindenden Neubau beschwerten und leicht herausbekamen, dass Werner es eilig hatte, was bekanntlich den Preis enorm drückt. Noi saß inzwischen in Pattaya und wartete auf Werner. Ihr war todlangweilig, obwohl sie weiter Englisch lernte und die Bücher über Deutschland las. Aber man kann nicht den ganzen Tag allein sitzen und lernen und lesen. Sie hatte aber auch keine Freunde. Ihre Bekannten waren meist die Ausländer gewesen, die als Gäste ins Restaurant gekommen waren.

So freundete Noi sich mit der Flasche Martini an, die Werner im Schrank hatte, und stellte fest, dass sie sich schon viel wohler fühlte, als die angebrochene Flasche leer wurde und der Fernseher lief. Am nächsten Tag wurde die zweite Flasche leer, die Werner in Reserve hatte, noch bevor der Abend nahte. Noi zog los, um Nachschub zu holen, da Werner ihr ja genug Geld da gelassen hatte. Als sie feststellte, dass Martini sehr teuer ist und Werner ja nicht unbedingt etwas von ihrem Vergnügen wissen musste, Noi zudem auch sehr sparsam war, kaufte sie drei Flaschen Lao Khao, jenen in Bierflaschen angebotenen billigen Reisschnaps, den man in den

Dörfern trinkt. Das schien eine gute Entscheidung zu sein, denn die drei Flaschen reichten gerade bis zum nächsten Tag, an dem sie wieder drei Flaschen holte. Da Noi bei diesem Konsum auch gut schlafen konnte, hatte sie keine Probleme mehr.

Sie brauchte nur noch zu trinken, fernzusehen, zu schlafen und hin und wieder etwas zu essen. Allerdings sammelte sich nun das schmutzige Geschirr proportional zur Anzahl der leeren Flaschen. Als Werner seine Haushaltsauflösung und den Hausverkauf hinter sich und das Flugticket in der Tasche hatte, schrieb er Noi, dass er bald kommen würde und rechnete sich aus, dass er etwa einen Tag vor dem Brief ankommen müsste. Dies sollte eine Überraschung sein, allerdings auch mit dem Hintergedanken, dass es doch interessant wäre, zu erfahren, was Noi wohl macht, wenn sie sicher ist, dass er noch nicht kommt. Die Überraschung war perfekt. Als Werner gegen Mittag ankam, war die Tür geschlossen und der Fernsehapparat lief mit voller Lautstärke. Als Werner die Tür öffnete, lag Noi im Morgenmantel inmitten einiger leerer Flaschen Lao Khao auf dem Fußboden und schlief so fest, dass es Werner nicht möglich war, sie zu wecken. Da sie alleine war, hatte Werner tiefes Mitleid mit Noi und sagte sich, dass sie vor lauter Einsamkeit und Sehnsucht nach ihm zum

Flaschenkasten gegriffen hat, womit er ja auch nicht ganz Unrecht hatte. Er ging in die Küche, nur um festzustellen, dass nichts Essbares im Hause war und begann dann, den Abwasch der vergangenen zwei Wochen nachzuholen, weil er Schmutz und Unordnung nicht leiden konnte. Da Noi eine Stunde später immer noch schlief, ging er essen und einkaufen. Als Werner zurückkam, räumte Noi gerade die leeren Flaschen weg und schien sehr verwirrt. Sie taumelte etwas, als sie ihn begrüßte und Werner spürte deutlich, dass es eine Mischung aus Freude, Scham und Trunkenheit war, was sie bewegte. Er nahm sie in den Arm, hatte Mitleid mit ihr und freute sich, dass sie ihn offensichtlich liebte. Auch wenn dies daher zu rühren schien, dass sie ihn wirklich brauchte, aber es war für ihn, den alten Mann, ein großes Gefühl, zu wissen, dass es ihr um seine Person, um seine Anwesenheit ging, und nicht darum, dass sie einen Farang an der Hand hatte, den sie ausnehmen konnte.

Er kam aber nicht auf den Gedanken, dass diese Liebe pure Hilflosigkeit war, die daher rührte, dass sie mit sich selbst nichts anfangen und nicht allein sein konnte. Die nächsten Tage waren Tage der Wiedersehensfreude, die Werner erfolgreich gestaltete, um die Erinnerungen seines Lebens zu verdrängen, die er aus seiner Heimat mitgebracht hatte. Da er nun ununterbrochen mit Noi zusammen war, fiel es ihr leicht, keinen Alkohol zu trinken. Es störte sie auch nicht, dass er dauernd wie ein Gockel um sie herumtanzte, denn so erhielt sie ihre Aufmerksamkeit. Als er sie daran erinnerte, dass sie jeden Tag eine Stunde Englisch lernen wollte, tat sie es für ihn. Immerhin sagte er ihr, was sie tun sollte und sie empfand es als angenehm, dass er im selben Raum saß und mitgebrachte Zeitungen las.

Nachdem sie nun schon lange Zeit zusammen lebten, begann die Suche nach einem eigenen Haus. Noi bemühte sich sehr, ein preiswertes Häuschen für zwei Personen zu finden und brachte auch einige Anschriften. Aber Werner hatte eine deutschsprachige Immobilienfirma eingeschaltet und entschloss sich nach drei gemeinsamen Besichtigungen zu einem großen Haus mit zwei Stockwerken und einem eigenen Schwimmbad. Noi war erstaunt und konnte nicht verstehen, warum Werner ein Haus mit fünf Zimmern und einem großen Grundstück für zwei Personen kaufte. Als sie dann hörte, dass dieser Grundbesitz auf ihren Namen geschrieben werden sollte, bedeutete es ihr nicht viel. Sie dachte nicht an den Wert, sie wollte nur nicht alleine sein. Als Werner ihr erklärte, dass er wahrscheinlich vor ihr sterben würde und dass sie dann wenigstens ein Haus hätte, in dem sie leben kann, sah sie dies zwar ein, aber es bedeutete ihr nicht so viel. Es machte ihr Angst, an Werners Tod, an das Alleinsein zu denken. Sie war verwirrt, aber sie tröstete sich mit dem Bewusstsein, dass sie ja zusammen mit Werner in dieses Haus einzieht.

Die nächsten Wochen waren voller gemeinsamer Aktivitäten. Das Haus musste neu gestrichen werden, sie suchten Tapeten für einige Räume aus, eine Einbauküche wurde bestellt, die Toiletten neu ausgestattet und ein Gärtner wurde beauftragt, das öde Grundstück zu grünem Leben zu erwecken, worin auch eine von Blumen und Büschen geschützte Sitzecke mit mehreren Bänken und Stühlen enthalten war, die direkt am Schwimmbad eingerichtet wurde. Dann holten sie die Sachen aus dem zuvor gemieteten Häuschen, aber es fehlten jetzt noch viele Möbel, um das Haus einzurichten und sie waren viel unterwegs, um Möbel und Dekorationen zu suchen. Werner erklärte ihr viel über europäische Wohnkultur und Noi war mit allem, was Werner für gut hielt und haben wollte, einverstanden. Es geschah nur selten einmal, dass Noi selbst etwas wollte, meist dann, wenn sie glaubte, damit Werners Geschmack getroffen zu haben.

Es war die schönste Zeit in Noi's Leben und sie störte sich auch nicht an den seltsamen Blicken, die sie manchmal trafen, wenn sie mit Werner unterwegs war. Sie hatte früher gelernt, dass eine Frau dafür da war, dem Mann ein glückliches Leben zu bereiten, damit sie zusammen glücklich sein konnten und sie waren beide glücklich. Auch wenn Werner für sie wie ein Vater war, oder vielleicht gerade deswegen. Wenn sie unterwegs gewesen waren, saßen sie später zum Abendbrot am Schwimmbad und unterhielten sich, sprachen über die Fortschritte der Einrichtung des Hauses und über einen kleinen Umbau, planten die Unternehmungen für den nächsten Tag und es gab lange Zeiten, die sie gemeinsam verbrachten und sie fanden viele Gemeinsamkeiten. Dann kamen eines Tages eine Parabolantenne, ein Fernsehapparat und ein Computer, die in einem Raum im zweiten Stock aufgebaut wurden, während ein anderer Fernsehapparat unten im Wohnzimmer war. Werner erklärte, dass der Raum im zweiten Stock sein Arbeitszimmer sein würde. Das war der Tag, an dem Noi sehr ernst war. Sie konnte nicht verstehen, warum Werner ein eigenes

Zimmer brauchte. Lebten sie denn nicht zusammen?

Waren sie denn nicht glücklich gewesen, wenn sie beide in dem Wohnzimmer waren, auch wenn sie etwas Unterschiedliches getan hatten? Warum brauchte Werner nun ein Zimmer für sich? Störte sie ihn jetzt, dass er sie nicht sehen und lieber alleine vor dem Computer oder dem Fernseher sitzen und im Zimmer alleine sein wollte? Doch in den nächsten Tagen wurde sie von diesen Gedanken abgelenkt, denn sie hatten ihre Heirat vorbereitet. Werner hatte ihr erklärt, dass sie dann jeden Monat Geld bekommen würde, wenn er einmal nicht mehr wäre. Sie wollte nicht, dass er darüber spricht, wollte daran nicht denken. Aber sie sah ein, dass die Heirat gut war, das würde ihr auch einen anderen Status geben. Während sie mit den Vorbereitungen der Hochzeit beschäftigt waren, vergaß Noi ihre Sorgen. Sie fühlte sich nur seltsam verlassen, als Werner aufschrieb, wen er alles einladen wollte und Noi nicht ein einziger Mensch einfiel, den sie hätte einladen können. Aber Werners Hinweis, dass seine Freunde alle mit einer Thai kämen und dass ja auch die thailändischen Nachbarn kommen, beruhigten sie etwas.

Die Hochzeit gelang hervorragend, es war ein einmaliges Erlebnis für Noi und es waren insgesamt doch über dreißig Personen gekommen, nachdem Noi noch alle eingeladen hatte, die sie traf, von den Verkäuferinnen im Lebensmittelladen bis zum Briefträger. Alle waren von der Feier sehr angetan und es gab auch Alkohol in Fülle zu trinken. Auch für Noi, und es blieben auch noch viele Flaschen Whisky und Brandy übrig, was vielleicht gar nicht so gut war. Der Kater am nächsten Tag war unvermeidlich, aber die Flurbereinigungsarbeiten vereinten sie wieder und am Abend saßen die Beiden wieder glücklich in ihrer Gartenecke.

Doch am nächsten Tag begann Werner sein Leben zu „normalisieren", da man ja auch etwas tun muss, wie er Noi erklärte. Er wollte den Computer einrichten, erzählte er, und nach fünf Stunden hatte Noi begriffen, dass die Flitterwochen schon vorbei waren. Sie war in dieser Zeit vier oder fünf Mal zu Werner gegangen, um ihm Kaffee oder Früchte zu bringen, zu fragen, ob er nicht etwas essen wollte, aber er verhielt sich so, dass sie das Gefühl haben musste, ihn zu stören. Es gab in „Werners Zimmer" auch keinen Platz, wo sie sich hätte hinsetzen können und Noi glaubte zu verstehen, dass das so beabsichtigt war, damit sie ihn dort nicht stört. So saß Noi denn alleine unten im Wohnzimmer, schaute aus dem Fenster, fühlte sich alleine und bekam Angst. Werner war von nun an voll beschäftigt mit einem Zeitplan, nach dem er deutsche Nachrichtensendungen sah und ins Internet ging, um das Weltgeschehen zu verfolgen und sich über den Stand der Wissenschaften auf dem Laufenden zu halten, worüber er sich auch Notizen mit seinen eigenen Gedanken machte.

Er führte auch ein Tagebuch und frönte seinem Hobby, dem Zeichnen und Malen. Das alles war für ihn sehr wichtig, denn er wusste, dass er in seinem Alter einen festen Tagesablauf brauchte und sich beschäftigen musste. Noi saß demgegenüber mehrere Wochen im Wohnzimmer, weinte und war verzweifelt. Sie sehnte sich nach ihrem Leben im Restaurant, wo es bis nach Mitternacht meistens etwas zu tun gegeben hatte, selbst wenn kein Gast da war und wenn alle Arbeiten erledigt waren, konnte sie dort sitzen und auf einen Gast warten. Hier gab es nicht einmal irgendetwas, worauf sie warten konnte. Werner saß unerreichbar weit weg auf „seinem Zimmer". Noi trank die von der Hochzeit übriggebliebenen Flaschen aus und kaufte sich Lao Khao. Dabei fand sie eines Tages Freunde. Bald traf man sich regelmäßig, und verbrachte Nachmittage und Abende in der lauschigen Ecke am Schwimmbad. Manchmal brachten die Freunde auch Alkohol mit. Und manchmal Yaba, die billige Ausgabe von Ecstasy.

Es war immer schön. Noi fühlte sich dann nicht allein, und wenn sie Ecstasy genommen hatte, war sie auch gar nicht mehr traurig, dass Werner sie nicht mehr mochte, sondern mit seinem Computer auf seinem Zimmer sein wollte, obwohl sie alles getan hatte, ihn glücklich zu machen. Und Werner saß auf seinem Zimmer und war stolz darauf, dass er seiner Frau alle Freiheiten gab, dass sie alles tun und alles lernen konnte, was sie wollte, dass sie fast nichts für ihn tun musste, dass sie ihr Leben frei gestalten konnte. Er hatte sie als voll ausgewachsene, freie Frau gesehen und genossen. Er hatte aber nie gemerkt, dass sie innerlich immer ein kleines Kind geblieben war, das sich nie zu der Selbstständigkeit entwickeln konnte, die Werner schon seit vielen Jahren hatte. Und Werner hatte sich nie vorzustellen versucht, wie schlimm es für ein kleines Mädchen ist, wenn man ihm sagt: „Wir lassen Dich jetzt immer alleine, Du bist nun ein ganz freier Mensch und kannst alles lernen und lesen, was Du willst. Du brauchst auch nichts mehr für uns zu tun.“ Werner sah, dass sie Freunde hatte, Menschen, die ihm nicht gefielen. Aber er meinte, das gehöre zu ihrer Selbstständigkeit und sie müsse eben lernen, damit richtig umzugehen, er gab ihr sogar genug Geld, dass sie ihre neuen Freunde auch zum Essen und auch zum Trinken einladen konnte. Eigentlich wusste er, dass man einem Menschen, der selbstständig werden will, auch immer die Gelegenheit geben muss, zu einem zu kommen, sei es mit Sorgen und Problemen, sei es, um nicht allein zu sein, aber dieses Wissen fiel ihm nicht ein, weil es wohl doch störend sein könnte.

So hatte Noi keine Chance, Selbstständigkeit zu lernen, bis sie Werner eines Tages sagte: „Der Arzt sagt, Du wirst Vater; ich bekomme ein Kind.“ Und Werner war überglücklich. Werner konnte es kaum begreifen, dass er noch einmal Vater werden sollte. Er sah es nun als einen neuen Lebensinhalt an, noch einmal ein Kind großzuziehen, aber er war der Überzeugung, dass er mit dieser Lebensaufgabe erst beginnen kann, wenn das Kind einmal geboren war. Gleichzeitig hoffte er, dass Noi nun ihr Verhalten änderte, dass sie keine Gartenpartys mehr mit ihren Freunden abhält, das Trinken und das Rauchen aufgibt und sich wieder mehr mit ihren Büchern und dem Lernen beschäftigt, weil sie ja ein Kind erwartet, für das sie da zu sein hat und weil sie Mutter wurde und sicherlich ihren ganzen Stolz daran setzen würde, ihr Kind zu pflegen und zu umsorgen. Noi hatte zunächst gehofft, dass Werner jetzt, wo sie das Kind erwartete, wieder etwas mehr Interesse am Gemeinschaftsleben zeigen würde, aber er hielt sich weiterhin in „seinem Zimmer" auf, saß an seinem Computer und zeichnete und wollte offensichtlich nicht gestört werden.

So hatte sie das Gefühl, dass Werner vielleicht an dem Kind Interesse haben könnte, sicherlich aber hatte er kein Interesse an ihr, solange sie nicht mit ihm im Bett lag. Noi tröstete sich mit ihren Freunden und den Partys in der Gartenlaube. Zwar dachte sie hin und wieder daran, dass es vielleicht für das Kind nicht gut wäre, wenn sie trank und rauchte und auch noch Yaba nahm. Aber schließlich war es das Kind eines alten Mannes, der an ihr kein Interesse hatte. Sie sah keinen Grund, sich wegen seines Verhaltens Sorgen zu machen, wenn er sie mit diesem Kind alleine ließ. So verstrich die Zeit, während Werner sich mit sich selbst und Noi sich mit ihren Freunden beschäftigte, deren Gruppe langsam anwuchs. Die Feiern wurden dementsprechend größer, aber Werner wollte sich hier nicht einmischen, weil er jeden Streit vermeiden wollte. Wohl merkte er an den späten Abenden, an denen sie einige Zeit gemeinsam verbrachten, dass Noi sich immer mehr veränderte, doch er führte das einfachheitshalber auf die Schwangerschaft zurück, die man Noi nun schon sehr deutlich ansehen konnte. Frauen sollen sich in ihrer Schwangerschaft ja ganz anders verhalten, hatte er schon oft gehört.

Auf das Kind aber würde er noch einen knappen Monat warten müssen. Eines frühen Abends wurde Werner gegen Einbruch der Dämmerung von einem harten Klopfen an der Tür seines Zimmers gestört. Er war sehr verwundert, Polizei in seinem Haus zu sehen. Noi erklärte ihm, dass einer der Besucher wohl am Schwimmbadrand ausgerutscht und mit dem Kopf auf die Steine geschlagen sein musste. Nachbarn hatten die Polizei gerufen, weil sie im Schwimmbad einen halb im Wasser treibenden Körper gesehen hatten. Und sie hatten auch von den täglichen Gruppentreffen von jungen Leuten erzählt, die gar nicht so aussahen, wie man sich in

Thailand anständige, junge Leute vorstellt.

Die Polizei war unvermutet gekommen und hatte die Gruppe überrascht. Die Polizisten hatten an der Haustür geklingelt und Noi hatte geöffnet, in der Annahme, dass es ein weiteres Mitglied der Gruppe sei. Auf die Mitteilung, dass im Schwimmbad ein Körper hänge, hatte sie den Polizisten auch keinen Widerstand entgegengesetzt, als diese durchs Haus auf den Garten und das Schwimmbad zugingen. Die Polizisten sahen viele Flaschen, da Noi in den letzten zwei Tagen nichts weggeräumt hatte. Aber sie sahen auch einige Tabletten und einige Bekannte und forderten Verstärkung an. Vier Personen hatten Stecknadelgroße Pupillen und bei ihnen wurden auch Drogen gefunden.

Die anderen Partyteilnehmer hatten noch nichts genommen, da die Party erst begonnen hatte und sie hatten auch nichts bei sich. Aufgrund der vielen Flaschen nahm die Polizei an, sie hätten nur Alkohol getrunken. Dennoch mussten alle Partygäste mit der Polizei mitkommen. Aber Noi kam bald wieder zurück, da sie hoch schwanger war, nachweislich keine Drogen genommen hatte und außerdem waren die Partygäste auch so nett gewesen, anzugeben, dass Noi von den Drogen gar nichts gewusst hätte. Werner war wie betäubt und glaubte, dies wäre nun für Noi eine Lehre gewesen. Er kam nicht auf den Gedanken, dass es für ihn eine Lehre hätte sein müssen. Dass sie sich zunehmend ablehnend verhielt und kaum noch mit ihm sprach, führte er auf die Schwangerschaft zurück und auf einen Schock wegen der Drogenparty und des Toten im Schwimmbad. Werner glaubte, dass Noi von den Drogen nichts gewusst hatte. Nein, seine Noi würde so etwas nie tun, da war er ganz sicher.

Bald kam das Baby und Werner veranstaltete eine Feier, bei der Noi trotz aller Anteilnahme entfernter Bekannter nur gelangweilt anwesend war. Dann entschied Werner, dass der geborene Junge noch viel zu klein war, als dass er etwas mit ihm anfangen könnte, und überließ die anfallende Arbeit Noi, da dies doch Arbeit der Mutter war und Noi ja auch sonst nichts zu tun hatte. Ganz entgegen seiner Erwartung änderte sich Noi mit der Geburt des Kindes überhaupt nicht und sie war auch gar nicht begeistert. Für Noi zeigte sich nur, dass sie nun einen Säugling und einen alten Mann zu versorgen hatte, der sich in „seinem Zimmer" einigelte.

Sie fühlte sich von Werner verlassen und verraten, da er sich weder um sie noch um das Kind kümmerte. Sie war jung und wollte noch etwas vom Leben haben. Sie begann Werner als ein Hindernis an ihrem Leben zu empfinden und wurde bald grantig, wenn sie ihn sah. Er hatte die Schuld daran, dass es ihr so schlecht ging. Er hatte gesagt, dass er mit ihr leben wollte. Er hatte sie zu sich geholt. Aber wahrscheinlich nur, weil er mit ihr ins Bett wollte, es aber ablehnte, sie ansonsten auch nur in seiner Nähe zu dulden oder sich mit ihr und dem Kind zusammenzusetzen, wie das doch bei Familien üblich ist. Sie fühlte sich ausgestoßen und begann Geld aus seinen Taschen und bald auch aus seinem Portemonnaie zu holen, legte ihm gefälschte Rechnungen und Abrechnungen vor. Und suchte sich neue Freunde für neue Gartenpartys, weil sie einfach nicht alleine sein konnte und der Säugling, mit dem Werner nichts zu tun haben wollte, ihr nichts bedeutete. Noi's neue Partyfreunde merkten ihr ablehnendes Verhalten Werner gegenüber sehr deutlich.

Waren die früheren Freunde Noi's ruhig gewesen, wenn er kam und ihn gegrüßt hatten, so machten sich Noi's Freunde nun über ihn nur lustig, was ihm sehr unangenehm war, zumal die Scherze auch immer gröber wurden und Noi sich darum nicht kümmerte. Werner wollte sich bei der Gruppe am liebsten überhaupt nicht mehr sehen lassen, doch das Erlebnis mit dem Toten im Schwimmbad und die ungläubigen Fragen der Polizisten danach, die ihm nicht glauben wollten, dass er sich nicht um seine Frau und seine Gäste kümmere, erweckten in ihm ein Gefühl der Verpflichtung. Besonders die Bemerkung eines Polizisten, dass er also noch nicht einmal aus dem Haus komme, wenn seine Frau mit Drogensüchtigen eine Party macht, und im Schwimmbad ein Toter liegt, hatte ihn geschmerzt. So kam er denn doch alle paar Tage einmal mit einem sehr unwohlen Gefühl nach unten, und er konnte auch das aufkommende Gefühl der Hilflosigkeit nicht mehr unterdrücken. Was sollte er denn machen, wenn er sah, dass in seinem Haus Drogen konsumiert werden? Und wie sollte er das überhaupt merken und überprüfen, wo er doch noch nicht einmal wusste, wie Drogen aussehen. Als er eines Tages wieder einmal nach unten ging, fasste ihm einer der jungen Burschen zwischen die Beine und lachte. Was er denn mit seiner Frau machen wolle, fragte er, legte seinen Arm um Noi und sagte, es wäre besser, wenn er jetzt selbst mit Noi ins Bett geht.

Als alle lachten, war Werner empört. Er wusste, dass sie den Alkohol von dem Geld gekauft hatten, das Noi ihm aus dem Portemonnaie gestohlen hatte, und dann saßen sie in seinem Haus und verhöhnten ihn noch. Werner regte sich auf und ein kurzes Gespräch führte zum Streit. Werner forderte die Partygäste auf, sein Haus zu verlassen. Doch nun kam Noi dazwischen. Sie sagte, das wären ihre Gäste, die sich um sie gekümmert haben, während er nur auf seinem Zimmer war. Sie sagte, das sei ihr Haus, in dem er nichts zu befehlen hat. Dann schickte sie ihn nach oben, auf „sein Zimmer". Werner brach innerlich zusammen. Er wusste, dass er nichts unternehmen konnte, er wusste nun auch, welche Fehler er zu Anfang der Bekanntschaft gemacht hatte. Aber er wusste immer noch nicht, dass Noi nicht allein sein konnte, dass sie ihn brauchte, dass sie ihn ständig in ihrer Nähe brauchte. So konnte er auch nicht wissen, dass sein Entschluss, ihr möglichst nicht mehr zu begegnen, wahrscheinlich das Verkehrteste war, was er machen konnte. Werner redete sich ein, dass sie doch ein gemeinsames Kind hätten, dass sie miteinander verbindet und dass er die Ehe retten müsste. Er dachte, dass Noi sich bestimmt wieder ändern würde, dass es eine Frage der Zeit wäre, bis sie mit dem Säugling wieder in ein normales Leben zurückkehrte. Er meinte, er darf jetzt nicht aufgeben, er muss durchhalten, bis Noi wieder zur Besinnung kommt. So brauchte er nichts zu tun, nur zu warten.

Werner ließ sich kaum noch sehen. Er richtete sich jetzt auch zum Schlafen in „seinem Zimmer" ein und hörte später auf dem Flur das Gelächter der Burschen. Er schlief nicht, er lag da und grübelte und überlegte, was er jetzt machen könne. Aber er dachte an seine Familie und an das Kind, das sein Sohn war, der jetzt schon krabbeln konnte. Das Kind, um das er sich noch nicht gekümmert hatte, weil es ja noch zu klein dafür war und noch nicht einmal mit ihm sprechen konnte. Werner hielt sich jetzt von der Gruppe und von seiner Frau fern und wartete, dass sie zu sich kommen würde. Er war in seinem Zimmer und ging, bevor die Partyfreunde kommen würden, aus dem Haus. Er hatte Angst, den Burschen wieder zu begegnen und er hatte auch Angst, dass er für die Partys und vielleicht für die Drogen verantwortlich gemacht wird. Er ging essen und setzte sich in Bars, bis es weit nach Mitternacht war, spät genug, dass die Partygäste das Haus verlassen hatten. Aber bald dauerten die Partys immer länger und er schlich sich auf sein Zimmer. Er wusste, dass er eigentlich nichts machen konnte und deshalb redete er auch mit niemandem über seine Situation. Seine Bekannten, die er nun wieder hatte, glaubten zusehen zu können, wie er jeden Monat mehr verfiel. Aber Werner blieb auf seinem Zimmer. Vormittags konnte er manchmal seine Frau und sein Kind vom Fenster aus sehen. Am frühen Nachmittag verließ er das Haus dann wieder. Die Rechnungen für Elektrizität und Wasser schob Noi ihm unter der Tür durch und bald folgten auch Rechnungen für Babykost und Nahrungsmittel. Werner ging dann in den

Lebensmittelladen und bezahlte. Wenn es im Haus ruhig war, schaute er manchmal noch in die Räume und so bemerkte er bald, dass einige der Dekorationsgegenstände fehlten. Er konnte sich denken, dass man sie verkauft hatte, um an Geld zu kommen, oder an Drogen. Nachdem er einige Tage lang schon vormittags Stimmen und Bewegungen im Haus gehört und gewartet hatte, bis es ruhig war, dass er ohne Begegnungen das Haus verlassen konnte, bemerkte er eines Tages, dass im Wohnzimmer Matten und Matratzen lagen. Die Partygäste waren nun also scheinbar eingezogen und lebten in seinem

Wohnzimmer. Er fragte sich, ob auch jemand in das Schlafzimmer eingezogen war und jetzt mit seiner Frau lebte. Werner begann, Noi alle Schuld zuzuschieben. Aber nach einigem Überlegen musste er sich eingestehen, dass er es war, der sie kennenlernen wollte, dass er sie heiraten wollte und dass er das Haus auf ihren Namen schreiben ließ.

Das Haus wurde immer voller und Werner verfiel immer mehr. Er trank auch immer mehr und brachte sich Flaschen mit nach Hause. Er glaubte, dass das Leben leichter wäre, wenn er etwas getrunken hatte und trank nun schon am frühen Morgen, noch bevor er aus dem Fenster sah, um seine Frau und vor allen Dingen sein Kind zu sehen. Dann schlich er sich gegen Mittag aus dem Haus und ging essen, um von dort aus gleich in eine Bar in der Nähe zu gehen, wo er meist bis weit nach Mitternacht blieb. Dort wurde er eines Tages von Nachbarn gerufen, als die Dunkelheit gerade hereingebrochen war. „Dek, dek", schrien sie, schienen sehr aufgeregt und winkten ihn mit sich. Werner ging voller Unruhe mit, doch er verstand nicht, was sie sagten. Als sie seinem Haus näher kamen, sah er mehrere Polizeiwagen und dachte an eine Drogenparty. Aber es war noch viel schlimmer.

Die Drogenparty war außer Kontrolle geraten. Einige der Partyteilnehmer lagen im Gras, anderen wurden gerade die Handschellen angelegt. Dann hörte er, dass sein Kind durch das offene Haus auf die Straße gekrabbelt und im Halbdunkel von einem Auto überfahren worden war. Er fragte seine Frau Noi, als sie mit einer Mappe und in Handschellen aus dem Haus kam, warum sie sich nicht um das Kind gekümmert hatte. Doch sie fragte offensichtlich ungerührt über dessen Tod zurück: „Willst Du das wirklich wissen? Das hat Dich doch nie interessiert. Hast Du Dich jemals um das Kind gekümmert? Hast Du Dich denn um mich gekümmert?" und verschwand im Polizeiwagen. Alle Partyteilnehmer waren jetzt bei der Polizei. Einige Polizisten suchten noch im Haus nach versteckten Drogen, doch sie fanden nichts. Werner musste mit zur Polizei, doch nur zur Befragung und ohne Handschellen. Die Nachbarn hatten schon gesagt, dass die Partys immer stattgefunden hatten, wenn er weg war. Werner konnte später wieder zurück in sein Haus, wo er jetzt alleine war.

Am nächsten Tag wollte er Noi besuchen, doch sie wollte ihn nicht sehen. Werner war jetzt alles egal. Er schlief wieder im gemeinsamen Schlafzimmer, doch am Tage tat er jetzt nichts mehr. Er wollte auch nicht mehr ausgehen. Auch bei einem zweiten Besuch im Polizeigefängnis wollte Noi ihn nicht sehen. Die Polizisten sagten ihm, sie hätte über 200 Pillen Yaba in der Tasche gehabt und sie hätte gestanden, dass sie damit gehandelt hatte. Zwei Wochen später kamen einige Thailänder mit einem Anwalt, die ihm ein Schriftstück zeigten und sagten, sie hätten das Haus gekauft und er sollte morgen ausziehen. Werner nahm einen Koffer und packte einige Kleidungsstücke ein, nur das Nötigste. Alles andere ließ er stehen. Dann saß er lange vor dem Haus, von dem er geglaubt hatte, dass es sein Haus war und sein neues Leben, sein Glück bedeutete. Ihm war schwindlig und er wusste nicht, wohin er jetzt gehen sollte.

Er hatte in Deutschland keine Freunde mehr. Und hier kannte er keinen Menschen außer einige Touristen, mit denen er hin und wieder an der Bar gesprochen hatte. Sein Geld reichte auch nicht mehr aus, um eine neue Existenz zu gründen, sich ein Haus zu kaufen. Er hatte sich hier für einen Lebensabend eingerichtet und darauf vertraut, dass er hier von seiner Rente leben kann. Seine Existenz war vernichtet. Sein Kind war tot. Die Frau, die er geliebt hatte, saß nun für den Rest ihres Lebens hinter Gittern und sie wollte nichts mehr von ihm wissen, wollte ihn noch nicht einmal mehr in dieser Situation sehen, wo er doch für sie alles getan und alles gegeben hatte. Und dann hatte sie ihn ruiniert. Werner wusste nicht mehr weiter. Sollte er jetzt als Sozialfall nach Deutschland zurückgehen? Werner konnte sein Schicksal nicht fassen, er war wie im Schock, saß vor dem Haus, er saß in der heißen Sonne, ihm war schwindlig und er konnte nicht aufstehen. Als er sich bemühte aufzustehen, um wenigstens von hier wegzugehen, brach er zusammen und lag vor dem Haus. Im Krankenhaus wurde er wieder wach. Er hatte einen kleinen Herzanfall gehabt, aber nichts Ernsthaftes. Aber das war kein Problem, sagte man ihm. Nein, dachte sich Werner, das war kein Problem. Das Problem war nur, dass er überlebt hatte und wieder wach geworden war.

Chiang Mai erobert Pattaya

Die Mutter war in Bangkok sehr beschäftigt und kam meist nur zur Geburt eines Geschwisterchens. Suni blieb der Familientradition treu, aber sie lernte, sich in Pattaya eine eigene Existenz aufzubauen. Suni hat Glück, und sie hat allen Grund zum Feiern. Sie ist im Gegensatz zu vielen ihrer Kolleginnen „schuldenfrei" und sie wird 18 Jahre alt. Endlich kann sie öffentlich arbeiten und ihr Schicksal selbst in die Hand nehmen. Suni wird jetzt ein neues Leben beginnen und nach Pattaya gehen. Sie trauert ihrer Vergangenheit nicht nach.

Es gab auch nicht viel, über dessen Verlust sie hätte trauern müssen. Sie war bei den Großeltern auf einem kleinen Dorf groß geworden. Die Mutter hatte sie nur selten gesehen, sie arbeitete in Bangkok. Manchmal kam sie zu Besuch und meist gab es dann „ein kleines Geschwisterchen" mehr. Suni war auf diese Art zu sieben Geschwistern gekommen, die alle etwas anders aussahen. Sie selbst war die Nummer fünf und zeichnete sich dadurch aus, dass sie von ihrer Statur aus etwas größer war, als ihre Geschwister und mittelbraunes Haar hatte.

Der einzige Bruder war schon etwas älter und hatte auf die anderen aufzupassen. Er war etwas dunkel geraten, hatte krauses Haar und hatte es wohl auch deshalb etwas schwer, sich in der Schule und bei den Dorfkindern durchzusetzen, aber es war ihm schließlich trotz vieler Probleme, vornehmlich dank seiner kräftigen Statur, gelungen. Nein, es war ihr in der Kindheit nicht wirklich schlecht gegangen. Die Großeltern hatten ein großes Haus, um das sie von vielen Dorfbewohnern beneidet wurden. Die Kinder konnten sich zwei Zimmer teilen, seit Geschwisterchen Nummer sechs angekommen war und das Zimmer, in dem sie bis dahin ihre Matten zum Schlafen ausgebreitet hatten, zu klein wurde. Die Belegung wurde so verteilt, dass in jedem Zimmer die ältesten auf die jüngeren Geschwister aufpassen mussten.

Das war auch gut so, denn die Großeltern kümmerten sich nur selten um die Kinder, sie hatten ihre eigene Gesellschaft, blieben abends lange weg und waren oft tagelang gar nicht zuhause. An Essen fehlte es nicht, wenn es auch nicht gerade reichlich oder besonders gut war, aber zumindest gab es immer etwas Essbares und sie hatten keinen richtigen, tagelangen oder schmerzhaften Hunger kennengelernt. Auch hatten sie im Gegensatz zu vielen anderen Dorfkindern alle wenigstens während der ersten Jahre die Schule besucht. Sie konnten lesen und schreiben. Im vierten Schuljahr oder nach dessen Ende wurden die Mädchen dann von der Schule geholt und nur der Bruder war noch bis zum Ende des sechsten Schuljahres geblieben.

Die Großeltern, die keine Bauern waren, und eigentlich auch keiner festen Beschäftigung nachgingen, hatten wohl ihre eigene Vorstellung davon, wie Mädchen ihren Lebensunterhalt verdienen und der Familie dabei nützlich sein können. Und dazu brauchten sie nicht viel Schulbildung. Diese Vorstellung schien aber in diesem Dorf nicht einmalig zu sein und es war auffällig, dass hier nur wenige junge Mädchen oder Frauen zu sehen waren. Die meisten verschwanden schon im zarten Alter von dreizehn, vierzehn Jahren. Es hieß dann, sie wären in die Stadt gegangen und arbeiteten als Kellnerinnen oder im Haushalt, aber es hielt sich ein hartnäckiges Gemunkel selbst unter den älteren Kindern, dass dies nicht die wahre Beschäftigung sei.

Suni wurde mit vierzehn Jahren nach Chiang Mai geschickt. Die Großeltern hatten mit ihr gesprochen, dass sie für die Schule, die Kleidung und das Essen in den ganzen Jahren schon viel bezahlt hatten und dass sie das Geld für den Unterhalt nicht mehr aufbringen konnten. Nun sollte sie bei netten Freunden der Großeltern unterkommen und Geld verdienen, und die würden mit ihr schon ausführlich über ihre Tätigkeit reden. Als Suni mit den Freunden abfuhr, sah sie noch, wie die Großeltern sehr viel Geld bekamen und dann fuhren sie los. In Chiang Mai hatte sie anfangs nur in einem Haushalt mitzuarbeiten, schlief in der Küche auf einer Matte und bekam etwas zu essen. Nach ein paar Wochen hatten die Leute dann mit ihr gesprochen.

Sie hatten ihr gesagt, wie sie viel Geld machen kann, ohne sich krumm zu arbeiten. So, wie es vielen Bauern und Landarbeitern in der Gegend ging, die dann, wenn sie überhaupt Glück hatten und Arbeit fanden, für einen Tag harter Arbeit etwa fünfzig Baht bekamen. Vierzehnjährige bekamen meist sogar nur zwanzig bis dreißig Baht. Und da wäre es doch viel leichter, wenn sie etwas anderes täte, so wie ihre Mutter, die schon viel Geld nach Hause geschickt hat und deren Geld zusammen mit dem ihrer Geschwister ausgereicht hatte, dass die Großeltern das schöne große Haus hatten bauen können, in dem sie aufgewachsen war. Und sie wolle doch sicherlich auch eine gute Tochter sein und für ihre älter werdende Mutter und die Großeltern, die sie so lange versorgt hatten, etwas tun.

Und sie brauche nur genau zu machen, was sie, die Freunde der Familie, ihr sagten, und es wäre auch ganz leicht und es gäbe überhaupt keine Schwierigkeiten, weil alle Frauen das taten. In den nächsten Wochen geschah weiterhin nichts. Nur hin und wieder wurde sie einmal gerufen, weil da ein Mann war, der sie sehen wollte. Dann aber war da ein Mann, der sie in ein Hotel mitnahm. Er zahlte den „Freunden" 20.000 Baht dafür, dass er Suni's erster Mann war.

Von da an verlief das Leben sehr einfach, aber streng geregelt. Es gab nur wenig Hausarbeit zu tun und sie teilte sich ein Zimmer mit fünf weiteren Mädchen zwischen vierzehn und zweiundzwanzig Jahren. Es gab nicht viel zu tun. Nur hin und wieder kam ein Taxi oder ein Samlor, eines dieser Motorräder mit drei Rädern und einer Bank zur Personenbeförderung, mit ein oder zwei Männern an.

Dann mussten sich alle Mädchen im Hof vor der Hauswand in einer Reihe aufstellen und der Mann schaute sich die Mädchen an. Wenn ihm eines gefiel, zeigte er darauf, zahlte den „Freunden" ihrer Eltern das verlangte Geld und nahm das Mädchen mit. Bis es später oder am nächsten Morgen zumeist zurückgebracht wurde, oder von alleine zurückkam. Normalerweise saßen die Mädchen in einem großen Zimmer zusammen und unterhielten sich oder saßen einfach da, bis ein Mann kam und sie sich wieder in einer Reihe aufstellen mussten.

Das Haus durften sie nicht verlassen. Das kam daher, dass viele Eltern der Mädchen auf deren Monatslohn für einige Jahre im Voraus einen Vorschuss genommen hatten und dieser Vorschuss, die „Schulden", musste erst abgearbeitet werden, bevor das Mädchen frei war und das Haus verlassen durfte. Da die Mädchen aber auch für Unterkunft und Essen bezahlen mussten, gab es welche, die nie „frei" wurden, weil die Eltern wieder neuen Vorschuss holten und auf diese Art ständig Schulden vorhanden waren, die abgearbeitet werden mussten. Und es gab nur wenige Mädchen, die gegen den Willen ihrer Eltern opponierten, selbst dann, wenn sie schon volljährig waren.

Diese Mädchen wurden dann irgendwann einmal entlassen, wenn sie ihre Schulden abgearbeitet hatten und schon über zwanzig Jahre alt wurden, weil die jüngeren Mädchen mehr Geld einbrachten. Spätestens, wenn sie zwanzig waren, erhielten die Eltern keinen Vorschuss mehr und das Mädchen wurde nach der endgültigen Abarbeitung der Schulden entlassen. Den Inhabern des Etablissements war es dann egal, wo die Mädchen hingingen. Die meisten gingen dann tatsächlich nach Hause, alleine schon, weil sie keinerlei Erfahrungen, keine Informationen und kein Geld hatten, um ein eigenständiges Leben anzustreben und irgendwo Arbeit zu suchen. Doch Suni hatte in diesem Falle mehr Glück mit ihren Großeltern. Noch vor ihrem achtzehnten Geburtstag kamen sie, um Suni abzuholen. Weil sie noch zu jung war, hätte sie bis jetzt noch nicht das richtige Geld machen können.

Nachdem sie aber jetzt volljährig geworden war, hatte die Mutter, die in Pattaya arbeitete, schon einen guten Platz in einer besonders lebhaften Bar für sie gefunden. Und in Pattaya wären viele Ausländer, die alle sehr viel Geld haben, und die für ihre Tätigkeit sehr gut bezahlen. Außerdem wäre sie in Pattaya frei und könnte sich ihre Wohnung selbst suchen und jederzeit die Wohnung verlassen und ausgehen. Den Geburtstag feierte Suni noch bei den Großeltern. Die machten ihr klar, dass der achtzehnte Geburtstag ein wichtiges Ereignis sei, das viele neue Möglichkeiten, aber auch neue Pflichten mit sich brachte. Sie bekam einen neuen Ausweis, etwas zum Anziehen, Kleidung, die sie in Pattaya tragen konnte und die die Mutter für sie ausgewählt und geschickt hatte. Dann gaben die Großeltern ihr noch viele gute Ratschläge sowie wenig Geld. Sie sagten ihr, wo sie die Mutter finden kann und ermahnten sie, sparsam zu sein und verdientes Geld gleich nach Erhalt zu schicken, auch wenn es noch nicht so viel sei, wie sie vielleicht schicken wollte.

Dann saß Suni im Bus nach Bangkok. Schon auf der Busstation kamen Leute auf sie zu, um ihr Arbeit anzubieten. Aber die Großeltern hatten sie gewarnt, das wären alles Bauernfänger und sie sollte auf jeden Fall zu ihrer Mutter nach Pattaya weiterfahren. Da sie die Nacht durchgefahren war, ging das problemlos. Sie holte einen Zettel der Mutter aus der Tasche, die ihr genau aufgeschrieben hatte, was sie hier tun sollte, suchte auf der Busstation Morchid den Bus, der zur Ostküste nach Pattaya fährt. Bevor der Bus abfuhr, hatte sie noch genug Zeit, etwas zu essen. Die Fahrt war eigentlich langweilig. Die Landschaft bot nur wenig Abwechslung. Sie konnte sich auch nicht verfahren, da der Bus in Pattaya seine letzte Station hatte. Aber sie war die ganze Fahrt über angespannt, und ihre Gedanken kreisten um ihr „neues Leben" mit ihrer Mutter, die hohen Einnahmen und die vielen Möglichkeiten, die es ihr bieten sollten. Würde die Mutter sie von der Busstation abholen? Würde sie ihre Mutter überhaupt erkennen?

Sie hatte sie jetzt schon über fünf Jahre nicht gesehen und auf dem Bild, das sie einmal von der Mutter bekommen hatte, war sie zwanzig Jahre alt, das muss kurz vor ihrer Geburt gewesen sein. Würde die Mutter sie bei sich aufnehmen, so, dass sie nun endlich zusammenleben konnten? Oder hatte die Mutter jetzt vielleicht einen

Mann, jemand, den sie als „Papa" anreden musste? Und, war das vielleicht einer von diesen „Farang"? Die Gedanken drehten sich im Kreise. Da sie sich nicht beantworten ließen, kamen sie immer wieder, bis der Bus plötzlich in Pattaya hielt. Sie war wohl doch auf der letzten Wegstrecke eingeschlafen und beeilte sich jetzt, aus dem Bus zu kommen, um ihre Mutter nicht zu verfehlen, falls diese sie abholen kam. Aber dort stand niemand und es war auch kein Auto da, das wartete. So war es schon nach wenigen Minuten leicht zu erkennen, dass niemand gekommen war, um sie abzuholen.

Einen ersten Eindruck von Pattaya bekam sie, als man sie in ein Pickup- Taxi schieben wollte, in dem die Leute schon dicht gedrängt saßen. Die Fahrt sollte zwanzig Baht kosten, soviel, wie sie für einen ganzen Tag Feldarbeit bekommen hätte. So zog sie es vor, zu Fuß zu gehen, um die spärliche Geldreserve nicht zu vergeuden. Es dauerte eine Stunde, bis sie endlich in der Gegend ankam, in der ihre Mutter arbeiten sollte. Unterwegs hatte sie einige Bars getroffen, an denen sie sich zurecht fragen konnte. Sie waren zumeist leer und es saßen überall nur ein oder zwei Mädchen herum, die auf die Bar aufpassen sollten, weil der eigentliche Betrieb erst gegen Abend losgeht, hatten ihr einige Mädchen gesagt.

Sie fragte sich nun zurecht, bis sie in der richtigen Gegend war und an einer Bar eine Frau fand, die den Weg zur Bar ihrer Mutter beschrieb. Es gab hier viel mehr Bars, als sie sich hatte vorstellen können und so dauerte es denn noch eine Weile, bis sie endlich die richtige Bar gefunden hatte, an der ihre Mutter arbeitete. Als sie nach ihrer Mutter fragte, sagte man ihr allerdings, dass sie erst gegen sechs Uhr abends anfangen würde und dass sie bis dahin wohl warten müsste, weil auch keine der Anwesenden wusste, wo sie wohnt. Sie bekam ein Glas Wasser und im Laufe der Unterhaltung mit den drei Mädchen, die dort arbeiteten, erfuhr sie schon einmal eine ganze Menge über die Arbeit an den Bars in Pattaya.

So gegen fünf Uhr kam ein Farang, der auch an ihr Interesse zeigte.

Aber er war vollständig betrunken und die Mädchen übersetzten ihr kichernd, dass er erst einmal schlafen gehen und dann wiederkommen wollte. Dabei trank er hintereinander schnell vier Flaschen Bier und redete ununterbrochen. Niemand konnte ihn verstehen, was aber auch keinen Menschen zu stören schien. Die Mädchen sagten ihr, er spräche Englisch, wie die meisten Farang, dass sie aber nur sehr wenig Englisch gelernt hätten und von seinem Gebrabbel überhaupt nichts verstünden. Suni nahm sich vor, so bald wie möglich Englisch zu lernen. Als es sechs Uhr wurde, rutschte Suni unruhig hin und her und schaute sich dauernd um, ob sie ihre Mutter sehen würde.

Die Mädchen beruhigten sie, ihre Mutter würde schon noch kommen. Aber inzwischen war es dunkel geworden und ihre Mutter war immer noch nicht da. Suni war nun wirklich unruhig, denn einmal wusste sie nicht, was mit ihrer Mutter war und zum andern musste sie ja irgendwo bleiben. Sie war auf das Treffen gespannt und konnte nicht gut die ganze Nacht hier sitzen und auf ihre Mutter warten. Gegen acht Uhr kam die Eigentümerin der Bar und sprach mit Suni. Sie sagte, dass ihre Mutter für einige Tage mit einem Farang nach Ko Chang gefahren sei, weil sie dringend Geld verdienen musste. Vorher hätte sie aber noch Bescheid gesagt, dass ihre Tochter kommt. Sie waren übereingekommen, dass Suni erst einmal in der Bar anfangen kann, in der übrigens auch noch andere Mädchen aus der Provinz Chiang Mai arbeiten. Sie bekommt zum Anfang einen Monatslohn von 1.600 Baht, aber das meiste Geld würde sie sicher selbst verdienen, wenn sie mit den Farang mitgeht.

Die Auslösesumme wäre hier günstig, ein Farang muss für ihre verlorene Arbeitszeit nur 200 Baht zahlen, wenn er sie für eine Nacht mitnimmt und es sei dann an ihr, ihren Preis bei ihm durchzusetzen. Ansonsten hieß es nur, dass ihre Mutter sicher bald wiederkomme und dass sie bis dahin in einem der leeren Regale am Boden der Bar schlafen könne. Sicherlich sei sie heute nach der Fahrt aus dem hohen Norden des Landes zu müde und sie soll dann eben morgen mit der Arbeit anfangen. Sie würde, wie alle Neuen, erst einmal Geschirr spülen und Gläser abräumen, bis sie die vielen verschiedenen Getränke kennt, die an den Bars in Pattaya angeboten werden. Aber sie sollte inzwischen auf jeden Fall versuchen, ihre Farang zu angeln. Dazu bliebe genug Zeit, weil das Spülen der Gläser immer nur wenige Minuten dauern würde.

Den Empfang fand Suni nicht gerade begeisternd, obwohl sie verstand, dass die Mutter sicherlich viel Geld verloren hätte, wenn sie nicht mit ihrem Kunden nach Ko Chang mitgegangen wäre, nur um ihre Tochter zu empfangen. Dass der einzige Schlafplatz in einem Regal war, begeisterte sie noch weniger. Aber immerhin hatte sie einen Arbeitsplatz und sie fragte sich, ob sie wohl hier mit ihrer Mutter zusammenarbeiten wird. Suni begann aber, sich etwas wohler zu fühlen, als eine Frau, die auch aus Chiang Mai kam und behauptete, eine gute Freundin von Suni's Mutter zu sein, sich zu ihr setzte, ihr von ihrem Essen abgab und sich lange mit ihr unterhielt. Sie sagte, dass zu dieser Jahreszeit kaum Ausländer in Pattaya sind und dass der September überhaupt der schlimmste Monat im Jahr wäre, wo man überhaupt nichts verdienen konnte.

Deswegen wäre die Mutter auch mit ihrem Farang zusammen weggegangen, denn sie hatte überhaupt kein Geld mehr gehabt. Aber so in zwei Monaten kämen dann die ersten Farang, bis man sich gegen Ende des Jahres vor ihnen überhaupt nicht mehr retten konnte und das Geschäft hervorragend läuft. Suni wachte noch vor dem Morgengrauen etwas zerschlagen auf, denn obwohl am späten Abend kaum noch Gäste gekommen waren, so hatten gegen ein Uhr doch noch zwei betrunkene Farang die Bar heimgesucht und bis nach vier Uhr morgens kräftig Krach gemacht. „Olé, olé, we are the champs..." hatten sie immer wieder gesungen und auf die Theke geschlagen. Aber sie hatten eine gute Zeche gemacht und in diesen Zeiten, wo es kaum Gäste gab, freute man sich über jeden Kunden, auch wenn er betrunken war. Ja, und dann waren da auch noch die Mücken gewesen, die sie nicht hatten schlafen lassen. Aber sie hatte sicher während des Tages noch Zeit zum Schlafen, da sie mit ihrer Arbeit erst um sechs Uhr abends anfangen sollte.

Um sechs Uhr morgens war die Ablösung gekommen und hatte mit dem Saubermachen begonnen. Sie hatte wie selbstverständlich dabei geholfen und hatte dafür wie selbstverständlich auch etwas zum Essen mitbekommen. Es gehört ohnehin zur Kollegialität der Mädchen, dass sie ihr Essen miteinander teilen und jenen etwas abgeben, die gerade nichts haben sollten. Die würden sich dann bei Gelegenheit revanchieren. Um acht Uhr war alles sauber und nun begann eigentlich die Zeit der Langeweile, wie die Mädchen ihr erzählten. Am Tage gab es so gut wie keine Gäste und in der Bar waren deshalb auch nur Mädchen, die aus irgendwelchen Gründen nicht mit Farang gehen konnten oder wollten und alte Frauen, die ohnehin nicht mitgenommen würden. Als Gäste gab es praktisch nur Farang.

Die Mädchen sagten, dass es eher selten sei, dass einmal eine Gruppe von zwei oder drei Thailändern kommt, die dann ein Bier trinken. Aber für Suni war nichts langweilig. Einmal schon, weil der Fernseher eingeschaltet war, der tagsüber neben einigen wenigen Nachrichten pausenlos die thailändischen Liebesfilme brachte. Diese zeichnen sich dadurch aus, dass ein Mann zwei Stunden lang schreit und eine Frau schlägt, die auch zwei Stunden lang schreit, schluchzt und um Hilfe ruft. Man sieht Leute sich in die Schlägerei einmischen, bis dann zum Ende alle tot oder verheiratet sind, was oft aufs Gleiche herauskommt. Einfach herzzerreißend. Zudem aber war für Suni alles neu, und sie fand den Straßenverkehr ebenso aufregend, wie alles, was in den offenen Bars vorging, die rechts und links neben ihnen waren. Interessant waren auch die Erzählungen der Mädchen über frühere Kolleginnen und über Vorgänge, die sich in der Bar oder in den benachbarten Bars in den vergangenen Monaten ereignet hatten.

Besonders interessant fand Suni dabei die Erzählungen über

Mädchen, die schließlich mit einem Farang ins Ausland gegangen waren. Sie bekam auch mit, dass das der Traum vieler Mädchen war und das war auch gut zu verstehen. Alle Farang sind grundsätzlich reich, denn welcher Thai könnte es sich schon erlauben, aus reiner Langeweile Zigtausende Baht auszugeben, nur um in Europa nach Frauen zu suchen und sich zu besaufen. Es musste im Ausland also unendlich viel Geld geben. Das hatte man auch immer wieder von den Farang selbst gehört. Die bekamen manchmal für eine einzige Stunde Arbeit mehr Geld, als so mancher Thai in einer Woche oder gar in einem Monat verdiente.

Wenn aber selbst die Farang, die grundsätzlich keine Bildung haben und als dumm und unhöflich bekannt sind, im Ausland viel Geld bekommen, dann können die viel klügeren und besseren Thai dort sicherlich noch viel mehr Geld machen. Manche der Mädchen, die ins Ausland gegangen waren, hatten dort eine Arbeitsstelle gefunden und viel Geld verdient. Am besten war es aber offensichtlich denen gegangen, die an der Bar einen Ausländer gefunden hatten, der sie geheiratet und dann ins Ausland mitgenommen hatte. Viele lebten zwar nicht lange mit diesem Ausländer zusammen, hatten aber doch nach der Trennung ein eigenes Haus, ein dickes Sparbuch oder einen soliden eigenen Besitz. Außerdem waren auch ehemalige Kolleginnen mit ihren Männern im Urlaub zu Besuch gekommen.

Und die schienen im Geld nur so zu schwimmen und konnten es sich erlauben, ein Bier zu bestellen und obendrein noch einen Tip zu geben. Suni konnte sich noch nicht so recht entscheiden, ob sie einen Farang heiraten sollte, aber es wäre sicherlich gut, erst einmal einen kennenzulernen und aus der Bekanntschaft eine feste Verbindung zu machen. Ob sie dann nur nach Europa mitgeht oder heiratet, würde sich ja später in der entsprechenden Situation noch klären lassen. Suni fiel ein, dass sie eigentlich auch gar nicht viel Auswahl hatte, denn bei den Thai ist es gar nicht üblich, die Mädchen aus den Bars oder aus den Massagesalons zu heiraten. Die taugten angeblich höchstens als „Mia Noi", als eine Nebenfrau zum sexuellen

Gebrauch. Und dann fiel Suni ein, das ihre Mutter ja auch nie geheiratet hatte. Nun, Sie würde einmal mit ihrer Mutter darüber sprechen. Mit diesen Gedanken über die weitere Gestaltung ihres Lebens, die sich ihr nach einer Unterhaltung mit den anderen Mädchen aufdrängten, während sie im Fernsehen eine Kindersendung verfolgte, schlief sie mit dem Kopf auf den Armen an der Theke ein.

„Action, Action!" schrie da plötzlich neben ihr ein Farang und schlug mit der flachen Hand auf die Thekenplatte, dass Gläser und Aschenbecher Samba tanzten. Sie erschrak sich und wunderte sich zunächst, was wohl Schlimmes geschehen sei. Sie hörte aber dann von den anderen Mädchen, dass überhaupt nichts geschehen sei, dass vielmehr der Farang ein Bier trinken wolle, und dass sich die meisten Farang so benehmen. Zwischen ihrem Entschluss, einen Farang zu heiraten, und den ersten Zweifeln hierüber, lag also nur eine sehr kurze Zeit.

Nun betrachtete sie ihn erst einmal etwas näher. Er hatte sehr lange, gelbe Haare, die sich um einen roten Kopf mit glasigen Knopfaugen und einem riesigen Erker legten, der wie ein gekochtes Ei an der Spitze aufgeplatzt war und sich nun schälte. Auffälliger aber war die dicke Schwellung seiner linken Gesäßtasche, worauf sie ihn nochmals betrachtete. Nun ja, als Schönheit konnte man ihn nicht bezeichnen und sicher auch nicht als Prestigeobjekt. Wenn aber die Schwellung der Gesäßtasche konstant bleiben sollte, dann könnte man sich daran schon gewöhnen, wie auch an den Krach, den er pausenlos produzierte. So machte Suni sich eifrig an die Erforschung des „Farangus terrouristicus". Sie sang, was sie nachts von den anderen Farang gehört hatte: „Olé, olé…" und verzeichnete einen verblüffenden Erfolg. Das vor ihr hängende Exemplar einer fernen Besucherrasse riss wie ferngezündet seinen Kopf in die Höhe, der nun sogar dunkelrot zu leuchten begann und krähte: „…we are the champs… we are the champs!" bis er sich wieder krampfhaft am Hals der Bierflasche festhielt.

Aber ihr Annäherungsversuch hatte noch eine weitere Folge. Er hatte hier offensichtlich einen Menschen mit tiefem Verständnis für seine empfindsame Seele gefunden und spendierte diesem entsprechend ein Bier. Dass dieses später als „Ladydrink" mit 90 Baht zu Buche schlagen sollte, spielt hier eine nur untergeordnete Rolle. Ebenso auch die Tatsache, dass Suni das Bier lächelnd trank, obwohl sie es scheußlich fand. Was aber blieb ihr anderes übrig, nachdem ihr Gönner immer wieder seine Bierflasche gegen ihre knallte, dabei: „Olé, olé…" krähte und sie unmissverständlich zum Trinken aufforderte.

Ihre Folgsamkeit und ihr fortdauerndes Lächeln musste er wohl als Zeichen innigster Freundschaft verstehen. Und so fühlte er sich wohl auch in Ermangelung anderer Kommunikationsmöglichkeiten veranlasst, immer schneller „Olé, olé…" zu schreien, immer schneller zu trinken und sich und seiner neuen Saufkumpanin immer aufs Neue „Two Beer" zu bestellen, wodurch er die gesuchte Stimmung zu finden schien. Er schien größerer Glückseligkeit nahe und bezahlte bald die Auslösesumme für Suni, worauf sie sich neben ihn setzen durfte. Im Zeichen seiner Liebe legte er nun seinen Arm um sie, als auch schon die heiße Sonne und die vielen Biere ihre Wirkung taten und er seinen Kopf auf den anderen Arm sinken ließ, dessen Hand noch die fast leere Bierflasche umklammert hielt. Dies geschah zu einem sehr günstigen Zeitpunkt, da nämlich kurz darauf Suni's Lächeln von einem starken Schwall des ungewohnten Bieres jäh unterbrochen wurde.

Nachdem der Schwall überhaupt kein Ende nehmen wollte, wurde sie von zwei Mädchen zur etwas abgelegenen Toilette gebracht, wo sie überzeugt mitteilte, sie würde nun erst einmal sterben. Nach längerer Zeit wurde sie von den Mädchen ungestorben wieder abgeholt, zurück zur Bar gebracht und in dem Regal verstaut, das schon während der vergangenen Nacht zu ihrer neuen Anschrift deklariert worden war. Zu dieser Zeit befand sich ihr Gönner tief schlafend auf einer Bank, die zu einer Bar gehörte, die sich etwa zwanzig Meter weiter befand und noch geschlossen war. Als Suni nach einigen weiteren Stunden geweckt wurde, nachdem sie ihren Dienstantritt schon längst verschlafen hatte, bemerkte sie erst einmal, dass ihr sterbenselend war, dann bemerkte sie, dass ihr Forschungsobjekt in der Umgebung nicht mehr auszumachen war und setzte sich an die Theke, um den Kopf auf die Arme zu legen. Doch gar bald wurde sie darauf hingewiesen, dass das nicht erlaubt sei, dass sie außerdem noch nicht angefangen hatte, Gläser zu spülen und dass sie nun langsam anfangen müsste, etwas zu tun, weil sie nämlich dafür angestellt sei.

Außerdem gelte es übrigens auch noch, die Farang zum Trinken zu animieren, weil die Bar sonst kein Geld einnimmt und ihr nichts zahlen kann. Suni verstand zwar nicht viel von dem, was man ihr sagte, aber sie stellte sich erst einmal ans Spülbecken. Die nächsten Stunden waren eine Qual, die aber unvermutet beendet wurde. Die Kolleginnen hatten ihr zwar nicht beim Spülen geholfen, aber dabei, einen Freier zu finden, wie das in vielen Bars so üblich ist. Bei jedem Gast, der kam, zeigten sie auf Suni und sagten: „She today first day. She yesterday come from country." Das war ja auch nicht gelogen. Es war auch nicht die Schuld der Mädchen, dass ein dicker Farang, der über sechzig Jahre lang ein stattliches Körpergewicht angesammelt hatte, nun der Überzeugung war, dass Suni heute zum ersten Mal mit einem Mann mitgehen würde und er es als seine Ehre empfand, sie in die Besonderheiten männlicher Anatomie einzuweihen.

Ihm gefiel auch die „ruhige Art" Suni's und er führte diese, als auch ihre grüne Gesichtsfarbe, darauf zurück, dass es eben ihr „erstes Mal" sei. Er zahlte die Auslöse und nahm Suni mit. Ihr war alles egal. Sie wusste nicht, wie ihr geschah, und sie wollte es auch gar nicht wissen. Sie merkte, dass sie ausgezogen wurde, und freute sich nur, dass sie das nicht selbst tun musste. Sie ließ einfach alles über sich ergehen, kaum in der Lage, auch nur einen Finger zu rühren, was glücklicherweise auch nicht von ihr verlangt wurde. Irgendwann gegen acht Uhr morgens wachte sie auf, was sie ermunterte, sich vorsichtig auf die andere Seite zu drehen und weiterzuschlafen. Als sie gegen zwölf Uhr erwachte, stellte sie fest, dass sie sich in einem Hotelzimmer befand und jemand dauernd gegen die Tür hämmerte, weil er meinte, nun müsse das Zimmer zum Saubermachen geräumt werden. Suni stand benommen auf, duschte und zog sich an, während sie sich wunderte, was wohl am letzten Tag geschehen war.

Offensichtlich brauchte sie sich aber trotz ihres elenden Gefühls und ihrer Kopfschmerzen keine Sorgen zu machen, wie ihr ein Fünfhundert Baht - Schein signalisierte, der auf ihrem Nachttisch lag. Hiermit schien nun ihr neues Leben zu beginnen, denn so viel Geld hatte sie noch nie zuvor besessen, und das sollte ja erst der Anfang sein. Sie merkte allerdings, dass sie im Umgang mit den Farang noch etwas lernen musste, und auch ihr Plan, einen Farang zu heiraten, musste wohl neu überdacht oder zumindest besser geplant und auf ein geeigneteres Objekt verschoben werden. Suni ging erst einmal etwas essen und dann ging sie in die Bar. Einmal, weil sie wissen wollte, ob ihre Mutter schon gekommen war, zum anderen aber, weil sie auch nicht wusste, wohin sie sonst hätte gehen können. Ihre neuen Kolleginnen begrüßten sie mit gutmütigem Gelächter und erklärten, dass sie einen guten Anfang gemacht hätte.

Allerdings wussten sie auch, dass sie im Gegensatz zu denen, die den Tagesdienst machten, frisches Geld verdient hatte, und so musste Suni am späten Nachmittag in die Tasche greifen, um den Kolleginnen etwas Essen zu spendieren. Aber die dreißig Baht taten ihr nicht weh, sie förderten ihre Zugehörigkeit und schließlich hatten die Kolleginnen ihr gestern auch etwas gegeben. Am Abend zeigten sich die Inhaber mit ihr sehr zufrieden, aber von der Mutter hatten sie noch nichts gehört. Und es war auch kein Betrieb an diesem Tag, so dass sie wieder im Regal schlafen musste. Auch der nächste Tag verlief weitgehend ruhig. Als am späten Nachmittag ihr blondgelockter Farang mit dem roten Leuchtkopf vorbeigetorkelt kam, versteckte sie sich schnell im Regal.

So einen Tag wollte sie nicht noch einmal erleben. Dann wurde sie von einem Japaner ins Hotel mitgenommen. Das muss ein Geschäftsmann gewesen sein, mutmaßte sie. Während die Mädchen gesagt hatten, dass die Japaner - im Gegensatz zu den Europäern - erst einmal das rein sexuelle Bedürfnis befriedigten und dann anschließend zur Zärtlichkeit übergingen, ließ dieser von Letzterem nicht viel merken. Er war direkt über sie hergefallen, aber ohne grob zu werden und er war auch nicht knauserig gewesen. Nachdem sie sich geduscht hatte, bedeutete er ihr, dass er jetzt allein sein will.

Dabei fand sie das Hotelzimmer doch viel angenehmer, als ihr Regalfach in der Bar. Aber ein guter Tip tröstete sie. Die nächsten drei Tage waren in Langeweile vergangen und sie hatte immer noch nichts von ihrer Mutter gehört, als sie schon wieder ausgelöst wurde, was zu dieser Jahreszeit doch eher selten ist. Diesmal war es ein etwa dreißig Jahre alter Europäer, der zwar etwas getrunken hatte, aber noch nicht zu betrunken war. Aber komisch war er doch; er versuchte die ganze Zeit, seine Zunge in ihren Mund zu stecken und Suni konnte sich gar nicht vorstellen, wozu das gut sein sollte, auf jeden Fall mochte sie das nicht. Aber sonst verlief die Nacht problemlos, wenn sie auch des Öfteren herhalten musste.

Erst am nächsten Tag lachten die Kolleginnen und erzählten ihr, dass die Europäer verrückt danach sind, ihren Frauen die Zunge in den Mund zu stecken, während die Thai küssen, indem sie die Gesichter aneinanderhalten und dann die Luft scharf einziehen. Suni hatte sich schon an die Bar gewöhnt, obwohl sie erst wenige Tage hier arbeitete. Schließlich war die Tätigkeit ja nicht gerade neu, wenn man einmal vom Ausschenken der verschiedenen Getränke absah. Allerdings würde sie wohl noch längere Zeit brauchen, um mit den Farang zurechtzukommen. In Chiang Mai waren die meisten Männer nicht nur zum Sex gekommen, sondern auch zur Unterhaltung. Zugegeben, die meisten hatten von sich oder ihrer Familie erzählt oder damit geprahlt, wer sie sind und was sie nicht alles können und besitzen. Aber immerhin war da auch Unterhaltung, was bei den

Farang schon wegen der Sprache entfiel. Sicher gab es auch unter den Farang welche, die viel redeten und erzählten, aber es war doch eher ermüdend, dauernd „ja" sagen und mit dem Kopf nicken zu müssen, während sie doch gar nichts verstand. Andere verzichteten dagegen fast ganz auf das Sprechen und gaben praktisch nur einige Befehle.

Da war beispielsweise der Peter, ein gut durchwachsener Europäer, so um die fünfzig Jahre alt, der sie gleich für eine ganze Woche mit ins Hotel genommen hatte. Anschließend wollte er noch weiter durch Thailand fahren, hatte er erklärt. Er war schon früh am Abend an der Bar aufgetaucht, war ziemlich laut und machte Scherze, war aber nicht unfreundlich, obwohl er ein unmögliches Benehmen hatte. Er hatte schon ziemlich viel getrunken, als er Suni kurz vor Mitternacht auslöste und sie dachte, nun würde er mit ihr ins Hotel gehen. Aber sie sollte sich neben ihn setzen und mit ihm Bier trinken. Suni hatte ja inzwischen ihre Erfahrungen und bat um einen Orangensaft. Peter trank weiter Bier und machte weiter seine Scherze mit den Mädchen der Bar bis nach drei Uhr.

Dann endlich ließ er ein Taxi rufen, um mit ihr ins Hotel zu fahren. Dort bekam er mit dem Taxifahrer Krach, der für die Fahrt einhundert Baht haben wollte. Peter war zwar schon ziemlich angetrunken, wollte aber nur zehn Baht bezahlen. Schließlich kamen die Leute vom Hotel zu Hilfe und erklärten ihm, dass ein Taxi teurer sei, wenn man es rufen lässt und zu einer bestimmten Adresse fährt. Und dem Taxifahrer sagten sie, dass er zu teuer sei. Schließlich einigten sich die Beiden auf 40 Baht und alle schienen zufrieden. Aber Peter war dennoch verärgert und brauchte erst einmal ein Bier. Er schimpfte noch eine Zeit lang ziemlich laut über die „Taxigangster", dann ging er sich duschen, und als er sich ins Bett legte, war er auch schon sanft entschlummert. Als Suni sich geduscht hatte und ins Zimmer kam, begann er, leise zu schnarchen. Suni genoss es, dass das Zimmer zwei große Betten hatte, das war doch wesentlich angenehmer, als sich den Regalboden in der Bar mit den Mosquitos zu teilen. Sie war früh wach und hatte schon seine Wäsche gewaschen, aufgeräumt und einige Stunden vor dem leise gestellten Fernseher verbracht, als Peter endlich um elf Uhr aufwachte.

Er duschte sich und bedeutete Suni: „Ham, ham." Damit wollte er wohl sagen, dass sie jetzt frühstücken würden. Während Suni sich eine Reissuppe bestellte, nahm Peter zwei Spiegeleier mit Toast und Schinken sowie eine Tasse Kaffee, der drei Flaschen Bier folgten. Von da aus gingen sie in eine Bar, wo er wieder Bier bestellte und trank, während sie schweigend nebeneinandersaßen. Nach der dritten Flasche in dieser Bar erinnerte Peter sich an Suni's Gegenwart und legte seinen Arm um sie, um sich dann mit seinem vollen Gewicht auf sie zu stützen. Nach einer halben Stunde machte sie sich frei und erklärte, sie müsse zur Toilette.

Als sie zurückkam, setzte sie sich an einen der kleinen Tische, die vor der Bar standen. Und saß dann dort bis gegen sieben Uhr, als er meinte: „Ham, ham." Sie gingen in ein Restaurant in der Nähe, wo Peter einen Riesenfladen Fleisch mit Kartoffeln bekam, der Steak genannt wurde, zu dem er zwei Flaschen Bier trank und Suni, die inzwischen schon etwas gegessen hatte, nahm Reis mit süßsaurem Gemüse und Garnelen. Nachdem sie gegessen hatten, machte Peter ein Zeichen, dass sie aufstehen soll und sie gingen nun in ihre Bar. Auch heute saß er wieder bis nach drei Uhr morgens bei seinen Bieren, bevor er nach Hause ging. Diesmal gingen sie zu Fuß, weil er keinen Ärger mit den Taxifahrern haben wollte. Auch heute ging er wieder unter die Dusche, legte sich ins Bett und schlief. So wie der erste Tag verlief nun auch jeder weitere Tag der Woche. Und die schien Peter so gut gefallen zu haben, dass er seine Absicht, durch Thailand zu reisen, auf ein anderes Mal verschob und noch eine weitere Woche blieb.

Als Suni ihn nach Geld fragte, weil sie Angst hatte, nichts zu bekommen, weil sie ja auch nichts getan hatte, zahlte er ihr gleich diese ganze Woche und die nächste im Voraus. Sie verstand zwar nicht, warum er sie bezahlte, wenn er sie gar nicht brauchte. Sie hatte den Eindruck, dass er sie nur bezahlte, um nicht alleine zu sein, und damit die Leute sehen, dass er ein Mädchen hat, aber das sollte ihr egal sein, wenn sie ihr Geld bekam. An den Nachmittagen und Abenden hatte sie manchmal Gesellschaft von den Mädchen der Bar, die sich zu ihr an den kleinen Tisch setzten. Ansonsten war es eher langweilig. Peter hatte an ihr keinerlei Interesse gezeigt und zeigte auch keines, als sie seine Anschrift wissen wollte und fragte, ob er wiederkomme. Seine Anschrift wollte er ihr nicht geben und er wollte auch ihre nicht haben. Ferner hatte er nicht vor, sie aus der Ferne zu unterstützen und es war ihm ziemlich gleichgültig, ob sie in der Zwischenzeit in der Bar arbeitete. Ja, er war sich noch nicht einmal sicher, ob er sie wieder auslösen würde, wenn er nach Thailand zurückkommen sollte. Als „Abschiedsgeschenk" ließ er ihr nur einige Münzen und kleinere Scheine und er wollte auch nicht, dass sie zum Flughafen mitkommt.

Inzwischen war Suni's Mutter mit ihrem Farang zurückgekommen, der ganz anders war als Peter. Er schien erheblich älter zu sein, fummelte aber pausenlos an ihrer Mutter herum, und als er hörte, dass sie die Tochter sei, griff er ihr gleich in den Ausschnitt. Aber es gelang ihr, Abstand zu halten und erst einmal mit der Mutter zu reden. Die Mutter machte ihr klar, dass sie auf keinen Fall alles Geld an die Großeltern schicken soll, wie diese gesagt hatten, weil es ja sein könnte, dass sie selbst auch etwas brauchen konnte. Da die Großeltern nicht wissen, wie viel sie hier verdient, würde es reichen, wenn sie so viel schickt, wie in Chiang Mai oder vielleicht etwas mehr. Denn schließlich müsse sie selbst ja auch noch leben, und das alles wäre in Pattaya eben doch viel teurer. Bei der Mutter wohnen konnte sie nicht, weil die Mutter keine eigene Wohnung hatte, sondern mit anderen Mädchen zusammenwohnte.

Irgendwie schien es Suni inzwischen auch gar nicht mehr so wichtig, mit der Mutter zusammenzuleben. Sie hatte bewiesen, dass sie ihr eigenes Geld verdienen kann und fürchtete, von der Mutter bevormundet zu werden und von ihrem gerade erst verdienten Geld abgeben zu müssen, wo doch die Mutter genauso gut Geld verdiente. Suni wollte jetzt viel lieber selbstständig sein und freute sich, dass die Mutter wusste, wo ein Zimmer frei war und auch noch zwei Mädchen kannte, die ein Zimmer suchten und auch das nötige Geld für die Mietzahlung in der Tasche hatten. So konnten sie ein geräumiges Zimmer mit Küche und Toilette mieten, für das sie immerhin über zweitausend Baht hinlegen mussten. Später konnten sie dann noch ein oder zwei weitere Mädchen suchen, die auch ein Zimmer suchten und sich an den Kosten beteiligen konnten. Die Mutter hatte ihr auch eine Reihe wichtiger Informationen gegeben, wie das mit den Farang sei.

Mit einem Farang für eine Nacht mitzugehen, sei eine mühselige, undankbare und oft auch gefährliche Angelegenheit, auf die man eigentlich nur eingehen sollte, wenn man überhaupt kein Geld mehr hat. Wenn man schon für nur eine Nacht mit einem Farang mitgeht, sollte man zusehen, dass er älter ist und möglichst viel trinkt. Dann ist seine Gesellschaft vielleicht unangenehm, aber in der Regel schlafen diese Männer gleich ein, wenn sie ins Bett steigen, und wenn sie viel getrunken haben, ist an Sex ohnehin nicht mehr zu denken. Mit Männern, die Thai sprechen, sollte man überhaupt gar nicht erst mitgehen, denn die suchen immer nur eine Frau für eine Nacht und die meisten von ihnen sind auch noch geizig und Feilschen um jeden Baht. Viele von ihnen haben auch eine Frau oder eine Freundin in Pattaya und es kann gut sein, dass diese ihren Mann sucht, und dann ist der Ärger schon vorherzusehen.

So eine Sache wie mit dem Peter sei ein gar nicht so seltener Glücksfall, da ein ziemlich großer Anteil der älteren Männer, die nach Pattaya kommen, impotent sind und nur eine Frau zur Gesellschaft suchen. Solche Fälle bringen aber auf die Dauer auch nichts, sondern eben nur das Geld für jeden Tag, den er da ist, ohne dass man eigentlich etwas dafür zu tun hätte. Am besten seien aber Europäer mittleren Alters, die an Sex interessiert sind, weil die oft auch Gesellschaft und einen bleibenden Partner suchen. Die

Deutschsprachigen sind besonders gute Kunden, denn die verlieben sich immer gleich, wenn man zu ihnen ein bisschen nett ist. Die sehen noch nicht einmal, dass das Ganze ein Geschäft ist, sie merken nicht, dass sie sich irgendein Mädchen, das sie überhaupt nicht kennen, als Geliebte mieten, und sind dann völlig hingerissen, wenn das Mädchen auch wirklich diese Geliebte spielt. „Wenn ich in einem Restaurant arbeite, muss ich Kellnerin spielen und zusehen, dass die Gäste etwas zu essen bekommen, auch wenn mich das eigentlich gar nicht interessiert. Wenn ich als Verkäuferin arbeite, dann muss ich zusehen, dass ich den Kunden etwas verkaufe, auch wenn mich eigentlich gar nicht interessiert, was die haben wollen, oder was sie nachher damit machen. Und wenn ich in einer Bar arbeite, dann muss ich eben Geliebte spielen, auch wenn ich den Mann gar nicht kenne und er mich gar nicht interessiert.

Wenn man bei den Europäern aber Geliebte spielt, dann nehmen die das gleich ernst und glauben, dass man wirklich in sie verliebt wäre und dann sind die auch bereit, dafür zu bezahlen. Viele sind zuhause verheiratet und wollen, dass man hier als Geliebte auf sie wartet, andere wollen erst noch Geld verdienen, bis sie genug haben, um nach Thailand zu kommen. Die wollen eine Geliebte ganz für sich haben und sagen, dass man jetzt nicht mehr in einer Bar arbeiten solle. Dafür schicken sie dann jeden Monat Geld, damit man nur auf sie wartet, bis sie wiederkommen. Wenn man davon mehrere kennenlernen kann, dann kann man jeden Monat mehrere Geldsendungen bekommen und bequem davon leben. Man muss hin und wieder einen Brief schreiben, dass man sie liebt und dann muss man vor allen Dingen aufpassen, dass sie nicht alle zur selben Zeit nach Thailand kommen, denn sonst gibt es Probleme", klärte die fachlich versierte Mutter ihre Tochter auf. Aber außerdem gibt es bei den Europäern auch noch jene, die gleich heiraten wollen. Die wissen nicht, dass man einen Menschen erst kennen und sich mit ihm verstehen muss, um wirklich miteinander leben zu können. Sie glauben, dass sie diesen Menschen dann besitzen und es reicht ihnen, die entsprechenden Befehle zu erteilen.

Die meisten von ihnen fühlen sich alleine, wollen umsorgt werden und jemanden im Bett haben. Und damit das auch sicher ist, oder damit das nicht zu teuer wird, wollen sie dann heiraten. Diese Leute muss man sich suchen, aber man muss aufpassen, dass man sie in Europa nach europäischem Recht heiratet, denn dann hat man nach einiger Zeit auch einen Besitzanspruch. Dieser sei im Falle einer Trennung und insbesondere bei einer Scheidung wichtig, meinte die Mutter, die sich bei der Aufklärung ihrer Tochter wirklich alle Mühe gab. Es gibt Mädchen, die einen Farang geheiratet haben und sich dann im Laufe der Jahre an ihn gewöhnen. So richtig glücklich ist man ja sowieso nie im Leben, aber mit einem wohlhabenden Farang kann man es schon aushalten und der versorgt auch gleich die ganze Familie mit. Andere Mädchen, die es mit ihrem Farang nach der Heirat irgendwann nicht mehr aushalten konnten, haben sich eben scheiden lassen. Nach europäischem Recht gehört ihnen dann ein größerer Teil von dem, was der Mann hat und die meisten Mädchen sind dabei gut gefahren.

In jedem Fall ist es besser, mit einem Farang zu leben, als in einer Bar zu arbeiten. So hatte die Mutter die Möglichkeiten des Arbeitens an der Bar erklärt. Aber Suni war noch nicht so ganz einverstanden. Sie meinte, dass es doch möglich sein muss, einen jungen, kräftigen Farang zu finden und dann mit dem in Wohlstand zu leben. Sie würde wohl an die Worte der Mutter denken, aber letztlich ihre eigenen Wege suchen. Schließlich hatte die Mutter es im Verlaufe vieler Jahre auch nicht gerade zu großem Reichtum gebracht, so, dass man ihr also auch nicht blindlings folgen musste.

Nur zwei Tage später kam schon ein junger, kräftiger Farang an die Bar, der noch nicht einmal 25 Jahre sein mochte und Suni mitnahm. Der war früh am Abend gekommen und gegen acht Uhr lagen sie schon zusammen im Hotelbett. Aber so ideal schien das auch nicht zu sein. An der Bar hatte er dauernd an ihrem Hintern rumgefummelt und im Hotel wollte er dauernd mit ihr ins Bett. Schließlich kam sie erst gegen fünf Uhr zum Schlafen und hatte den ganzen Abend nichts gegessen. Am nächsten Tag wollte er sie überreden, am Abend einfach dazubleiben und in der Bar zu sagen, sie sei krank; dann könne er sich die Auslösesumme sparen. Er redete die ganze Zeit darüber, dass sie ihm einen Sonderpreis geben sollte, wenn sie ganze sechs Tage bei ihm bleiben könnte. Dann wollte er sie noch überreden, erst nach drei Uhr morgens zu ihm zu kommen, um die Auslöse nicht zahlen zu müssen. Zwischendurch fragte er sie andauernd: „You love me?" und schien wirklich zu glauben, dass sie ihn liebe, nachdem sie sich noch nicht einmal einen Tag kannten.

Erst gegen Mittag hatten sie die Herberge verlassen, in der er wohnte. Dann hatten sie in einem Straßenrestaurant etwas gegessen. Er hatte sich Khao Pat, gebratenen Reis, bestellt, für zwanzig Baht. „Um zu sparen", wie er sagte. Und dann wollte er wieder mit ihr ins Hotelbett. Nein, ganz junge Farang waren vielleicht doch nicht die richtige Lösung für ihren Lebensweg. Aber auf jeden Fall würde sie es noch einmal mit einem anderen versuchen, denn dieser hier war ihr ohnehin suspekt. Ein Farang, der zwar zum Geldausgeben mit dem Flugzeug nach Thailand kam, dann aber so tat, als wenn er kein Geld zum Essen hätte, war entweder entschieden zu misstrauisch oder zu verschroben. Im schlimmsten Falle aber hatte er wirklich kein Geld. Außerdem hatte sie nicht vor, in der Zukunft ihre ganze Zeit nur noch mit ihm im Bett zu verbringen. Als sie am Abend in der Bar erschien, teilte ihr die Mutter mit, dass sie in einigen Tagen mit ihrem dicken Freund für drei Monate nach Deutschland mitgehen wird. Sie mussten nur noch auf ihr Visum warten. Suni sollte von sich ein paar hübsche Fotos machen lassen. Die Mutter wollte dann in Deutschland versuchen, jemanden zu finden, der sie eventuell heiraten wollte. Ihr dicker Freund hatte gemeint, dass es da sehr gute Aussichten auf einen ernsthaften Interessenten gäbe.

Suni hatte die Monate September und Oktober dank ihres geringen Alters, ihres exotischen Aussehens und nicht zuletzt auch wegen ihrer Geschicklichkeit sehr gut überstanden. Während die Barinhaber und die Mädchen in den Bars sich darüber beklagten, dass kaum

Gäste zu sehen waren und die Einnahmen oft kaum zum Überleben reichten, hatte Suni sogar noch etwas Geld zur Seite legen können. Sie war dem guten Rat der Mutter gefolgt, den Großeltern zwar etwas Geld zu schicken, das zum Leben auf dem Lande reichen sollte, aber sie hatte doch den größeren Teil für sich verwendet und auch noch etwas gespart. Auf dem Lande und während ihrer Tätigkeit in Chiang Mai hatte sie zu viel Armut gesehen, zu deutlich erlebt, wie die Armut zur Abhängigkeit und zur

Selbstaufgabe führt. Sie hatte die Apathie vieler willenlos gewordener Mädchen gesehen und sich vorgenommen, etwas gegen die Abhängigkeit und gegen die Armut zu tun. Im Gegensatz zu vielen einfachen Mädchen hatte sie begriffen, dass das Leben nicht unbedingt ein vorbestimmtes Schicksal sei, dem man sich bedingungslos unterwerfen muss. Sie hatte bei einem Mädchen in Chiang Mai erlebt, dass man auch selbst etwas unternehmen kann, an sich selbst arbeiten kann, um sein Leben zu verändern. Das Mädchen war nicht einmal besonders hübsch gewesen, aber schon nach kurzer Zeit von einem wohlhabenden Mann geheiratet worden, der stolz darauf war, eine Frau zu haben, mit der er auch reden konnte, die etwas konnte und wusste. Das Mädchen hatte meist etwas gelesen oder auch Englisch gelernt, während die anderen da gesessen und sich gelangweilt hatten.

Was die Heirat betrifft, so hatte Suni generell ihre Bedenken. Bei ihr im Dorf hatte man zwar viel von Liebe gesprochen, aber in Wirklichkeit war es immer um die Versorgung gegangen. Sicher hatte es da eine Gegenseitigkeit gegeben, aber es war letztlich immer die gegenseitige Versorgung, die gegenseitige Befriedigung von Bedürfnissen gewesen, die die Hauptrolle gespielt hatten. Schon in der Schule hatten sie sich über ihren Traummann unterhalten und sicher war dabei auch zur Sprache gekommen, wie schön, wie stark oder wie klug der Ehepartner einmal sein sollte. Aber wichtiger war doch gewesen, aus welchem Hause er kam, welche Beziehungen die Familie hatte und was er besaß. Die Mädchen waren sich dabei völlig klar darüber gewesen, dass ein Mädchen, das einen Jungen aus wohlhabendem Hause heiraten wollte, selbst auch aus einem wohlhabenden Hause stammen musste oder zumindest ganz besonders schön auszusehen hatte. Darüber hinaus aber waren sich die Mädchen darüber im Klaren, dass sie in einer Ehe für den Mann da zu sein haben. Er würde bestimmen, wie sie leben, wie sie wohnen, was sie essen und was sie anziehen dürfen. Er würde bestimmen, wann und wie sie mit ihm ins Bett zu gehen haben, wann sie das Haus verlassen dürften und sogar, welche Leute sie kennen, mit welchen Menschen sie sprechen und Umgang pflegen dürften. Dafür bekommen sie dann eben etwas zu essen und zum Anziehen. Die

„wahre Liebe" war schließlich nichts weiter als das, was der Mann dann am Abend verlangte. Dennoch war die Ehe immer als unumgänglich angesehen worden und vor allen Dingen als das einzige Mittel, der Armut zu entfliehen. Als das „große Glück" war sie eigentlich nur von Eltern und Großeltern bezeichnet worden, deren Leben aber nicht gerade glücklich aussah. Und dann gab es verschiedene Propagandaschriften für die Ehe, weil sich die Regierung oder irgendwelche Organisationen davon einen Vorteil erhofften, in denen auch stand, wie schön und wichtig eine Ehe sei. Sicher konnte sich ein Ehepaar aneinander gewöhnen und sogar wie Freunde zusammenleben. Aber das hatte sie viel zu selten gesehen und dafür meist nur von Streit und Ärger, von Schlägen und vielen Problemen gehört, die in Wirklichkeit die geheiligte Gemeinsamkeit ausmachten und ein recht unglückliches Leben bedeuteten.

Das alles hatte Suni nicht als besonders verlockend empfunden. Letztlich war es doch fast dasselbe, was sie tat. Sie ging mit einem Mann ins Bett, wie, wann und wo er wollte und dafür bekam sie dann eben Geld, von dem sie sich etwas zum Essen oder zum Anziehen kaufen konnte. Aber dann konnte sie bestimmen, was sie essen und was sie anziehen wollte. Dabei hatte sie den Vorteil, dass sie sicherlich mehr Freiheiten und weit weniger Verpflichtungen hatte.

Freilich war das Geld nicht ausreichend, um ein bequemes und angenehmes Leben zu haben. Es war eher, als wäre sie - vielleicht auf Geheiß der Eltern oder Großeltern - mit einem nicht gerade wohlhabenden Mann verheiratet. Da sie sich aber ihrer Schönheit bewusst war, glaubte sie, daran selbst etwas tun zu können, mit ihrem Körper auch mehr Geld zu verdienen. Suni hatte begriffen, dass man nicht nur nach dem Aussehen eingeschätzt wird, sondern auch danach, was man kann und dass man Verbindungen brauchte, Leute kennen muss.

Suni war sehr froh, in Pattaya zu sein, denn hier hatte sie ihre Freiheiten. Sie konnte zumindest ihr Zimmer verlassen, wann sie wollte und konnte voll über ihre Freizeit verfügen, wofür es in Pattaya viele Möglichkeiten gab. In einem Kloster wurde kostenloser Englischunterricht angeboten. Dort ging sie jeden Nachmittag hin. Eine Frauengruppe gab Schreibmaschinenstunden und eine andere Gruppe bot Kosmetikkurse für Arbeitslose an, alles kostenlos. Suni nahm an mehreren Kursen teil, weil sie meinte, das alles einmal brauchen zu können und auch allein schon deshalb, weil es viel interessanter war, als einfach nur stumpf zuhause herumzuhängen und zu warten.

Dabei ergaben sich natürlich auch Kontakte, die sie nie bekommen würde, wenn sie nur an der Bar war. Sie kam mit Menschen zusammen, die nicht aus dem Sexgeschäft stammten oder sich nicht daran störten, dass Suni darin tätig war. Sie bekam schon einmal Einladungen zu Festen und Feiern, zu einfachen Zusammenkünften und sie bekam auch schon mal ein paar Bücher oder Zeitungen und Hinweise über Bücher, die besonders gut waren. Dabei handelte es sich genauso gut über Liebesgeschichten wie Kriminalromane, aber auch um Lehrbücher und Kurzgeschichten aus der Gesellschaft, um Erzählungen und Romane. Suni konnte sich auswählen, was sie wollte und fand dabei langsam heraus, was ihr Spaß machte und was sie wollte. Sie mochte Liebesromane und las auch Bücher, in denen sie etwas lernen konnte, und Zeitungen, die über das Land und über die Gegenwart berichteten. Dabei dauerte es dann gar nicht mehr lange, bis sie jene Hefte, die nur aus Zeichnungen mit Sprechblasen bestanden, nicht mehr mochte.

Sie bildete sich unbewusst einen eigenen Geschmack und damit auch eigene Interessen. Indessen ging das Leben an der Bar weiter. Sie versuchte mit gutem Erfolg, die wenigen Worte Englisch, die sie lernte, bei den Ausländern, die an die Bar kamen, anzubringen. Wobei sie nicht nur etwas lernte, sondern auch merkte, dass sie schon durch die wenigen Sätze Englisch für die Ausländer viel interessanter wurde. Nun war Suni schon viele Wochen an der Bar und es ging auf Weihnachten zu, ein Fest, das sie zwar nicht kannte, von dem sie aber gehört hatte, dass mit ihm die vielen Farang mit dem vielen Geld kommen. Schon Anfang Dezember waren mehr Gäste in der Bar zu sehen und die Geschäfte gingen besser. Es kamen auch mehr Mädchen in die Bars, von denen einige neu waren und andere jedes Jahr von Dezember bis Mai nach Pattaya kamen, um dann nach Ende der touristischen Saison, wo es kaum etwas zu verdienen gab, wieder in ihre Dörfer zu gehen.

So bekam Suni jetzt immer mehr Kontakte und sie bemühte sich auch um die neuen Mädchen, nahm sie zu ihren Kursen mit, kümmerte sich um Unterkünfte und stand ihnen mit Rat und Tat beiseite, wodurch sie bald zu einer allgemein akzeptierten Persönlichkeit heranwuchs. Von der Mutter erhielt sie einen Brief, dass sie nicht, wie vorher geplant, zum Jahresende nach Pattaya zurückkommen wird. Ihr dicker Freund wollte sie heiraten und so wollte sie vorläufig noch länger in Deutschland bleiben. Sie hatte dort in der Stadt inzwischen auch einige Bekannte und es gab auch thailändische Zentren, die viele Veranstaltungen und Zusammenkünfte anboten, so, dass sie nicht ganz alleine war. Und sie meinte, ihr dicker Freund wäre eigentlich ganz nett und sie könnte schon mit ihm auskommen, wobei sie nicht zu erwähnen vergaß, dass er ihr ein eigenes Konto eingerichtet hatte, auf das er ihr jeden Monat zweihundert Euro einzahlte.

Eine Summe, die weit über dem durchschnittlichen Einkommen in Thailand steht und die sie jetzt ganz auf die Seite legen konnte, da er voll für ihren Unterhalt aufkam. Mit diesem Geld könnte sie sicher etwas anfangen, wenn sie einmal nach Thailand zurückkommt, schrieb sie. Nebenher erwähnte sie einen Mann, der Suni's Bild gesehen hatte und sich für sie interessiere. Er würde bald einmal nach Thailand kommen und Suni besuchen. Es handele sich um einen Geschäftsmann, der Junggeselle ist und schon öfter von Thailand gehört hatte. Er wusste, dass Suni in einer Bar arbeitet und meinte, dass Suni besonders hübsch sei und dass er sie ja einmal kennenlernen könnte. Er hatte auch gesagt, dass er in Deutschland wenig Interesse an Frauen habe, weil die zu viele Erwartungen haben und zu hohe Forderungen stellen, ohne dafür wirklich etwas zu bieten.

Zu Weihnachten sah Suni dann erst einmal, dass sie sich vor lauter Trubel und Farang kaum noch retten konnte. An einigen Tagen wechselte sie häufiger das Bett, als ihre Wäsche, hatte dann aber einen Farang, der sie für zehn Tage mitnahm, wodurch sie wieder etwas Ruhe fand. Dieser Mann war ganz lustig und unterhielt sich viel mit ihr, wodurch sich ihr Englisch merklich verbesserte, obwohl sie jetzt in der „Hauptgeschäftszeit" nicht immer ihre Englischkurse besuchen konnte. Sie war richtig traurig, als er nach dieser Zeit abfuhr; er war nett gewesen, er hatte sie gut behandelt und er hatte sie auch gut bezahlt. Aber er sagte, dass er vorhabe, in einem halben Jahr wiederzukommen und dass er Suni dann in der Bar besuchen wollte. Nur heiraten wollte er sie nicht, und leider wollte er ihr auch nicht jeden Monat Geld schicken, wie das inzwischen schon vier ihrer Freunde taten, die damit wesentlich zu Suni's sozialem Aufstieg beitrugen, auch wenn das nicht unbedingt deren Absicht gewesen war.

Aber dank der guten Dienstleistungen in Pattaya erhielten diese Freunde jeden Monat einen Brief, in dem Suni sogar darauf verzichtete, den berühmten alten Vater, die kranke Mutter und den

Bruder mit dem Motorradunfall ins Feld zu führen. Die konnte man in Zeiten der Not immer noch aus der Schublade ziehen. Inzwischen reichten die Briefe mit der Zusicherung der Einsamkeit, der Sehnsucht und der tiefen Liebe Suni's. Dafür bekam sie von ihren Freunden monatlich ihr Geld und die Versicherung, dass sie möglichst bald nach Thailand kommen wollten. Das wiederum erachtete Suni allerdings nicht als ganz so dringend, war aber durchaus bereit, das in Kauf zu nehmen, solange sie nur nicht alle auf einmal zu Weihnachten kommen wollten. Als sie nach den zehn Tagen ihren neuen Freund verabschiedet hatte, erhielt sie in der Bar Bescheid, dass ein Mann aus Deutschland nach ihr gefragt hatte.

Zwei Tage später, zu Sylvester, kam er schon früh am Abend, als Suni noch keine Verpflichtung für diese Nacht hatte. Er übergab ihr einen Brief und einhundert Euro von ihrer Mutter und sogar deren dicker Freund hatte eine Grußkarte geschrieben, der er ebenfalls einhundert Euro beigefügt hatte. Der Mann unterhielt sich länger mit ihr, obwohl das etwas schwierig war. Er erzählte von ihrer Mutter und von seinem Leben. Er hieß Jörg, hatte irgendeine Firma, die er selbstständig betrieb und die gute Gewinne zu bringen schien. Außerdem hatte er ganz gerne seine Freiheit und eine Aversion gegen alle Verpflichtungen und Einschränkungen seines Privatlebens.

Schließlich erklärte er, dass er bereits eine Verabredung zum Abendessen habe, die er unbedingt einhalten müsste, danach aber wiederkommen würde. Suni wartete in der Bar auf den neuen Bekannten, statt mit einem anderen Mann mitzugehen. Jörg kam bald wieder und feierte den Beginn des neuen Jahres mit Suni. Er löste sie nicht aus, vereinbarte aber mit ihr ein Treffen zum Mittagessen am nächsten Tag. Es wurde eine mühselige, aber doch nette Unterhaltung, die sich bis zum Abend hinzog. Suni entschuldigte sich für einen Moment, weil sie an der Bar Bescheid sagen musste, dass sie nicht zur Arbeit kommt. Suni war klug genug, an der Bar ihre Auslösung aus eigener Tasche zu zahlen und ging zu Jörg zurück. Sie unterhielten sich noch so lange, bis der Abend schließlich in seinem

Hotel endete.

Auch hier war Suni klug genug, nicht die Hand aufzuhalten. Jörg hatte nur noch vier Tage Zeit, für die er nun von sich aus für Suni die Auslösung an der Bar bezahlte. Die Verbindung zwischen den Beiden wurde intensiver, und als Jörg abreisen musste, versprach er, in drei Monaten wiederzukommen und etwas länger zu bleiben. Er meinte, er wollte nun jedes Jahr drei oder vier Mal nach Pattaya kommen und einige Monate im Jahr mit ihr in Thailand verbringen. Als er ging, gab er Suni einen größeren Betrag.

Tatsächlich erschien er auch drei Monate später wieder, um mit ihr vier Wochen Urlaub zu verbringen. Sie unternahmen einige Ausflüge und sprachen auch über die Möglichkeiten einer Gemeinsamkeit, wobei er allerdings erklärte, dass er nicht die Absicht hat, zu heiraten, oder ständig in Thailand zu leben. Als er nach weiteren drei Monaten wiederkam, hatte er auch schon feste Vorstellungen. Er wollte seine Freiheit, aber er wollte auch einen Platz in Thailand, wo er zuhause sei. Er erschien noch zwei weitere Male und erklärte, dass er sich in Thailand nun schon fast wie zuhause fühle.

Darauf begannen die ersten Planungen einer „geregelten Gemeinsamkeit". Kurz vor dem folgenden Jahresende kam er dann wieder und sie machten sie einen Vertrag bei einem Anwalt. Er lieh Suni 10.000,- Euro ohne Zinsen und Suni kaufte eine Bar mit Wohnung. Die wurde von den beiden gemeinsam eingerichtet, wobei Jörg die Kosten übernahm. Dafür würde er dann jedes Jahr drei Monate mit Suni in dieser Wohnung ohne Kosten leben. Bald blieb Jörg länger, wobei jedoch nie über eine Rückzahlung des Kredites gesprochen wurde, während er jedoch sorgsam die Kosten seines Aufenthaltes ausglich. Eine spätere Heirat wurde nur einmal am Rande erwähnt und sie wurde nicht ausgeschlossen. Weder Suni noch Jörg schienen jedoch ein starkes Interesse daran zu haben, verheiratet zu sein. Schließlich ist das ja nur eine Frage der gegenseitigen Versorgung, die doch auf die begrenzte Zeit auch ohne standesamtlichen Segen ganz gut funktionierte und eine persönliche Freiheit garantierte, auf die beide zumindest jetzt noch größeren Wert legten.

Über den Autor

Geboren wurde ich 1951 in Mannheim, als 4. Kind und 2. Sohn einer Familie, in der sehr vieles nicht optimal war. Ab dem Alter von 2 Monaten verbrachte ich mein Leben bei meinen Großeltern, den Eltern der Frau die mich geboren hat. Meine Großeltern waren sehr arm, versuchten aber zu ermöglichen was Ihnen möglich war. Obwohl ich noch 5 Geschwister habe, wuchs ich mehr oder weniger als Einzelkind bei den Großeltern auf. Wer mein Vater war, ist mir bis heute nicht bekannt.

Mein erlernter Beruf ist Speditionskaufmann und Buchhalter, doch mein Lebensweg lies mich viele Wege gehen, viele Berufe ausüben, viele Höhen und Tiefen kennenlernen. Mein Faible galt schon in früher Jugend, Asien. Dort in Thailand habe ich einen Großteil meines Lebens verbracht, woraus auch das Hauptthema meiner Bücher resultiert: Thailand. Im Laufe vieler Jahre konnte ich mir ein sehr großes Wissen, der Kultur aneignen, ebenso wie über die Gesetze des Landes.

Während meines Lebens in Thailand begann ich Artikel zu schreiben. Erst für mich selbst, dann habe ich einige unter einem Pseudonym in Zeitschriften veröffentlicht, erst sehr spät kam ich dazu Bücher zu schreiben, ein guter Freund der inzwischen verstarb, motivierte mich dazu. Erst veröffentliche über einen DOD - Verlag meine Bücher in Druckform. Nach Differenzen mit dem Verlag, habe ich diese Veröffentlichungen eingestellt. Nun veröffentliche ich meine Bücher als eBook in eigener Regie.

Während meiner Zeit in Thailand arbeitete ich einige Jahre als Volontär für die Deutsche Botschaft in Bangkok,engagierte mich im Deutschen Hilfsverein für einige Zeit und war viele Jahre als Volontär und Dolmetscher bei der thailändischen Polizei, auch bin ich vereidigter Dolmetscher bei verschiedenen thailändischen Gerichten. Die Kenntnis der thailändischen Sprache war es, die mir sehr hilfreich war, um tiefe Einblicke in diese so fremde thailändische Kultur zu bekommen. Viele Kontakte zu Polizei, Gerichten, Armee, aber vor allem zur Bevölkerung taten ein Übriges.

Thailand wurde für mich Heimat und ich liebe das Land, auch wenn ich zur Zeit in Deutschland lebe. Doch mein Ziel bleibt Thailand, wo meine Kinder leben, die ich sehr liebe und zu denen ich einen engen Kontakt habe, bis heute. Mein Lebensmotte: Der Weg ist das Ziel, hat sich sehr oft bewährt.

Thailand wurde für mich Heimat und ich liebe das Land, auch wenn ich zur Zeit in Deutschland lebe. Doch mein Ziel bleibt Thailand, wo meine Kinder leben, die ich sehr liebe und zu denen ich einen engen Kontakt habe, bis heute. Mein Lebensmotte: Der Weg ist das Ziel, hat sich sehr oft bewährt.

Johann Schumacher

www.johannschumacher.com

www.ingramcontent.com/pod-product-compliance
Lightning Source LLC
Chambersburg PA
CBHW030427290526
45786CB00001B/180